魯迅

現代轉型的
精神維度

汪衛東——著

目次
CONTENTS

001 | **第一章　深度與限度：魯迅早期「個人」觀念** 005

　　第一節　從「自我」到「個人」：
　　　　　　魯迅早期「個人」觀念的思想淵源 005
　　第二節　近代共同語境中的魯迅「個人」觀念 064
　　第三節　中、西比較語境中的魯迅「個人」觀念 106

002 | **第二章　邏輯與歷史：魯迅的國民性批判** 147

　　第一節　作為思想形態的國民性批判 147
　　第二節　作為歷史觀念的國民性批判 170

003 | **第三章　文學主義與雜文意識** 194

　　第一節　二十世紀的「文學主義」 194
　　第二節　雜文意識與文學行動 217

004 | **第四章　魯迅的兩次絕望** 244

　　第一節　S會館的魯迅 244
　　第二節　1923年的魯迅 259

005 | 第五章　生命深淵的詩與思　288

第一節　《野草》：衝決絕望的行動　288
第二節　《野草》與佛教　315

006 | 第六章　變化的語境與魯迅的當代意義　356

第一節　九十年代中國文化語境的變遷　356
第二節　魯迅的當下意義　369

後記　376

第一章 深度與限度：
魯迅早期「個人」觀念

第一節 從「自我」到「個人」：
魯迅早期「個人」觀念的思想淵源

一、「個人」、「精神」與「進化」：
魯迅日本時期文言論文的三個關鍵觀念

魯迅正式開始自己的言述生涯，是在日本時期，其間大約經歷了兩個寫作高峰。1903年頃，即剛到日本的第二年，年青的魯迅開始正式發表作品，在當時的留學生雜誌《浙江潮》上，他接連發表譯述《斯巴達之魂》、譯作法國雨果的隨筆《哀塵》（附所作譯後附記）、《說鈀》、合撰《中國地質略論》等，並出版了所譯法國儒勒・凡爾納的科幻小說《月界旅行》（附所作《月界旅行》辨言）和《地底旅行》（後者首二回亦曾發表於《浙江潮》第十期）。這其中，創作和譯述難以截然兩分，這似乎並非魯迅之關心所在，但是，諸作品的寫作主題則不難看出，即科學和愛國。日本時期的另一個寫作高峰出現於1907、1908年，短短兩年，魯迅象排炮一樣打出長篇系列論文《人之歷史》、《科學史教篇》、《文化偏至論》、《摩羅詩力說》和

《破惡聲論》[1]，均發表於留學生雜誌《河南》。在這兩個「高峰」期間，經歷了因失望於東京的中國留學生而遠離東京赴仙台學醫、由於仙台醫學課上幻燈片的刺激轉而回東京棄醫從文，以及棄醫從文的第一個計畫——《新生》文學雜誌——的流產這幾個著名事件[2]，這兩個魯迅後來一直耿耿於懷的人生經歷，對於正處於思想急變期的青年魯迅來說，應該具有關鍵的影響吧。這一點正在1907、08年的諸論文中反映出來，這組系列文章當然仍然貫穿著早期科學與愛國的主題，但是，與1903年文章明顯不同的是，這兩個主題已退居背後，被有關「人」（「個人」）、「精神」等主題所掩蓋，「個人」及其「精神」成為首要關注點[3]：《人之歷史》通過對西方進化論學說的學術史梳理，彰顯了在進化過程中生物自身的能動作用，在此基礎上，尤其強調人

---

[1] 1926年，魯迅把這幾篇論文收進他的第一本雜文集《墳》時，並沒有按當時發表的時間順序編排（按時間順序應是：《人之歷史》、《摩羅詩力說》、《科學史教篇》、《文化偏至論》、《破惡聲論》），編後的次序是《人之歷史》、《科學史教篇》、《文化偏至論》、《摩羅詩力說》、《破惡聲論》），打亂時間順序的重新安排大概是從理路入手。

[2] 對這幾個著名事件的回顧，主要見於魯迅的《〈吶喊〉自序》和《藤野先生》。

[3] 這可從文章標題的擬定上可以看出，《人之歷史》起於介紹進化論的古希臘源頭，終於對「宇宙發生學」的企望，純然一極為客觀的學術史梳理，這從表像上直接承續了1903年科學論文系列的「科學」主題，但值得注意的是，論文的標題署為「人間之歷史」（初發表時名，收入《墳》時改為現名），並未出現作為關鍵字的「進化論」，進一步，從文章內容可以發現，通過描述而邏輯展開的梳理，其最終主旨並非在學術史本身，而是試圖通過學術史梳理追問人類發生、發展的歷史——「人之歷史」，故以海克爾的「人類發生學」為重心。可見，本篇的意圖不在學術史而在「人」的歷史，「人」取代「科學」（進化論）成為新的主題；同樣，《科學史教篇》以「科學史」為對象，而所重卻在「教」（科學發展史的教訓），以彰顯「科學」背後的「精神」因素。

在生物進化中「超乎群動」的「人類之能」。《科學史教篇》在
對科學發展史的回溯中，追問科學發展的「真源」——科學背後
的精神因素——「神思」、「理想」、「道德」、「聖覺」，揭
示了「人類之能」的根源所在，並強調了科學——知識之外的
人類精神需求的重要性。《文化偏至論》針對近世言新之士奉
西方十九世紀「物質」和「眾數」的「偏至」文明為圭臬的傾
向，鮮明地提出「立人」的主張：「是故生存兩間，角逐列國是
務，其首在立人，人立而後凡事舉，若其道術，則必尊個性而
張精神。」魯迅囑望於以施蒂納、尼采和易蔔生等為代表的西方
十九世紀末「極端之個人主義」思潮，從其中的「主觀主義」
及「意力主義」中拿來「個人」與「精神」，作為「興國」的
「道術」，使「個人」成為系列論文的最強音。從文本分析可以
看出，對「個人」的強調著眼於其蘊涵的精神創進的可能性，
即「個人」作為實在就是內在性的精神，反之，「精神」的具體
承擔者是以「個」為單位的「個人」，因而進一步把「精神」
（「主觀」）落實到以「意力」為根基的「人格」上，總之，
「個人」和「精神」相互涵涉，從而把「人類之能」的根基邏輯
地落實到以「意力」為根基的以「個」為單位的「人格」之上。
《摩羅詩力說》針對「詩人絕跡」、「心聲」隱默的中國精神現
狀，強調「詩」——「心聲」對於民族興亡的重要性，通過輸入
充滿「意力」（「立意在反抗，指歸在動作」）的摩羅詩人之
「新聲」——「心聲」，以激起國人的「內曜」，以摩羅詩人的
「詩力」激發國人心中本有之「詩」，並呼喚中國摩羅詩人的出
現，以啟中國的「第二維新之聲」。《破惡聲論》痛感於「心聲
內曜，兩不可期」的「寂漠」之境，呼喚國人之「白心」，通過

剖擊「破迷信」和「崇侵略」的「惡聲」，捍衛了精神信仰的
重要性，彰顯了「人性」對於「獸性」、「奴性」的優越性，
表達了魯迅的人性進化觀。從文本分析的內在理路可以看出，
系列論文在「人類之能」、「神思」、「精神」、「意力」、
「心聲」、「內曜」、「白心」、「人性」之「進化」等概念系
統中，系統地表達了以「立人」為動機的「個人」觀念，「個
人」，作為魯迅日本時期五篇文言論文的核心觀念，成為其重要
的思想起點，實際上也成為貫穿他一生的重要思想因素。

通觀諸篇，可以看到，「個人」、「精神」和「進化」是
五篇文言論文的核心觀念和基本命題，要全面統一地闡釋諸篇的
諸多思想脈絡，發掘其思想蘊藏，尚須深入其中，加以進一步分
析，在這三個觀念和命題的相互發明中，可能發現魯迅早期「個
人」觀念的某些內涵。

（一）魯迅的進化論

在五篇文言論文中，魯迅形成並表達了自己的進化論思
想。《人之歷史》在生物進化論的學術梳理中強調進化中生物自
身的能動性，人在這一自然圖景中處在自然進化的高級階段，人
之所以進化形成，正是因為其「超乎群動」的「人類之能」。魯
迅在對進化論的梳理中一方面把人的源頭追溯至生物界甚至無生
物界，在生物學視野中肯認了人類的自然性，同時通過對「人類
之能」的強調，彰顯了人類超越於一般生物的「能」；在《科學
史教篇》中，魯迅充分肯定科學的巨大成就，但他更重視科學背
後的人的精神因素，以此為科學的「本根」，並強調人類文明不
能以科學為終極。科學只是「人類之能」的成果顯現，而非其本

身，從他對科學的精神根源的再三強調看，其所謂「人類之能」直指此處所強調的「神思」、「理想」、「道德」、「聖覺」等精神因素；《文化偏至論》以「個人」——「精神」雙舉，著意於「精神」——「意力」的重要，在抨擊「物質主義」傾向時，並非以物質作為精神的對立，而是認為物質文明只是人類精神創造的成果，如果以此為本，則漠視了物質文明的創造性根源——精神，在魯迅的描述中，「文明之神旨」無疑指其後所提及的「精神」、「靈明」、「主觀之內面精神」和「性靈」，自此可以看到他對人類文明本質的理解，即文明的精髓是人的精神；在《破惡聲論》中，魯迅通過剖擊「破迷信」，繼續張主精神信仰的重要，通過剖擊「崇侵略」，劃分了「人性」與「獸性」、「奴性」的區別：中國自古「寶愛平和，天下鮮有」、「凡所自詡，乃在文明之光華美大」，「惡喋血，惡殺人，不忍別離，安於勞作，人之性則如是。」因而中國之「平和之性」應為人性的表現；「強大之邦」如「暴俄強德」「孤尊自國，蔑視異方，執進化留良之言，攻小弱以逞欲，非混一寰宇，異種悉為其臣仆不慊也。」魯迅稱之為「獸性」；中國本為「平和之邦」，而中國之「崇侵略者」，不僅「崇強國」，而且「侮勝民」，則不僅「自反於獸性」，且墮落為「奴性」；在魯迅的表述中，「人性」是由「獸性」進化而來，故曰「獸性的遺留」，而「奴性」則為「人性」的墮落。魯迅這樣解釋「獸性」的由來：「人類顧由昉，乃在微生，自蟲蛆虎豹猿以至今日，古性伏中，時複顯露，於是有嗜殺戮侵略之事，奪土地子女玉帛以厭野心」，這無疑表達了其人類進化的譜系，即人是經由「微生」、「蟲蛆」、「虎豹」、「猿」進化而來，所謂「古性」，亦即「微生」性、

「蟲蛆」性、「虎豹」性和「猿」性，「獸性」的來源即在此
「古性」之中。這裏，仍然如《人之歷史》把人放在生物進化論
的視野之中，只不過認為人雖然進化為人，由於進化的不完全，
仍遺留為人之前的「古性」，因而說：「夫人曆進化之道途，
其度則大有差等，或留蛆蟲性，或猿狙性，縱越萬祀，不能大
同。」魯迅意識到，人類進化的程度不同，而且永遠也不能「大
同」，因而，一方面，他在自然進化的層面並不完全否定「人
性」所經由的「獸性」，從抨擊「崇強國，侮勝民」的中國「志
士」的「奴性」，把「奴性」放在「獸性」之下，可以看出，
「獸性」只是「人性」進化的尚未完全，而「奴性」是「人性」
的扭曲、倒退和墮落，中國人本屬「平和之民」，中國「志士」
的「崇侵略」表現的是「崇強國，侮勝民」的奴性的二重人格；
另一方面，魯迅在分析「侵略」之性時，對於人類的「平和」之
性大加推崇，他認為「古民惟群，後乃成國，分畫疆界，生長於
斯，使其用天之宜，食地之利，借自力以善生事，揖睦而不相
攻，此蓋至善，亦非不能也。」「平和」為人類初始的理想狀
況，亦是可以達到的「至善」目標；對於中國人固有的「平和」
之性，魯迅甚至趨於理想化的描述（見上所引），並認為「人之
性則如是」；而中國「崇侵略」之「志士」，則是「舊性失，同
情漓」，此「舊性」即中國固有之「平和」之性。由此可見，魯
迅在不滿於「獸性」的基礎上，寄望於真正「人性」的形成。
後來，魯迅說：「人類尚未長成，人道自然也尚未長成。」[4]說
明基於人性進化的事實，他寄望於人性在生物進化基礎上的進

---

[4] 魯迅：《熱風·隨感錄六十一不滿》，《魯迅全集》第1卷，人民文學出
版社1981年版（下同），第358頁。

一步進化。這裏對「平和」之性的推崇，與《摩羅詩力說》中
對「平和」之性的否定，似乎構成了矛盾。《摩羅詩力說》認
為，摩羅詩人「最雄桀偉美」之「心聲」，不能「語以平和之
民」，並認為「平和為物，不見於人間。其強謂之平和者，不過
戰事方已或未始之時，外狀若寧，暗流仍伏，時劫一會，動作始
矣。」「殺機自防，與有生偕，平和之名，等於無有。」「平
和」不能實現於人間。「特生民之始，既以武健勇烈，抗拒戰
鬥，漸進於文明矣，化定俗移，轉為新懦，知前征之至險，則
爽然思歸其雌」，「生民」之「戰鬥」得到肯定，「文明人」之
「平和」則為「新懦」，「而戰場在前，複自知不可避，於是運
其神思，創為理想之邦，或托之人所莫至之區，或遲之不可計年
以後。自柏拉圖（Platon）《邦國論》始，西方哲士，作此念者
不知幾何人。雖自古迄今，絕無此平和之朕，而引頸方來，神
思所幕之儀的，日逐而不舍，要亦人間進化之一分子歟？」對
未來「平和」之境的想像，既是對「戰場」的逃避，但也不否
定它對人類進化的引導作用；「奈何星氣既凝，人類既出而後，
無時無物，不裹殺機，進化或可停，而生物不能返本。」肯定生
物進化的實際狀況是生物間的生存競爭——「戰鬥」，因此所謂
「平和」是不存在的，只能是理想，但既然「戰鬥」是事實，為
何又承認「理想之邦」——「平和」之境可為「人間進化之一因
數」？這無疑在直面事實的同時，指向了事實之外的價值。可以
這樣來理解，魯迅在自己的文明構想中，反對「侵略」之「獸
性」和「奴性」，並給出了「平和」之「人性」的重要性，在直
面近代中國「爭存」於世界的弱者處境時，否定了「平和」的現
實性。

　　既把人放在生物進化的自然論中來考察，同時又充分彰顯人之精神的價值，由此可以看出，魯迅的進化論，有生物進化和文明進化的兩個視野，形成了他的生物進化論和文明進化論：生物進化論主要表現在《人之歷史》中，人處在從無生物到有生物的自然進化的系列中，生物進化取決於進化中生物主動的生存競爭，在此意義上，人類作為生物也無時不處於人與人之間、國與國之間「爭存」的現實中，其進化的「能」表現為「力」與「戰鬥」，正是通過這一視野，魯迅在《摩羅詩力說》中否定「平和」而讚揚「戰鬥」；文明進化基於魯迅對文明本質的認識，魯迅認為，「文明真髓」、「文明之神旨」是人的「主觀之內面精神」，對於當時「競言武事」之徒，他的質問是：「夫以力角盈絀者，與文野亦何關？」在魯迅看來，文明的本質是人的精神，精神是文野之分。因而，文明進化是精神的進化，亦即人性的進化，它同樣取決於競爭，即「爭存」，但其「爭」不復是「武力」的角鬥，而是精神的較量，指向人類精神不斷發展的方向，指向完滿的人性如「誠」與「愛」與「平和」等。魯迅對文明進化的描述有兩種，一是認為文明進化的單元是不同的文明模式，見於《文化偏至論》中對中國衰敗的解釋：中國「迄於海禁既開，晢人踵至之頃，中國之在天下，見夫四夷之則效上國，革面來賓者有之；或野心怒發，狡焉思逞者有之；若其文化昭明，誠足以相上下者，蓋未之有也。屹然出中央而無校讎故，則宴安日久，苓落以胎，迫抮不來，上征亦輟，使人茶，使人屯，其極為見善而不思式。有新國林起於西，以其殊異之方術來向，一施吹拂，塊然倍僵，人心始自危，而輕才小慧之徒，於是竟言武事。」中國不僅是一個民族國家，而且是一個文明單位，魯迅

對其由繁興到衰敗的解釋，接近湯因比的文明挑戰和應戰說。其二，文明進化即人性進化，人性進化是以個人為單位。如前所述，《破惡聲論》通過「人性」、「獸性」和「奴性」的劃分，提出了以「人性」為鵠的的人性進化觀，《文化偏至論》通過「個人」與「眾數」的對舉，強調「個人」所承擔的精神價值和真理價值，人與人在精神進化的水平上是不平等的，人性的進化總是由個別人的超前進化為先驅，這些精神上的超前者即魯迅所理解的叔本華的「天才」和尼采的「超人」。

　　魯迅的人性進化論與其說是來自達爾文，不如說是與尼采的進化論更接近。「至尼佉氏，則刺取達爾文進化之學說，掊擊景教，別說超人」[5]。在尼采看來，基督教道德造成了人的墮落，上帝已死，為「改進人類」，呼喚「超人」。借查拉圖斯特拉之口，尼采對市場中的人言說「超人」：

　　　　我教你們超人的道理。人是一樣應該超過的東西。你們作了什麼以超過他呢？

　　　　一切存在者至今皆創造了超過自己的東西。你們願為這大波流的退潮，寧願退到禽獸，而不願超過人嗎？

　　　　猿猴於人類是什麼？可笑的對象或痛苦底羞辱。人於超人亦複如是，可笑的對象或痛苦底下羞辱。

　　　　你們從爬蟲進到人類，你們內裏許多地方還是爬蟲。有個時期你們是猿猴，但至今人比任何猿猴還仍其為猿類。

---

[5]　魯迅《集外集拾遺補編・破惡聲論》，《魯迅全集》第8卷，第28-29頁。

　　　　你們中間最智慧者，也還是植物與鬼物的歧出與兩性
　　生。但我叫你們化為鬼物與植物麼？

　　　　看呵，我教示你們超人。

　　　　……

　　　　人便是一根索子，聯繫於禽獸與超人間——架空於深
　　淵之上。

　　　　是一危險的過渡，一危險的征途，一危險的回顧，一
　　危險的戰慄與停住。

　　　　人之偉大，在於其為橋樑，而不是目的；人之可愛，
　　在於其為過渡與下落。[6]

　　尼采無疑在這裏說出了自己的「植物」——「蟲」——
「猴」——「人」——「超人」這一人的進化論或人類譜系學。
對尼采的進化論，存在著不同的解釋，有人視其為對達爾文的拙
劣模仿，但其實尼采本人對達爾文就取否定的態度，反對把自己
當作是達爾文主義者，A・麥瑟爾在評論尼采的進化論時就說：
「在這裏（指尼采的進化論，筆者注）並不涉及根據達爾文的觀
念有關一種必要的自然發展，而是取決人的意志的一種精神——
道德向更高境界的追求。」[7]這就是說尼采的進化論不是達爾文
式的「自然發展」取決於「上帝」似的整體的自然的力量，而是
把進化的動力落實在進化中的生物自身，那麼，人之成為「超

────────────────

6　[德]尼采：《蘇魯支語錄》，徐梵澄譯，商務印書館1992年版，第6頁、
　　第8頁。
7　轉引自[德]安內馬麗・彼珀（Annemarie Pieper）：《動物與超人之維》，
　　李潔譯，華夏出版社2001年版，第362頁。

人」，就取決於自己，「超人」是對人自身的超越，人對自身超越的動力來源於人自身的生命意志。本著超人的立場，尼采鄙視人類的奴隸性格，以強者為本位，不惜以弱者為犧牲。因此安氏認為，在尼采看來，進化的各個階段各有自己的特徵，蟲子的特徵是寄生（吞食），猿猴的特徵是模仿，而人不同於前者的特徵是對自己獨特性的關注，「應該強調的是：這種動物行為不應像具有這種行為的人而受鄙視。蟲子在蟲子這個階段同猴子在猴子這個階段一樣舉止完全得體。只有作出像蟲子或者猴子一樣舉止的人才是可鄙的，因為那不是人的行為。」[8]魯迅的進化論，在對人的譜系的理解、人性和獸性的界定、人對自身的精神超越尤其是對人的意志在進化過程中的作用的強調等方面，與尼采有著明顯的影響關係，因此北岡正子認為：「（魯迅）在承認『自然規律』的時候，他又在進化論中增加了尼采的『憑意志擺脫命運』這樣一個觀點，於是人類歷史就不再是被『自然規律』決定的被動物，而成為『意志』不斷與『規律』抗爭並實現自我的過程。」[9]

（二）何謂「精神」

如前所述，魯迅五篇論文的一個關鍵觀念和核心命題就是「精神」。從《科學史教篇》對「科學」背後的精神因素的揭示，到《破惡聲論》標舉「精神」為人性進化的標的，對「精神」的強調貫穿於五篇論文中。對「精神」的集中表述，是在

---

[8]　[德]安內馬麗・彼珀：《動物與超人之維》，李潔譯，第43頁。
[9]　[日]北岡正子：《魯迅和進化論》，轉引自伊藤虎丸：《魯迅、創造社與日本文學》，孫孟等譯，北京大學出版社1995年版，第310頁。

《文化偏至論》中的「非物質」──「張精神」的對舉。然而，「精神」一詞，尚須玩味，精神，是指從柏拉圖之「理念世界」到黑格爾之「絕對精神」的西方思想傳統中的客觀精神實在？或為人的主觀內在精神？是信仰、理性亦或情感、意志？若加分別，差別極大，然則何為魯迅之「精神」？先看《文化偏至論》之文本的具體表述，在論述「非物質」時，魯迅首先批判近世文明的物質主義傾向：「不知縱令物質文明，即現實生活之大本，而崇奉逾度，傾向偏趨，外此諸端，悉棄置而不顧，則按其究竟，必將緣偏頗之惡因，失文明之神旨，先以消耗，終以滅亡，曆世精神，不百年而俱盡矣。遞夫十九世紀後葉，而其弊果益昭，諸凡事物，無不質化，靈明日以虧蝕，旨趣流於平庸，人惟客觀之物質世界是趨，而主觀之內面精神，乃舍置不之一省。重其外，放其內，取其質，遺其神，林林眾生，物欲來蔽，社會憔悴，進步以停，於是一切詐偽罪惡，蔑弗乘之而萌，使性靈之光，愈益就於黯淡：十九世紀文明之通弊，蓋如此矣。」在介紹「主觀主義」時又說：「其說出世，和者日多，於是思潮為之更張，騖外者漸轉而趣內，淵思冥想之風作，自省抒情之意蘇，去現實物質與自然之樊，以就其本有心靈之域；知精神現象實人類生活之極顛，非發揮其輝光，於人生為無當；而張大個人之人格，又人生之第一義也。」意即物質文明不能成為人類生活的終極，因為「客觀之物質世界」是人類創造力的產物，而其創造力的根源則是「主觀之內面精神」，故「精神現象」才是「人類生活之極顛」，在魯迅的表述中，可以看出，其所謂「文明之神旨」關乎「主觀之精神」、「靈明」、「內」、「神」、「性靈」和「本有心靈之域」，此類精神存在即其後文所謂「文明真

髓」；作為對「物質主義」的反動，魯迅舉西方十九世紀末之「主觀主義」和「意力主義」為「精神」的代表，「主觀主義者，其趣凡二：一謂惟以主觀為準則，用律諸物；一謂視主觀之心靈界，當較客觀之物質界為尤尊。」魯迅只解釋了第一種「主觀主義」：「前者為主觀傾向之極端，力特著於十九世紀末葉，然其趨勢，頗與主我及我執殊途，僅於客觀之習慣，無所盲從，或不置重，而以自有之主觀世界為至高標準而已。以是之故，則思慮動作，鹹離外物，獨往來於自心之天地，確信在是，滿足亦在是，謂之自省其內曜之成果可也。」從這裏可以看到，魯迅以「主觀」表達「精神」，在他的表述中，其所鍾情的十九世紀末主觀主義之「主觀」，是「自有之主觀世界」、「自心之天地」及對「內曜」的「自省」，這些都是屬人的，為人心中所本有。張世英先生認為：「『主體性』一詞是從德語的Subjektivitat，英語的Subjectivity翻譯過來的，中文有時譯作『主觀性』。」如果，魯迅所謂「主觀性」與「主觀主義」在翻譯史上與近代西方哲學的「主體性」Subjectivity一詞有關，則其「精神」非獨立於人之外的客觀存在，而是內在於人——主體自身。但還應看到，魯迅的「主體性」又不完全等同於西方思想史中的「主體性」。西方思想史中的「主體性」，在大陸哲學的認識論中，通過對主體認識能力的考察，把理性內在地建構於主體之中，使主體成為理性的普遍主體，魯迅對主觀性——主體性的理解，顯然沒有興趣置重於主體的普遍性及其理性的內涵，而是迅速認同於反抗理性統治的十九世紀末之意志主義，主體的內涵由理性置換為生命意志，使魯迅由「主觀主義」迅速向「意力主義」轉化。在闡述十九世紀「主觀主義」所要求的人格時，魯迅強調其不同於以前

人格理想之「知見情操，兩皆調整」和黑格爾的「能移客觀之大
世界於主觀之中」的「主智一派」，明確否定了至黑格爾而集大
成的主體性哲學理性訴求的旨趣。魯迅所置重者，是人格中的
「情意」：「近世人心，日進於自覺，知物質萬能之說，且逸個
人之情意，使獨創之力，歸於槁枯」、「顧至十九世紀垂終，則
理想為之一變。明哲之士，反省於內面者深，因以知古人所設具
足調協之人，決不能得之今世；惟有意力軼眾，所當希求，能於
情意一端，處現實之世，而有勇猛奮鬥之才，雖屢踣屢僵，終得
現其理想：其為人格，如是焉耳。」在無心於人格建構中的理性
因素的同時，魯迅有意突出情感和意志因素對新的人格建構的意
義，因而，「情意」，後進一步明確為「意力」，成為「主觀」
的實際內容。魯迅對「意力」的介紹主要列舉的是叔本華、尼采
和易蔔生，他稱叔本華為「叔本華之所張主，則以內省諸己，豁
然貫通，因曰意力為世界之本體也。」可以說抓住了叔本華的
「意志」作為世界和人的本質並直接在作為個體化的人那裏顯現
的特性。叔本華哲學產生於對黑格爾「絕對精神」的理性本質的
不滿，但在哲學問題的內在邏輯和框架中，則來自對康德「物自
體」哲學的改造，他不滿於康德「物自體」概念的不可知性，
以「意志」置換康德的「物自體」。康德認為，在理論理性領
域，理性所能認識的只是「自我」通過先驗能力所能把握的「現
象」，而「物自體」則不可知，在實踐理性領域，人的一切行為
都是表像，居於現象世界，受充足理由律支配，而其本質則是
「物自體」，不能為我們自己所知。在叔本華那裏，人和世界都
是「意志」的表像，這裏，「意志」似乎和康德的「物自體」一
樣處於同等形而上學的位置，但是，叔本華在康德的作為純粹認

識主體的「自我」之外，又加上作為「身體」的個體的身份，如果前者不可被認識，那麼後者則可以被認識，它既可以作為受充足理由律支配的「現象」被認識，又可以作為每個人都可以直接認識的對象被認識，這就是「意志」。所以說，叔本華的「意志」可以直觀並直接地顯現於作為「身體」的個體形式的「自我」中，因而，主體不再象在康德哲學中那樣分屬「現象」和「物自體」，而是既擁有現象，同時又與其背後的作為最終依據的「意志」直接同一，是現象和意志的統一。[10]這樣的哲學進路，通過使康德那裏被虛化的作為預設的「物自體」變為本體化的「意志」，使主體和本體合一，一方面，作為主體的「自我」由純粹認識主體變成作為肉身的「個人」，另一方面，人和世界的本質由康德實踐領域的普遍理性演變為「意志」──內在於人的先於理性的能量和衝動。叔本華的這一處理，雖然延續甚至強

───────────

[10]　叔本華說：「……現在我們明白了在每人的意識中是什麼東西把自己身體的表象，和其他的在別的方面仍與之相同的一切表象區別開來。這區別就在於身體還在完全另一個在種類上不同的方式中出現於意識，這個方式人們就用意志這個詞來標誌。並且正是我們對於自己身體所有的這一雙重認識給我們指出了理解身體本身，身體隨動機而有的作用和運動，以及身體對外來作用所受的影響（等等）的鑰匙；一句話，給了我們理解身體在不作為表象時，而是在表象以外，它自在的本身是什麼的鑰匙。這不是我們對於一切其他實在客體的本質、作用和所受的影響直接能有的理解。」（叔本華：《作為意志和表像的世界》，石沖白譯，第155-156頁，商務印書館1982年版。）「意志，作為（人）自己的身體的本質自身，作為這身體除了是直觀的客體，除了是表像之外的東西，首先就在這身體的有意的運動中把它自己透露出來，只是這些運動不是別的而是個別意志活動的『可見性』。這『可見性』和意志活動是直接而完全同時發起的，和意志活動是同一回事；只是由於這『可見性』轉入了認識的形式，亦即成為表像，才和意志活動有區別。」（同上，第159頁）叔本華關於意志的客觀化以及意志和身體同一性的論證，參見該書第25-236頁「第一篇　世界作為表象初論」。

化了形而上學思維旨趣，但非理性「意志」對理性精神的偷換，
其直接後果則是使以非理性為內涵的現代個人浮出海面，在這個
意義上，不僅尼采，尼采之後的存在主義都應是他的後繼者。魯
迅在「意力」的主題下把叔本華和尼采、易蔔生等人歸為一脈，
實是把握了這一傾向。雖然魯迅提到叔本華「曰意力為世界之
本體」，但應該說他對叔本華的形而上學旨趣並無措意，從他
在「主觀主義」之「人格」要求上對理智的輕視看，他所感興
趣的，應是「意力」對理性的取代。魯迅用「主觀」表達「精
神」，進一步，又把後者落實在「意力」之上，最終使從叔本華
那裏拿來的「意力」成為「精神」的真正內涵，不過應看到，在
叔本華那裏，「意志」雖不是外在於人的某一客觀實在，但人與
世界背後的形而上學化的「意志」顯然構成了一個「理念世界」
似的作為根據的「意志」世界，而在魯迅那裏，「意力」並沒有
獲得哲學意義上的形而上學地位，而是牢牢地從屬於「自我」，
「意力」是自我的「意力」，同時自我又被「意力」所規定；再
者，叔本華的「意志」是一種無目的、永不停息且永不滿足的
「生命衝動」，就是說它四處橫溢、沒有任何特定的目的和指定
的價值指向，而我們在魯迅的人性進化論中已經看到，「意力」
在他那裏應指向精神進化的目標，因而可以想像，施蒂納「唯一
者」和叔本華「意志」中所包涵的人的自我欲望因素（對此叔本
華也是加以否定的），魯迅不得不隱埋下去，而張揚擺脫物質羈
絆和一己私利的「上征」精神。從前文所引魯迅對「精神」的描
述看，魯迅對「精神」的估量，其期望值應遠遠高於叔本華。
「意力」，是作為反十九世紀物質主義的「新神思宗」，與「主
觀」並列提出，但在具體的介紹理路中，「意力」其實是「主

觀主義」的人格要求：「而張大個人之人格，又人生之第一義
也。」魯迅把「主觀」進一步落實到「人格」之上，再一次說明
了，「精神」在他那裏，是內在於人的，並通過作為個體的「人
格」承擔下來，在這個意義上，「精神」即「個人」。通過以上
梳理，可以說，魯迅以「主觀主義」和「意力主義」來闡釋他的
「精神」，此「精神」既非外在於人的某一客觀存在，而就是人
的主觀存在，亦非主體性意義上的建構理性，而就是人的情感和
意志（魯迅稱之為「意力」），並以個體「人格」形式承擔下來。

（三）何謂「個人」

「個人」，主要是在《文化偏至論》中針對「眾數」而提
出的，從魯迅的具體論述看，「個人」之所以優於「眾數」的價
值，不是從社會化、制度化的「權利」角度加以肯定的基本單
位，而在於「個人」所承擔的精神和真理之價值。魯迅這樣描述
西方「極端個人主義」出現的社會語境：「社會民主之傾向，勢
亦大張，凡個人者，即社會之一分子，夷隆實陷，是為指歸，使
天下人人歸於一致，社會之內，蕩無高卑。此其為理想誠美矣，
顧於個人特殊之性，視之蔑如，既不加之別分，且欲致之滅絕。
更舉黮暗，則流弊所至，將使文化之純粹者，精神益趨於孤陋，
頹波日逝，纖屑靡存焉。蓋所謂平社會者，大都夷峻而不湮卑，
若信至程度大同，必在前此進步水平以下。況人群之內，明哲非
多，偉俗橫行，浩不可禦，風潮剝蝕，全體以淪於凡庸。」從這
裏可以看到，魯迅提出「個人」，首先針對的是啟蒙主義以來
「社會民主之傾向」。「個人」之在西方，本來是啟蒙主義的制
度理念，它強調組成社會的每一個個體的平等權利，因而在預設

中把「個人」設計成抽象、原子式的個人，這一點正是魯迅上述言論所批判的，所以，魯迅的「個人」恰恰是對啟蒙主義「個人」的否定。他對「個人」的肯認，並非指向「每個人」的平等價值，而是指向「明哲」，他認識到人類精神發展的不平等，「蕩無高卑」的平等理想，其弊是對「個人特殊之性」的漠視甚至滅絕，魯迅在這裏並非單純強調個性的重要，而是看到，蔑視個性的平等主義，往往扼殺了精神發展「高」或「峻」於社會平均水平的「明哲」，致使整個社會精神水平下降，即所謂「傖俗橫行」，「全體以淪於凡庸」。為了有別於「社會民主」之「個人」，魯迅稱自己所引介張主的為「極端個人主義」。對「極端個人主義」的介紹，施蒂納是首當其衝者，對施氏的介紹，作為「個人」的正面陳述的關鍵字是「己」、「自性」、「此我」、「我性」、「個人」，這是對施蒂納哲學概念「我」、「唯一者」和「獨自性」的轉述，在施氏那裏，這些概念是指擺脫一切外在觀念和指定的現實「生存者」，如果僅僅從字面看，我們無法確切判斷魯迅轉述施蒂納所用諸詞的究竟所指，只是可以肯定，魯迅拿來施蒂納作為其所謂「極端個人主義」之代表，是看到了施氏對「個人」之絕對性的空前強調。施蒂納作為青年黑格爾的激進派，在反黑格爾「絕對精神」之普遍性的思想潮流中，把批判邏輯地推到空前的最後「不可分之點」（萊布尼茨）──作為原初創造者和現實生存者的「唯一者」，這個「唯一者」，是排除了一切外在或內在的「固定觀念」──無論是民族、國家、權利、義務等外在指令還是自由、理性、精神、道德等內在規定之後的那個原初的「我」，排除了一切的「我」之所以能夠存在，是因為「我」自身之中就具有實在性，是自為的存

在。施蒂納剔出這個「我」，並非有意對抗前述「固定觀念」，而是看到這些「固定觀念」形成了對人的統治，不是「固定觀念」創造人，而應是人創造「觀念」，因而通過懸置一切還原出那個作為原初創造者的「自我」，在這個意義上，「個人」在他那裏，第一次真正做到了絕對化。魯迅當時面對的是「蒼黃變革」之際的中國言論環境，正如施蒂納所批判的那樣，維新之士紛紛拿來西方的「新學之語」，不但「考索未用，思慮粗疏，茫未識其所以然，輒皈依於眾志」，而且還有「志行汙下，將借新文明之名，以大遂其私欲者」，所以「民主」「科學」、「進化」等「日騰於口」者，對於「昌言」之人，大多是外在觀念甚至是謀取私利的面具，因而魯迅剖析種種新學主張，指向言論背後的「人」。其「立人」主張，強調「人立而凡事舉」，應在施蒂納以絕對的「唯一者」對抗一切外在的觀念和規範的哲學中得到極大啟發。施蒂納的「唯一者」強調「我」的獨特性，在德國主體性哲學的內在邏輯中，和德國唯心論一起，是對啟蒙主義「個人」的超越，但是還要看到，德國唯心論出於對英法啟蒙主義之普遍化自然論抹殺精神──道德之維的不滿，在主體性論述中植入精神──道德因素，使主體內在化的同時，又使主體急劇膨脹，從康德開始，經費希特、謝林，到黑格爾，主體從「自我意識」到「絕對自我」，最後成為「絕對精神」這個龐然大物，可以說，黑格爾之「絕對精神」在主體性的發展邏輯中由近代主體重又演變成古典哲學式的本體，施蒂納的「唯一者」作為對黑格爾「絕對精神」的直接否定，又把過分膨脹的主體還原為具體的個體和活生生的現實生存者，因而可以設想，如果再從施氏的「唯一者」出發，在社會政治、經濟層面的權利訴求中，必然又

會出現啟蒙主義的個人。但同樣是從個體出發，與啟蒙主義之個人不同，施式的「唯一者」堅決反抗理性因而拒絕社會理性的訴求，其「唯一者」雖然也是個體的存在，但已不同於啟蒙主義抽象化、原子式的社會中的個人，施蒂納說：「『我是什麼？』你們中的每一個人均要如此問自己。一個深淵，一個沒有規則、沒有法則的衝動、欲求、願望、情欲的深淵，沒有光明和北極星的一片混沌狀態。」[11]因而毋寧是以非理性為根基的活生生的肉身存在和現實生存者。無論魯迅是否意識到這一思想史傾向，我們可以看到，他有意強調了「極端個人主義」之「主我」、「我執」與十九世紀末之「主觀主義」的不同，因而在介紹「主觀主義」思想家時，有意忽略了在前文列舉「個人」思想家時所著重推舉的施蒂納。魯迅對施蒂納的不滿，應是看到了施氏之「唯一者」所包含的「利己主義」傾向，施蒂納公開宣稱：「我，利己主義者，心中沒有『人類社會』的福利。我不想為它犧牲任何東西。我只是利用它，但是為了能完全利用它，我必須把它變成我的財富和我的創造，就是說，我必須消滅它，在它的廢墟之上建立自我主義者的聯盟。」[12]因而史蒂文‧盧克斯認為：「施蒂納的『個人主義』，是一種自由組合、一意孤行的利己主義者的反倫理和反理智的版本。」[13]雖然魯迅在介紹「個人」焉始就明確劃分了「個人主義」與「害人利己主義」的界線，但施氏哲學的顯在主張及內在傾向，對於有著敏銳觀察力和明確主見的接受者

---

[11] [德]麥克斯‧施蒂納：《唯一者及其所有物》，金海民譯，北京商務印書館1989年版，第173頁。

[12] 轉引自[英]史蒂文‧盧克斯：《個人主義》，閻克文譯，江蘇人民出版社2001年版，第17頁。

[13] [英]史蒂文‧盧克斯：《個人主義》，第16頁。

魯迅，不能說沒有絲毫察覺，這可證之於二：一是同在「個人」主題下，魯迅介紹完施蒂納後，接著轉向對叔本華、郭爾愷戈爾、易蔔生和尼采的「天才」及「超人」的介紹，把「個人」的內涵進一步落實到「天才」（「超人」）的卓絕「精神」及「個性」上，此一「精神」或「個性」，在魯迅的理路中，應是對施蒂納之「主我」和「我執」的超越，因而在闡述「非物質主義」時，放棄了未來很青睞的施蒂納；其二，魯迅在介紹自己所心儀的外國思想家和文學家時，往往在突出他們的卓絕個性的同時，有意略去其個人享樂的一面。據北岡正子研究，《摩羅詩力說》中對拜倫的介紹主要取材於木村鷹太郎的《拜倫——文藝界之大魔王》，但「魯迅著眼於意志力量和復仇精神是反抗壓迫之原動力」「沒有從拜倫的快樂主義和女性觀中選取任何材料」，「在選擇介紹那些作品方面，魯迅的意圖頗為明確。」[14]魯迅五四時期對日本白樺派作家武者小路實篤和有島武郎的翻譯介紹，突出其人道主義的思想，但對武氏同時期的表現其極端自我中心主義的作品和有氏更多的反映以本能為動力的「掠奪之愛」的小說，則不加介紹。[15]魯迅轉述施蒂納的「己」、「自性」、「此我」、「我性」、「個人」等觀念，揚棄了其執著個我欲求的內涵，而與「上征」之「精神」緊緊相系。

如前所述，緊接施蒂納之後對「極端個人主義」的介紹，是叔本華、郭爾愷戈爾、易蔔生和尼采，魯迅介紹的重點落實到

---

[14] [日]北岡正子著，何乃英譯：《〈摩羅詩力說〉材源考》，北京師範大學出版社1983年版，第3-4頁。
[15] 參見王向遠：《日本白樺派作家對魯迅、周作人影響關係新辯》，《魯迅研究月刊》1995年第1期。

「天才」及其「卓爾不群」之「個性」上：「主我揚己而尊天才」、「謂惟發揮個性，為至高之道德」、「希望所寄，惟在大士天才」、「不若用庸眾為犧牲，以冀一二天才之出世」，從這裏可以看出，「個性」的價值不在邏輯上的終極之「我」，而在「個性」所蘊涵的人的精神尊嚴和「天才」的精神價值，在這個意義上，魯迅所推崇的「個人」即引領精神創進的「天才」。魯迅注意到「天才」與叔本華哲學的關係，「天才」式的個人在叔本華那裏，指能夠擺脫「意志」的束縛，從而認識（直觀）「意志」的最完善、最直接的客觀化──「理念」的人，「天才」之所以有這樣的稟賦，在於他擁有強大的精神力量，能夠忘卻一己的利益、意願、目的及其它「意志」對自身的束縛，使自身上升到純粹的認識主體，這時，這個認識主體不再是固執於「個人意志」和「人格」的個體化自我，也就是說，「天才」恰恰是由於對個體人格和個人意志的放棄而獲取對「意志」的直觀能力。魯迅在「個人」主題下對「天才」的闡述，尚未觸及叔本華哲學中「天才」與「意志」之間的複雜關係，在前面的分析中，我們已經看到，魯迅對「意志」（「意力」）論述集中於在「精神」主題下對十九世紀末「主觀主義」的介紹，在那裏，「意力」是十九世紀末之「主觀主義」的「人格」要求，明顯把「意力」歸屬於作為個體的「自我」，其「意力」即「個人意志」，因而「人格」和「個人意志」恰恰是魯迅所強調的。由此可說，「意力」對於魯迅是作為「個人」的內涵而提出的。魯迅在論及「天才」時沒有觸及「意志」，在他的闡述中，「天才」的價值在於卓絕之「個性」和「真理」之價值，「個人」和「眾數」的衝突，其實是「天才」和「眾數」的衝突，亦即真理和謬誤的衝突，他以

蘇格拉底和希臘人之間的及耶穌和猶太人之間的糾葛為例，得出：「故多數相朋，而仁義之途，是非之端，樊然淆亂；惟常言是解，於奧義也漠然。常言奧義，孰近正矣？」「個人」與「眾數」的差別，是「奧義」與「常言」的差別，比較起來，前者更接近「正」——真理。又通過公眾對布魯多殺愷撒的前後不同的態度，說明：「故是非不可公於眾，公之則果不誠，政事不可公於眾，公之則治不郅，惟超人出，世乃太平。苟不能然，則在英哲。」針對「無政府主義」之「顛覆滿盈，剷除階級」，魯迅反駁：「建說創業諸雄，大都以導師自命。夫一導眾從，智愚之別即在斯。」對於這段話中的「無政府主義者」，有許多研究者認為是指施蒂納等人，也就是說，魯迅公開視他們為無政府主義者。如此理解其實有誤，這裏的「無政府主義者」，並非指施蒂納等人，這段話是在強調「英哲」與「眾數」之別的語境中展開的，其所揭發的，是「無政府主義者」的自相矛盾：一方面倡導「剷除階級」，追求絕對平等，另一方面，這些無政府主義的「建說創業諸雄」，卻「大都以導師自命」，「一導眾從」，恰恰違背了他們所倡導的「平等」理想。從魯迅所舉幾例可知，在他看來，「天才」（「個人」）和「眾數」的差別在於，前者有確定的人格承擔，後者無確定的人格承擔，不足以為「精神」載體的單位；前者往往是精神和智力的卓絕者，後者是作為大多數的心智平平者，所以，前者代表精神和真理的價值，後者與謬誤相伴。在這個基礎上，魯迅最後總結道：「則多數之說，謬不中經，個性之尊，所當張大，蓋撆之是非利害，已不待繁言深慮而可知矣。」由此可知，魯迅「個人」的提出並非著眼於權利之平等的個人，而是著眼於「個人」的內在精神價值；魯迅之「個

人」──「眾數」中的「個人」，並非社會民主之抽象化的原子式
個人，而其實是天才，魯迅的「個人」指向「天才」、「超人」
和「英哲」的「個性」及「精神」價值。結合前述「人性進化
論」和「精神」的命題來理解，既然人性的進化是人的精神的進
化，而且進化的最終單位是「個人」，則進化取決於進化中的個
人的精神能力，精神的強者才是進化中的勝者，所以，作為精神
上的強者的「個人」──「天才」、「超人」和「英哲」才是魯
迅「個人」的實質所在。

二、魯迅日本時期「個人」觀念的思想淵源：傳統思想資源 與德國思想資源的相遇

魯迅早期論文對「個人」的闡述，有兩點可以基本肯定，
一是魯迅的「個人」是從西方「拿來」的「異域新宗」，換言
之，其「個人」的直接思想資源來自西方；同時，當魯迅用「個
人主義」明確表達他所謂「個人」的時候，沒有顧及「個人主
義」是一個「用法歷來就非常缺乏精確性」的語詞，[16]其在西方
的形成和發展有著極其複雜的語義史，既有不同國家和民族的地
域性差異，又交織著來自諸多知識域的複雜觀念，因而並非一本
質性的固定觀念，史蒂文·盧克斯在他的《個人主義》一書中
曾有分類梳理，他把「個人主義」按國別分成法國、德國、義
大利（文藝復興時期）美國和英國等，按主題分成「政治個人
主義」、「經濟個人主義」、「宗教個人主義」、「倫理個人主
義」、「認識論個人主義」和「方法論個人主義」；二是，魯迅

---

[16] [英]史蒂文·盧克斯：《個人主義》，第1頁。

對「個人」的轉述，除了為數不多的「個人」及「個人主義」用詞外，更多的是運用了本土傳統符號資源，如「我」、「己」、「此我」、「自我」、「我性」、「主我」、「自心」、「本心」、「心聲」、「內曜」、「隱曜」、「自覺」「自識」、「我執」、「神」、「精神」、「靈台」、「靈府」、「靈明」、「靈敏」、「靈覺」、「性靈」、「神明」「神思」、「理想」、「聖覺」、「內」、「初」、「本根」、「所宅」、「意力」等，有周易語、孔孟語、老莊語、佛教語、陸王心學語、《文心雕龍》語等。這兩個事實提醒我們，魯迅對西方「個人」話語的接受及引介，可能涉及到理論話語跨文化、跨語際傳播與旅行的複雜關係，不是簡化而是深入這一關係的複雜性，應是考察魯迅「個人」觀念的應有態度。可以肯定的是，魯迅對西方個人主義話語的理解、選擇和接受，基於他對個人主義思想和價值的認同，而這一跨文化、跨語際認同的前提和根基，只能內在於本土的思想和價值傳統中，那麼，需要追問的是，中國思想傳統如何促成了魯迅對西方個人主義的認同？這一認同是如何制約了魯迅對個人主義的選擇和接受？這形成了魯迅「個人」思想的那些特徵？其中蘊涵著哪些思想問題？

（一）「精神」與「心」：魯迅「個人」觀念的傳統思想資源

　　魯迅早期文本中「個人」用語的大量傳統符號資源的存在，從表像上寓示著魯迅與中國思想傳統的關聯，但這並非僅僅是文言用語的限制，深入到魯迅對「個人主義」的接受和理解，就會發現，語彙所寄涵的內在思維結構和語彙之使用一起，參與了魯迅與傳統思想的關聯。深入五篇論文的內在理路，可以發

現，魯迅的「個人」與另一關鍵字「精神」是相互涵涉的一對
觀念：「個人」指向其所能承擔的精神和真理的價值，天才即這
樣的個人，換言之，「個人」是具有內在性的，其內涵即「精
神」；同樣，「精神」是人的精神，最終由以「個」為單位的
「人格」來承擔。在這個意義上說，魯迅的「個人」是「精神」
性的「個人」，「個人」的內涵是「精神」。

　　首先值得問的一個問題是：「精神」在漢語語境中究竟意
指為何？

　　「精」和「神」二字，本來是各自具有獨立意義的漢字。
二字連為一體，始見《莊子》。[17]先言「精」、「神」二字。
《老子》第二十一章雲：「窈兮冥兮，其中有精」，指道的一種
狀態；「精」字多見《管子·內業》篇，《管子·內業》雲：
「凡物之精，此則為生，下生五穀，上為列星，流於天地之間，
謂之鬼神；藏於胸中，謂之聖人。」所謂「精」，「精也者，氣
之精者也。」，「精」是一種細微的氣──「精氣」，「思之思
之，又重思之，思之而不通，鬼神將通之。非鬼神之力也，精氣
之極也。」《呂氏春秋》亦言「精氣」：「精氣之集也，必有入
也」，（《呂氏春秋·盡數》）中國思想似乎沒有興趣以宇宙中
的「精氣」為客觀研究對象，追問此一「精氣」究竟是什麼，而
是落實在對「人」的理解，《內業》說：「凡人之生也，天出其
精，地出其形，合此以為人。」人由「精」和「形」組成，形體

17 張岱年認為「精神二字連為一體詞，始見於《莊子·外篇》。」（張
　　岱年：《中國古典哲學概念範疇要論》，第94頁，中國社會科學出版社
　　1989年版；徐復觀亦認為「把精字神字，連在一起而成「精神」一詞，
　　則起於莊子。」（徐復觀：《中國人性論史：先秦篇》，上海三聯書店
　　2001年版，第345頁。）

030

由地而來，精由天而來，此「精」即「精氣」，在身體中具有思慮智慧的功能，張岱年先生對此解釋為：「人的精神作用不是從內發出的，而是接受了從天而來的精氣的結果。」[18]在這一思路中，「精」「形」對舉，成為一對對立的概念；《莊子》釋「精」，謂「夫精者小之微也，……可以言論者，物之粗也。可以意致者，物之精也。」把「精」與「粗」相對以形容其特徵，《莊子》、《荀子》言「精」，如「棄事則形不勞，遺生則精不虧，夫形全精複，與天為一。」（《莊子·達生》）、「耳目之欲接，則敗其思；蚊虻之聲聞，則挫其精。」（《荀子·解蔽》），亦是以「精」「形」對舉；殷周時期，「神」字已有天神、神靈的意思，《論語》與《左傳》中所見「神」字，多指原始宗教所崇拜的神靈，在《老子》中，「神」為道所生，從道所得神靈妙驗，《孟子·盡心上》雲：「大而化之之謂聖，聖而不可知之之謂神。」此「神」為神妙莫測的意思；《莊子》、《荀子》開始以「神」和「形」對舉，如《莊子·養生主》：「臣以神遇而不以目視，官知止而神欲行。」《天地》：「德全者形全，形全者神全。」《徐無鬼》：「勞君之神與形。」《荀子·天論》：「形具而神生。」此「神」與「精」義相通。由此可見，在中國古代的理解中，「精」、「神」二字，由宇宙的某種普遍的存在，落實到對人的理解中，成為構成人的因素中與「形」相對的決定人的智慧靈覺的因素，形神關係成為中國古代哲學的一對重要範疇。「精」、「神」二字連為一詞，始見《莊子·外篇》之《天道》：「水靜猶明，而況精神？聖人之心靜

───────────
[18]　張岱年：《中國古典哲學概念範疇要論》，中國社會科學出版社1989年版，第94頁。

乎，天地之鑒也，萬物之鑒也。」「須精神之運、心術之動，然後從之者也。」後《知北遊》雲：「孔子問於老聃曰：今日晏間，敢問至道。老聃曰：汝齋戒疏瀹而心，澡雪而精神，掊擊而知，夫道，窅然難言哉！將為汝言其崖略。」、「精神生於道，形本生於精」，《天下篇》：「獨與天地精神往來」，《刻意》：「精神四達而並流，無所不及，上際於天，下蟠於地……其名為同帝。」「精神」一詞後來在《淮南子・精神訓》中從養生學角度得到集中的討論，以後在中國古代思想中的著名的「形神」之辯中受到中國歷代思想家的關注，宋明道學又把形神問題放在認識論及宇宙論的體用關係中加以討論，「精神」一詞沿用至今，泛指人的意識、思維和信仰等精神現象，並在近代哲學中成為與「物質」概念相對立的一個重要範疇。

由於缺少定義的方法，在繁雜的文獻中尋找中國古代「精神」一詞的確切內涵是難以辦到的，例如，在「神」和「形」之生成孰先孰後的問題上，意見就很不一致。不過，概觀「精神」一詞的語義史，我認為，大致而言，「精」本是中國古代宇宙構成論中的概念，是構成宇宙的「氣」的一部分，不過它是含有靈覺智慧的素質，是為「精氣」，或稱「清氣」，與此相對的是無靈覺的「濁氣」，「清」、「濁」兩氣之說又與古代陰、陽論相關；不過，這一宇宙論的理解落實到人本主義的解釋中，即「精」成為構成人的要素的「精氣」，決定人的智慧靈覺，而且這一屬於人身體內的因素與宇宙普遍存在的「精氣」仍然是相通的，由「精」所發出的人的表現則為「神」，以「神」形其變幻莫測之義；所以，在中國道教養生學及中醫中，「精神」並非完全屬於我們今天所理解的非實在的精神範疇，似乎也

是一種具有質的實在。但是，中國「精神」還有一個形而上學化的哲學路徑，這在「精神」一詞發源地的《莊子》那裏已經奠定了這一意向，莊子認為：「精神生於道，形本生於精，而萬物以形相生。」（《莊子‧知北遊》），「精神」直接來自於其最高範疇「道」，由精神生成形體，這就與通常所認為的神生於天、形生於地不同，精神不再是在發生學上與形體並列的一種實在，而就是後者的源頭，這樣使精神與形體統一於精神之中，「形體保神，各有儀則，謂之性。」（《莊子‧天地》）精神成了使人之成為人的主宰；另外，在莊子的理解中，「精神」由「道」產生，而非遍及宇宙中的「精氣」在人身上的留駐，則「精神」就不是沒有內外之別的一種普遍存在，而就是人的內在性的存在，這樣，「精神」由原始意義上的宇宙中的某種特殊存在，成為人內在的並決定自身形質的存在；同時，莊子通過處理「精神」和「心」的關係，把「精神」落實於「心」之發竅處，如前所述，《莊子》亦多言「心」，不過，莊子並不把「心」作為道德主體而誇大其功能，而是對「心」有充分的警惕，他甚至把「心」視為達到精神自由的障礙，認為只有虛靜其心的「心齋」和「坐忘」才能達到與「精神」為一，所以他明確主張「外於心知」（《人間世》）、「無攖人心」（《在宥》），但是，莊子並沒有完全否定「心」的作用，《莊子‧德充符》：「日夜相待乎前，而知不能規乎其始者也，故不足以滑和，不可入於靈府。」對於「靈府」一詞，郭象注曰：「靈府者精神之宅」，成玄英疏曰：「靈府者精神之宅，所謂心也。」即將「心」尊為「靈府」，《莊子》之《達生》、《庚桑楚》又稱「心」為「靈台」，通過這一處理，「心」成為「精神」在人身內留駐的處所

（《管子・內業》亦稱「心」為「精舍」），但其前提是「心」虛空掉其中與「形」有關的所謂「知」，以接納「精神」的留駐，在此意義上，不是「心知」，而是「精神」才應是「心」的內容，由此可以說，「精神」與「心」的關聯進一步推進了「精神」的主觀化。徐複觀就認為，「莊子主要的思想，將老子客觀的道，內化為人生的境界，於是把客觀性的精、神，也內在化為心靈活動的性格。心不只是一團血肉，而是『精』；而心之精所發出的活動，則是神；合而言之則是『精神』。將內在的心靈活動的此種性格（精神）透出去，便自然會與客觀的道的此種性格（精神），湊泊在一起；於是老子的道之『無』，乃從一般人不易捉摸的灰暗之中，而成為生活裏靈光四射的境界，即所謂精神的境界。而此精神的境界，即是超知而不舍知的心靈獨立活動的顯現。」[19]即認為「精神」在《莊子》那裏由客觀變為主觀。我認為，由於語源的關係，精神在漢語語境中是帶有莊學色彩的辭彙，「精神」在《莊子》中首出，並在深受道教影響的《淮南子・精神訓》中成為關鍵字，古代文獻中，「精神」一詞多見於道家及道教文獻，他派學說可見「精」、「神」二字，但連用者並不多見，即此亦可說明問題。《莊子》中談得最多的是人如何獲得自由（「逍遙游」、「縣解」、「解其桎」）的問題，在莊子看來，要達到自由就要無所「待」，即不依賴他物，自己決定自己，《莊子》多談「自」字——「自然」、「自己」、「自取」、「自造」，與「自」相近者為「獨」，「道」為「造物」，但其「造物」「無為」，故實即物各自造，對於人來說，

---

[19] 徐複觀：《中國人性論史・先秦篇》，上海三聯書店2001年版，第345頁。

承接「道」的「精神」即為「自造」之「自」，故自由實即精神
的自由；要達到「無待」之自由，就要破對待、忘分別，同於
大化，齊於萬物，莊子之「齊物」，容易被理解成就是「墮肢
體，黜聰明」，降而與「物」同一，如果這樣理解，就等於犧牲
了莊子的自由，需要指出的是，莊子的「齊物」、「觀化」與
「物化」，非犧牲自己的自由而就於物性，而是讓自己超越出形
體之身，以歸於自身所自之「精神」，亦即歸於與萬類同源的
「道」，此即謂「無己」、「無功」、「無名」與「喪我」，其
道術是虛靜其心的「心齋」和「坐忘」，人複歸於「精神」，即
能超脫一切而自由，故言莊子所謂自由是精神的自由，《莊子》
言說所針對者是個體，故其精神自由即個體「精神」自由，在這
個意義上，個人之「精神」是放棄有形之「己」、「我」後所達
到的境界，放棄有形之「己」、「我」，並非放棄了「自己」，
而是回歸或上升到更大、更真實的「真我」，此「真我」即「精
神」。因此，自由即人的自主，自主是「精神」的自主，「精
神」即為人的自主主體，所謂自主，就是否定外在的一切權威、
束縛和規範，獨以內在化的「精神」為己身之主宰，以達至「天
地與我並生，萬物與我為一」、「獨與天地之精神往來」的境
界。莊子其實也循著神形對立的理路，精神自由即意味著對與形
體有關的外在束縛的超越，在精神和外在束縛的對立中，本來是
普遍存在的精神反而成為人的內在根據和本質，換言之，人的本
質是對與自身形體有關的外在規範和權威的超越，而最終實現的
精神自由，是一種境界。這一精神超越論的思想由莊子開啟，在
宋明心學中才得以繼承和發揚。理學大師朱熹尚是用陰陽二氣解
釋形神問題：「形體陰之為也……神知陽之為也。」（《朱子語

類》卷九十四），「人生初間，是先有氣，既成形，是魄在先。形既生矣，神發知矣。既有形，後方有精神知覺。」（《朱子語類》卷三）在他的解釋中，「精神」屬於「氣」的範疇，而不是其哲學中對於「天」來說的「理」或對於「人」來說的近乎虛設的「天命之性」，它似乎是人稟陽氣所生的對於「理」的先天道德知覺，在這一意義上，其理解的「精神」與他所說的「心者，人之知覺」（《朱子語類》卷五）的「心」相同；宋明心學倡導「心」即是「理」，而強調自立的主體人格，在把「理」納入「心」的同時，陸九淵說：「請尊兄即今自立，正坐拱手，收拾精神，自作主宰。萬物皆備於我，有何欠闕。」（《陸九淵集裏仁為美（卷三十二）》），即是說把普遍存在的「精神」也納入一「心」之中，這其實延續了莊子以「精神」作為人的主宰的思路；王陽明把「收拾精神，自作主宰」提升到「良知」境界，認為「主宰常定，人得此而生」；（《傳習錄上》，《王文成公全書》）心學的形成與莊子哲學的影響關係，已為學界所認知，理學與莊子哲學的結合，既使作為道德原則的「理」為一心所收攝，又使此「心」並不局限於道德原則本身，而能與精神結合擴充至天地境界（「宇宙即是吾心，吾心即是宇宙」）；本來，在莊子那裏，「精神」與「心」並不處於同一位置，要達到「與天地精神往來」的「精神」自由，必須要做的反而是「外於心知」（《人間世》）、「無攖人心」（《在宥》）達到「心齋」（《人間世》）與「坐忘」（《大宗師》），因為只有虛靜其心才能驅除一切外在障礙，與「精神」直接為一，在可比的意義上，莊子的「精神」與程朱的「理」，相對於「心」，實際處於同一位置，即是說，「精神」與「理」都是高於「心」的存在，當心學援理

入心的同時，精神也即可相應地進入「心」中。因此可以說，在宋明心學那裏，孟子所闡發的「心」與莊子所闡發的「精神」完成了融合，「精神」進入作為道德主體的「心」中，使本來作為宇宙間普遍存在的「精神」真正成為人的主觀性的存在，「心」接納「精神」，則空前擴充了道德之「心」的境界，使「心」之主體真正得以確立。因此不難理解，心學大師都極言「心」之功能，王陽明曰：「心即天，言心則天地萬物皆生矣。」（《答季德明》）劉宗周曰：「通天地萬物為一心，更無中外可言。體天地萬物為一體，更無本心可覓。」（《劉子全書‧語錄》）

中國的「精神」概念在浩瀚的思想言述中顯得極為複雜，在不同的闡釋者那裏，存在著不同的解釋，就是在同一個闡釋者那裏，也由於概念的不確定性而難以找到統一的解釋，所以，哲學史的梳理也只能就其語源大概而言，更要重視的是在長期的言談與書寫中約定俗成的對「精神」一詞的想像。中國的「精神」概念從他的詞語發明者莊子那裏就開啟了主觀的傾向，並保持了「精」「神」概念本來所固有的與「形」對立的意義，使「精神」成為超越與形體有關的事物的人的主宰，但對「精神」的具體規定性，卻沒有加以明確的說明。在西方，「精神」──「靈魂」（Spirit─Soul）在詞源上同樣與「氣息」一詞有關，精神──靈魂是萬物有靈的存在，但只有人的靈魂──精神中才具有理性的成分，古希臘的靈魂學說都強調人的靈魂中理性的支配地位，人的「精神」──「靈魂」中的理性與宇宙的實體「理智」是相通的。[20]理性成為人的靈魂的本質，這一理性本質在近代主

---

[20] 在古希臘哲學中，並沒有以認識論作為問題，但對世界、宇宙秩序的探求，已內含人對這一秩序的理解能力的確信，因而，相對于秩序，

體性哲學中被內在化，成為主體的內在能力，在笛卡爾那裏，「精神」——「靈魂」和「心靈」這個術語是可以互換的，他之所以使用「心靈」而不是「靈魂」這一術語，是因為「『靈魂』這一詞意義含混且常被應用於身體的東西。」[21]對於笛卡爾來

「理智」是希臘哲學的一個基本範疇，「理智」即希臘文的「奴斯」（nous），又譯作「心靈」（Mind），理智不是原始宗教萬物有靈意義的靈魂而被置於事物之中，也不屬於人而具有人格的特徵，而更象對應於世界或宇宙秩序的無形的、純粹的實體。自然哲學家阿那克薩戈拉在元素之外設立了一個能動的世界本源——「心靈」，此「心靈」又譯作「理智」，它是無形的，獨立於事物並對事物起作用的能動實體，他說「心靈是安排一切的原因」；柏拉圖的「理念」和亞理斯多德形而上學的「實體」已包含了「理智」的因素；在晚期希臘的斯多葛哲學中，世界有兩個本源，質料是被動的本源，「邏各斯」或理性是能動的本源；在普羅提洛的哲學中，理智、靈魂和太一一起同屬「三個首要本體」，即世界的三個最高的、能動性的本源。希臘哲學沒有對人的認識能力的集中論述，但其靈魂學說對人的靈魂作了明確的理智界定，在阿那克薩戈拉那裏，人的靈魂是無形的、彌漫世界的「心靈」（「理智」）的一個類別；蘇格拉底極力推崇阿氏的「心靈」概念，並通過對內在於心靈的原則的強調，進一步把外在普遍意義的「心靈」轉化為人的靈魂；柏拉圖的靈魂學說對靈魂作了理性、激情和欲望的三重區分，理性是把人與動物區別開來的人的靈魂的最高原則，人的靈魂的本性是理性，激情和欲望應服從於理性，正是靈魂中的理性，使人與理念相溝通；亞理斯多德把惟有有生命的實體才具有的靈魂分為植物靈魂、動物靈魂和人類靈魂，人類靈魂是理性靈魂，因而他把人定義為：人是理性的動物；在斯多葛學派的哲學中，作為宇宙的能動本源的理性（「邏各斯」）按能力的不同分為不同級別，其所規定的形體也相應地又低到高排列成無生命物、植物、動物、人、神，其中惟有人和神才具有理智，為人與神所共用，不過惟有神才具備最完全的理智，理智在這裏又稱為「奴斯」（nous），是最高級的理性；普羅提絡把靈魂視為本體，靈魂既被個體事物所分割，又能與太一和理智相通。從哲學梳理中我們可以認為，在古希臘的哲學闡述中，人的靈魂與理智秩序具有內在關聯。

[21] Descartes，Philosophical writing（tr. Cottingham，etc.）轉引自尼古拉斯·布寧等編著：《西方哲學英漢對照辭典》，第623頁Mind條，人民出版社2001年版。

說，「心靈」是一個思維的實體，這成為主體性哲學的同一性特徵，從笛卡爾的「我思」，康德的「自我意識」、費希特的「絕對自我」，和謝林的「自我意識」，都是「精神」——「靈魂」的主體化，黑格爾重新啟用「精神」一詞，在他那裏，「主觀精神」是「意識」、「自我意識」和「理性」；因此說，西方思想中的「精神」——「靈魂」（Spirit——Soul）概念在近代思想中與「心」（Mind）的概念是同一的，而「心」的本質則由「理性」界定。與此相比較，中國思想中的「精神」在宋明心學中與「心」融合而成為主體性存在，但「精神」所承擔的並非「理」的道德理性內涵，而更多地是表示主體的可以無限擴充的境界，換言之，當「精神」如「心」一樣以主觀意義出現的時候，其功能不是表現在理性對物質世界或人的世界的宰製，而是精神對外在世界的無窮超越，其本質並非明確的以理性為界定——無論是西方「精神」（「心」）概念中占支配地位的純粹理性，還是儒家心學的道德理性，而是超越外在世界所達到的與天地合一的境界。

　　魯迅在「非物質」——「張精神」主題之下對十九世紀末之「主觀主義」的轉述，帶有很強的道家「精神」色彩：

　　　　前者為主觀傾向之極端，力特著於十九世紀末葉，然其趨勢，頗與主我及我執殊途，僅於客觀之習慣，無所盲從，或不置重，而以自有之主觀世界為至高之標準而已。以是之故，則思慮動作，鹹離外物，獨往來於自心之天地，確信在是，滿足亦在是，謂之漸自省其內曜之成果可也。[22]

━━━━━━━━━━━━━━━━━━━━━━━━
[22] 魯迅：《墳・文化偏至論》，《魯迅全集》第1卷，第53-54頁。

其說出世，和者日多，騖外者漸轉而趨內，淵思冥想
之風作，自省抒情之意蘇，去現實物質與自然之樊，以就
其本有心靈之域；知精神現象實人類生活之極顚，非發揮
其輝光，於人生為無當。[23]

「主觀主義」被描述成對外在習慣、規範等「現實物質與
自然之樊」的超越，這與莊子超越性的精神自由是一致的。當
然，魯迅所介紹的是指十九世紀末之「主觀主義」對「物質主
義」等的批判，但這一描述所帶有的莊子色彩，如果聯繫文本用
語所表現的對莊子的熟悉，則其間思想的聯繫則理應讓人相信。
郭沫若曾就魯迅文本中所見《莊子》用語，以見魯迅與莊子的聯
繫，從他所舉詞語看，《莊子》用語尤其集中在早期五篇論文
中。[24]早期論文所見的大量莊子語言，說明魯迅對莊子的極為熟
悉，如果說莊子的思想對魯迅也產生了潛移默化的影響，大概也
並不過分吧。其實，莊子的精神自由對於中國知識份子，始終是
一種信念式的存在。魯迅以「精神」為「個人」的內涵，以反抗
種種外在於「個人」的規範和束縛，把自己的關注點直接放在個
體的精神自由上，其超越的精神動力，在思想資源上與莊子的精
神哲學應有尚待揭示的深層聯繫。

魯迅既以「精神」為「個人」的內涵，同時，在解釋「個
人」時，又使用了諸如「自心」、「自性」、「自識」等概念。

---

[23] 魯迅：《墳·文化偏至論》，《魯迅全集》第1卷，第54頁。

[24] 參見郭沫若：《莊子與魯迅》，中國社科院文研所魯迅研究室編：《魯
迅研究學術論著資料彙編（3）》，中國文聯出版公司1987年版，第594-
604頁。

如前所述，魯迅使用的這些概念，可能直接來自章太炎當時發表於《民報》的系列文章，章氏在《四惑論》、《國家論》和《建立宗教論》等一系列文章中，運用了「自心」、「自性」和「自識」等概念。「自心」、「自性」和「自識」用語出於佛教，為佛教各宗的核心語彙，當魯迅使用這些語彙的時候，沒有顧及其在佛教語境中的確切所指，更沒有顧及相關語彙在佛教各宗中的複雜意義所指和界定，魯迅顯然把它們看作超越外在束縛所依據的個人主體之「心」。

　　這一主體意義的「心」的觀念，確切地講是來自儒家心學傳統。五篇論文中，魯迅對人性的樂觀和對作為自我的「心」、「性」主體的執著、他顯露的對中國危機的憂心、他激越的對「近世人心」的指摘，以及他對作為文化根柢的精神——心的強調，都無不啟示著他與源遠流長的中國心學譜系之間的聯繫。心字象形，本為心房，後漸為意識性的心思之心；「心」字大量湧現在戰國中期的文獻中，《孟》、《莊》多言「心」字，孟子通過「盡心」、「知性」、「知天」的理路，開創了儒家的心性之學，經《中庸》，到宋明發展為影響巨大的心學。心學以一「心」統攝「物」、「理」，「心」成為道德的主體和天地的明覺，包羅萬象之「心」的突出無疑張大了人作為道德主體的強大力量，成為中國知識人主體人格的強大精神支柱。魯迅作為中國知識份子與傳統心學的精神聯繫，本應是情理之中的事，但如果考慮其出生地與心學發源地的地域文化關係，則更應引起重視，南宋心學的中心是浙江，心學大師王陽明主要學術活動場所山陰即是魯迅出生地紹興，心學大師劉宗周是魯迅的同鄉，我們雖然難以找出魯迅與心學大師之間關係的直接資料，但基於鄉學淵

源，魯迅當承續若干血脈吧。許壽裳曾謂魯迅的革命是「革命先要革心」，[25]當是知人之語；魯迅張主「立人」，強調其「人」是「精神」的「個人」，其意即是「立心」，「人者，天地萬物之心也，心者，天地萬物之主也。」（王陽明《答季德明》），故「立人」即為「為天地立心」（張載《張子語錄》），劉宗周即謂：「學以學為人，則必證其所以為人。證其所以為人，證其所以為心而已。」（《人譜》，《劉子全書》卷一）「心」、「性」的存在，使魯迅具有道家色彩的「精神」與儒家強大心學傳統中的心性觀念糾纏在一起。魯迅的「個人」觀念展現著道家之「精神」與儒家之「心」的豐富蘊藏。

莊子主觀化的「精神」與儒家心學之「心」在魯迅那裏終於成了相互糾纏的兩個觀念，但其從思想史中夾帶而來的不同思想功能，則共同參與了魯迅的現代「個人」的建構，儒家心學之「心」的強烈主體意識使魯迅視「自心」、「自性」等「心」化主體為個人的終極存在，同時，莊子超越式的「精神」又給他提供了質疑並超越種種既成規範——從儒家心學之「心」固有的道德理性內涵到現代的「物質」與「眾數」——的精神動力。換言之，從比較的角度看，魯迅之「心」與莊子之「心」一樣，都不是某一既定本質（規範）所能規定的，而是指向不斷開拓的精神空間，但不同的是，莊子否定人的主體之心的實體意義，虛化之心只不過是普在之「精神」的處所，而魯迅則堅執心（「精神」）——「自心」、「自性」的主體地位，視之為「個人」的

25 許壽裳：《民元前的魯迅先生·序》，北京魯迅博物館、魯迅研究室、《魯迅研究月刊》編輯部編：《魯迅回憶錄·專著（上）》，北京出版社1999年版，第476頁。

終極存在；儒家之「心」與魯迅之「心」都是得到承認的主體存在，但儒家「心」的道德理性內涵卻無疑是魯迅所要否定的對象。進一步要問的是，被抽空的「心」以什麼作為新的主體內涵呢？從論文中可以看到，魯迅拿來的是十九世紀末「極端之個人主義」的「意力」——它以生命力為基礎，指向不斷超越自身的「上征」精神境界，此一精神——意力的超越，並非莊子式的精神超越後的向宇宙本源「道」的回歸，而是在生命力的推動下面向未來的人的精神拓展和進化，或者說，此一生命，即是人展開其所有精神價值的場所。

（二）從「自我」到「個人」：魯迅接受德國個人主義的傳統思維結構

　　在思想史上，「個人主義」經歷了從英法啟蒙主義的個人主義向德國的浪漫主義的個人主義轉換的歷史，英法啟蒙主義致力於現代國家制度的建構，他們以人的自然狀態下的平等作為其理念基礎，提出每個個人的原子式的權利平等及其個人幸福的訴求。法國大革命的慘痛教訓，引起了對啟蒙主義之「個人」的質疑，正是在對法國革命失敗的反思中和對「個人主義」的批判中，「個人主義」（Individualism）一詞才正式出現。德國式個人主義的出現是對法國啟蒙主義的繼承和反省，德國思想家把啟蒙由實踐領域轉入哲學領域，並加以深化，從康德到黑格爾，德國哲學家承續了笛卡爾以來的主體性哲學的理緒，並在自己的新體系中重新織入精神（宗教與道德）因素，以挽回英法啟蒙主義在普遍自然論中丟失了的精神維度，康德通過劃分理性和實踐，為丟失已久的宗教和道德重新留下了地盤，通過對純粹理性之自

我意識的先驗時空形式和先驗範疇的設定，以及實踐領域的絕對
命令和道德公設，康德的「自我」使「人」第一次獲得內在性的
規定；從康德經過費希特、謝林到黑格爾，一方面，「自我」的
權限越來越大，費希特消除康德在理性和道德之間設置的界限，
把他們都包容到「絕對自我」之中，謝林的同一哲學又把藝術化
的情感置入「自我」中；另一方面，「自我」越來越由原來的
屬人的「主體」客觀化為人之外的客體。這在費希特的「絕對
自我」中開始，在黑格爾的融合近代主體性哲學和古典本體論
的「絕對精神」中，最終得以實現，這一傾向為十九世紀末極端
個人主義的反動提供了對象。總之，在主體性哲學的理路中，
德國唯心論使主體得以內在化，為德國後來的浪漫主義的「個
性」概念打下了哲學基礎。「個性」是「關於人的獨特性、創
造性、自我實現的概念，浪漫主義者把這些概念叫做特性，它
們與啟蒙主義的理性的、普遍的和不變的標準形成了鮮明的對
照，浪漫主義認為它們是『數量的』、『抽象的』，因而是空洞
的。」[26] 從魯迅對「個人」的介紹和描述看，他的「個人」資源
主要來自德國思想家或德國文化圈內的思想家，如施蒂納、叔本
華、尼采、果爾愷戈爾和易蔔生，他的「個人」是反「眾數」、
反「物質」的，與英法啟蒙主義的社會化、制度化的「個人權
利」無涉，因而不是政治或經濟個人主義的原子化的「個人」，
而是內在化的「個人」。

　　聯繫前述魯迅與中國傳統思想的聯繫，一個值得一問的問
題是，魯迅對德國個人主義的接受是否有著傳統思想資源的參與

---

[26] ［英］史蒂文·盧克斯：《個人主義》，第15頁。

呢？魯迅所拿來的西方個人主義，起碼經歷了從西方諸國到日本再到中國的「理論旅行」的過程，在這一過程中，從原創者到異國語言的譯介者、從創體語言到譯體語言，意義的增刪和轉移在所難免，每一個參與者都會或多或少、有意無意滲入自己的理解，宿命的是以無意識方式的滲入，參與者的固有意識是這一滲入的主要資源。那麼，中國思想傳統及其內在意識結構，是否內在制約了魯迅對西方個人主義話語的選擇和接受？在這裏，我想把這一問題落實到更為基本的層面，即從作為文化傳統的內核的「自我性」（Selfhood、Ego）入手，追問這一現象的根源，換言之，是否正是中、德思想傳統中「自我意識」的同構性，內在地決定了魯迅在「個人主義」問題上與德國思想家的相遇？這基於這樣一個基本命題：人類無論哪個文化類型都有對其文化自我的設定，即都存在為其文化共同體所認同的自我認知模式，而且，不同的文化類型肯定存在著不同的「自我」；赫大維和安樂哲在談到「自我」概念的複雜性的時候說：「在西方哲學傳統中，最嚴格意義上的主觀意識很可能是一項現代發明。當然，自我作為行動者和認知者，在充滿事物和事件的外部世界中行動和認識，這種不太嚴格意義上的自我，產生的時代要早得多。人們追尋自我概念的歷史根源可能會限於盎格魯－歐羅巴文化範圍內，這似乎有點道理。由於訴諸幾種各有特色的歷史敘述，對自我概念所作的對比研究獲得了發展，由此發現的『自我』的歷史的模糊性為這一概念與文化相聯繫的性質提供了某些證明。」[27]由此可以說，即使為大多數人所認為中國文化傳統中缺少「個人」，但它

---

[27] ［美］赫大維、安樂哲著：《漢哲學思維的文化探源》，施忠連譯，江蘇人民出版社1999年版，第6頁。

必然內含作為文化傳統內核的「自我」意識。在這個意義上，就是科恩所言的「個人文化學」——「從文化看個人」。[28] 綜上所述，我的預設是：魯迅正是通過中國的「自我」接受了德國的「個人」。

中國文化傳統中的「自我」意識是什麼？首先需要明確的是，「自我」概念是「哲學史上從理論角度看最含混不清的一個概念」，[29] 近代翻譯史建構了漢語的「自我」與作為反身代詞的英文的self或德語的selbst之間的對應關係，在這個意義上，中國古代典籍中最早表達「自我」意義的具有第一人稱指示代詞或反身代詞功能的辭彙有「我」、「自」、「吾」、「吾身」、「吾心」、「私」等；但是，「自我」在深層意義上指作為意識主體和個人內在性的「自我」——英語的Ego、Self或德語的Ich，我們還必須從這些詞的使用中發現對「我是誰」這一問題的自我理解。在把這些古代語詞與西方「自我」概念相對應時，審慎的處理方式首先是說明：1、這些詞並不象西方哲學概念那樣有明確的單一所指，而是其具體所指隨具體語境而有變化，一詞常包含多重意指；2、中國思維傳統中沒有西方式嚴格的二分，故這些詞沒有西方式心與身、自我與社會等的明確分離；3、這些詞在表述中一般具有言語、思維、行動的發出者和承擔者的自我指涉意謂，作為具有實體意義的詞，一般是在表達與他人（「人」）相對的場合使用，如「己欲立而立人，己欲達而達人」、「己所不欲，勿施於人」，「不患人之不己知，患不知人也」等。對

---

28 [蘇]伊·謝·科恩著，佟景韓等譯：《自我論》，北京三聯書店1986年版，第93頁。
29 [德]顧彬：《關於「異」的研究》，北京大學出版社1997年版，第81頁。

「自我」的把握離不開特定的思維結構，中國傳統思維中的「自我」需要在傳統思維的「天——人」結構中來進行（中國傳統思想是在「天一人」之際展開的，但其設定不是二元分裂，而是二元合一，董仲舒《春秋繁露・課察名號》：「天人之際合二為一」），需提及的是，「人」是一個包容性概念，「人」既指一般性所指之「人」或「他人」，又內涉作為人的普遍內在性的普遍自我，「我是誰」與「人是誰」是統一的。通過「天人之際」對「人」的定位及其價值實現途徑，可以恰切地勘察中國思想傳統中的「自我」意識。

殷商最早有「帝」的人格神崇拜，周時「天」取代「帝」，出現「天命」觀，周公以德配天，開啟天道向人道的轉移；《論語》中有「天」這一最高範疇，一般指天命之天、主宰之天，同時含有以德配天之意，但孔子對此存而不論，少言天道（「夫子之言性與天道，不可得而聞也。《論語・公冶長》），孔子所講主要為「人道」，他提出最高道德範疇「仁」為論述核心，在他的論述中，「仁」一方面來自天，一方面能為人所得，只要修身，人人皆可得仁，（「我欲仁，斯仁至矣。」）這樣，通過「仁」溝通「天」與「人」，「天」與「人」合於「仁」，此一設定孔子雖未加詳論，但為後來「仁」的內在化開啟了一個意向；由於「仁」的來源「天」在孔子那裏是存而不論的，「仁」便由外在的現實規範——「禮」加以明確地規定；求「仁」需修身，包括向內的內省之道和向外的習禮，但都訴諸每個人自身的努力。孔子開啟的「仁」的外在化和內在化成為後來儒學發展的兩條道路，前者通過荀子進一步強化並參與了現實秩序的建構，後者通過思孟學派得到發揚光大並對中國人的意識結

構產生深遠影響，這就是儒家學派的心性學之路；「心」的觀念在戰國中期的文獻中開始大量出現，見於孟子和莊子的著作，孟子通過「心」這一核心概念把「仁」進一步明確內在化，在他看來，「仁」的內在化取決於心之功能，「心之官則思，思則得之，不思則不得也。」（《孟子·告子上》）同時，孟子又言人「性」，在與告子的著名人性論辯中，以仁義為性；孟子把心性範疇聯結起來：「盡其心者，知其性也。知其性，則知天矣。」（《孟子·盡心上》），「心」通於普遍之「性」，「性」又通於最高之「天」，人只要擴張「本心」，就能體認人的本性，進一步體認最高之天，反過來，「天」在「性」中，「性」在「心」中（「仁義禮智根於心」（《孟子·盡心上》）），以至「萬物皆備於我」，（《孟子·盡心上》）人「性」既為本善，則人「心」中皆有善性，「人人皆可以為堯舜」。（《孟子·告子下》）儒家典籍《中庸》承思孟學派，以「誠」為道德的根本，「唯天下之至誠，為能盡其性；能盡其性，則能盡人之性；能盡人之性，則能盡物之性，」（《中庸》）「人性」——「物性」——「贊天地之化育」，這也是孟子盡「心」——知「性」——知「天」的思路，「誠者非自成己而已也，所以成物也。成己，仁也；成物，知也。性之德也，合內外之道也。」（《中庸》）通過「反身而誠」之「誠」貫通天地、人我與內外；心性之學通過宋明理學尤其是心學發展為一個強大的傳統，張載、朱熹提出「心統性情」的命題，使「心」含有稟「理」之「性」「所以為體」，以及稟「氣」之「情」「所以為用」，（《朱子語類》卷九十八；《答何叔京二十九》、《答嚴時亨》，《朱文公文集》卷四十、卷六十一）亦視「心」溝通「性」與「理」，

不過以朱熹為代表的理學仍然強調「理」的客觀外在性，以及「心」與「理」的距離，人作為稟「理」而生者，「理」對於人來說，即為「天命之性」，但人亦稟「氣」而生，故所謂純粹的「天命之性」實際上是不存在的，落實在人身上即為「理」與「氣」雜的「氣質之性」；陸王心學則把「心」、「性」、「理」三者合為一，陸九淵剔出孟子的「本心」，以「本心」為道德的根源，此「本心」即是「理」，人只需自作主宰，即可與「理」同一；王陽明謂：「心也，性也，天也，一也。」（《傳習錄中》，《王文成公全書》卷二）「心之本體即是性，性即是理。」「心即性」。（《傳習錄上》同上書卷一）王陽明的良知即「心之仁」，良知即在心中，此心「本然具足」。由此可見，儒家心學確立了「心」這個道德主體，這一主體與最高的實在（道、理）同一，或者說「理」與「道」即在「心」中，此「心」遂成為人之為人的最終根據。

　　總結上述，在儒家的天─人論述中，「自我」的內涵得以呈現：1、自我包括達仁成聖的部分（「大體」）和需要克服的部分（「私」、「小己」、「小體」等），前者是人之為人的規定，後者是人之為人的障礙；2、自我內含授之於天的「心之仁」（王陽明語），自我因此具有趨於至善的充足內在源泉，自我完善的根源即在人自身；3、自我是在現實的禮治秩序中修身的個體，修身一方面訴諸內心反省，一方面，通過對外在禮的習得把自己置於層層社會關係的中心，達到現實關係中的自我完成；這一點杜維明在《儒家思想新論──創造性轉換的自我》[30]

---

[30] 詳見[美]杜維明：《儒家思想新論──創造性轉換的自我》，曹幼華等譯，江蘇人民出版社1995年版。

一書中有較為詳盡的論述，郝大維、安樂哲在《漢哲學思維的文化探源》中把儒家的自我界定為獨特的「焦點——區域」式自我，卓有見解，但顯然把論域局限於儒家思想中「禮」的一面，沒有涉及儒家心性之學的傳統。[31]

　　老莊思想中，「道」而非「天」是最高範疇，其「天」多指自然之天的「萬物」，「道可道，非常道」《老子·一章》）「有物混成，先天地生」（《老子·二十五章》）。而在「道」——作為宇宙萬物總體性、同一性的本源——的統攝下，「天」與「人」同於大「道」，「道通為一」（《莊子·齊物論》）、「萬物皆一」（《莊子·德充符》），「天與人不相勝也」（《莊子·大宗師》），但「天」之所為是自然而然的，體現了「道」，而「人之所為」往往反於「道」，「道法自然」《老子·二十五章》）「何謂天，何謂人？……牛馬四足，是謂天；落馬首穿牛鼻，是謂人」（《莊子·秋水》）。故「人」應象「天」一樣順應本然之「道」，體悟「天地與我並生，萬物與我為一」（《莊子·齊物論》）的境界，此謂之「體道」。「體道」需去除各種內外的拘滯和障蔽，達到「無己」與「無為」，因此，體道的過程就是「自我」（「體道」的承擔者）消除「自我」（自我中的人為因素）以達於真正「自我」（「不以心捐道，不以人助天」的「真人」《莊子·大宗師》）的過程，因此「體道」中呈現的道家「自我」是：1、「自我」與萬物同歸於「道」，「自我」本屬於「道」，「道」是天下萬物包括「自我」的根源；2、「自我」中的人為因素是反於道的，必須加以

31 參見[美]赫大維、安樂哲：《漢哲學思維的文化探源》，施忠連譯，江蘇人民出版社1999年版，第26-44頁。

摒棄；3、體道訴諸「體道」者──「自我」本身。

中國佛教亦以「心性」為主要觀念，魏晉時佛教就受玄學影響，談論「心無」；隋唐佛教成熟期的「天臺」、「唯識」和「華嚴」三宗，皆以「心」、「性」或「識」為本體，天臺倡「一心三觀」、「一念三千」，以「心」為萬象的根據，「一切諸法，依此心有，以心為體」（《大乘止觀法門》）「真如者，以一切法真實如是，唯是一心，故名此一心以為真如。」（同上）唯識宗提出「萬法唯識」、「三界唯心」，「三界唯心爾，離一心外無別法故。」（《成唯識論述記》卷三）「識性識相，皆不離心。心所心王，以識為主。歸心相，總言唯識。」；（同上書卷一）華嚴宗「法界緣起」說視四法界為「一真法界」所生，又把後者歸於「一心」，「統唯一真法界，謂總該萬有即是一心，然心融萬有，便成四種法界。」；（《注華嚴法界觀門》，《大正藏》卷四十五）佛教中國化的代表禪宗更是倡導佛性即在此心之中，眾生皆有佛性，「故知一切萬法，盡在自身（心）中，何不從於自心頓現真如本性。……識心見性，自成佛道。」（《壇經校釋》三十）因此，只須頓見本心，便能見性成佛。當然，佛教的「心」的概念自有其不同於儒家心學的解釋，但是，兩者在意識結構上其實是相同的。

綜上所述，儒、道、佛思想中的「自我」雖具體內容有別，但在意識結構上是大致相同的：1、自我是具有內在深度的，與最高的實在相通，自我存在的價值內在於自身；2、自我具有自我發展、自我完成的潛能，通過自身的努力，每個人都能成聖、成佛、成真人；3、自我的完成依賴於自我的轉換，在這一過程中，自我中的有些因素是需要克服滌除的；4、自我轉換訴諸現

實中每個個體的自我行為，儒家尤其強調自我修養和教化功能。

魯迅轉述西方個人主義的語言所顯現的思維結構，留下了上述思想傳統的印痕。《文化偏至論》中對西方個人主義的一段集中介紹，正顯示了這一特徵。魯迅是這樣轉述（理解）的：

> 入於自識，趣於我執，剛愎主己。
>
> 人必發揮自性，而脫觀念世界之執持。惟此自性，即造物主。惟有此我，本屬自由；即本有矣，而更外求也，是曰矛盾。
>
> 意蓋謂凡一個人，其思想行為，必以己為中樞，亦以己為終極：即立我性為絕對之自由者也。
>
> 謂唯發揮個性，為至高之道德。
>
> 僅於客觀之習慣，無所盲從，或不置重，而以自有之主觀世界為至高之標準而已。以是之故，則思慮動作，鹹離外物，獨往來於自心之天地，確信在是，滿足亦在是，謂之漸自省其內曜之成果可也。
>
> 去現實物質與自然之樊，以就其本有心靈之域。
>
> 故如勖賓霍爾所張主，則以內省諸己，豁然貫通，因曰意力為世界之本體也。

應該說魯迅的表述抓住了「新神思宗」——十九世紀末絕對個人主義強調個體性和主觀性的特徵。但我要強調的是，魯迅上述言論對個體自主、自足的強調，不僅僅是借用了諸如「內求諸己」、「不假外求」等傳統經典用語，而且與儒家心學關於人是本然善的、具有內在的道德根源的預設相通，同時帶有莊子式

擺脫內外束縛的絕對自由色彩。這些相似性在《摩羅詩力說》中進一步表現為對「心」中之「詩」的推重：「蓋詩人者，攖人心者也。凡人之心，無不有詩，如詩人作詩，詩不為詩人獨有，凡一讀其詩，心即會解者，即無不自有詩人之詩」，內在於人的普遍性由道德範疇的「仁」轉換成生命——藝術範疇的「詩」，但其意識結構仍是相同的；《說文》釋「詩」：「詩，志也。」《尚書·堯典》雲：「詩言志」，《詩大序》雲：「詩者，志之所之也。在心為志，發言為詩。」朱自清據此考論，「志」與「詩」本是一個字，後指「懷抱」，其實是與「政教」分不開的，[32]孔穎達釋《詩大序》：「蘊藏在心，謂之為『志』。發見於言，乃名為詩。故《虞書》謂之『詩言志』也。包管萬慮，其名曰『心』，感物而動，乃呼為『志』。」（《毛詩正義》）由此可見「詩」與「志」、「心」及普遍性道德的聯繫，《詩》為五經之一，足見其重要地位。魯迅「詩」之溝通功能，建立在人之感受性基礎上的（《摩羅詩力說》、《破惡聲論》中均有對人的感受性的大段詩意描述），在孟子那裏，「仁」的共通性亦訴諸「心」的感受性——「四心」。《破惡聲論》中，魯迅呼籲中國人發出「心聲」、顯出內曜、「白心」，因為「人各有己，不隨風波，而中國亦以立」、「蓋人惟聲發自心，朕歸於我，而人始各有己；人各有己，而群之大覺近矣」。顯然，這裏的「己」與「己」之間不需要任何協調與規範，「己」是自足的，也是共通的。

魯迅意識結構中的傳統影響，必然會影響到他對西方個人

---

[32] 參見朱自清：《詩言志辯》，古籍出版社1956年版，第2-3頁。

主義的攝取。如本節開始所言，《文化偏至論》所引述的西方人主義集中在「新神思宗」——十九世紀末絕對個人主義，其代表思想像是施蒂納、尼采，果爾凱戈爾、易蔔生等，基本上是德國思想家或受德國思想影響的思想家，換言之，魯迅從西方個人主義「拿來」的主要是德國思想資源。那麼，德國個人主義是如何和中國思想傳統相遇的呢？

　　個人主義在西方具有豐富複雜的語義史，其中的德國傳統引人注目，史蒂文‧盧克斯在《個人主義》一書中說：「與這個術語的法國用法相區別，還有看另一種完全不同的用法，其出處就是德國，這就是浪漫主義的『個性』概念，就是關於個人的獨特性、創造性、自我實現的概念，浪漫主義者把這些概念叫做特性，它們與啟蒙運動的理性的、普遍的和不變的標準形成了鮮明的對照」，[33]齊美爾（G‧Simmel）稱之為「新個人主義」：「新個人主義可以叫做質量個人主義，與十八世紀數量個人主義相對照。或者可稱為獨特性的個人主義，它反對單一性的個人主義。總而言之，浪漫主義也許是一條最寬廣的渠道，由此個人主義達到了十九世紀的自覺」。[34]

　　以上所言述的實際上還是十九世紀早期浪漫主義的個人主義，它的直接源頭可追溯到蒙田對個人獨特性的重視，以及盧梭對良心與情感的強調，在德國成型於歌德的藝術觀及洪堡的教育理念，德國啟蒙主義唯心論尤其是施賴爾馬赫的宗教唯心主義哲學提供了它的形而上學基礎，在浪漫主義詩人那裏得到發揚光大。魯迅所推崇十九世紀末絕對個人主義，是浪漫主義的個人

---

[33] ［英］史蒂文‧盧克斯：《個人主義》，第15頁。
[34] 同上，第16頁。

主義發展的邏輯極至，魯迅的介紹正是抓住了二者的淵源關係及其邏輯發展：

> 然則十九世紀末思想之為變也，……曰言其本質，即以矯十九世紀文明而起者耳。……然其根柢，乃遠在十九世紀初葉神思一派；遞夫後葉，受感化於其時現實精神，已而更立新刑，起以抗前時之現實，即所謂神思宗之至新者也。……以是為二十世紀文化始基。[35]

> 然爾時所要求之人格，有甚異於前者。往所理想，在知見情操，兩皆調整，若主智一派，則在聰明睿智，能移客觀之大世界於主觀之中者。如是思維，迨黑該爾（F.Hegel）出而達其極。若羅曼暨尚古一派，則息孚支培黎（Shaftesbury）承盧騷（J. Rousseau）之後，尚容情感之要求，特必與情操相統一調和，始合其理想之人格。而希籟（Fr. Schiller）氏者，乃謂必知感兩性，圓滿無間，然後謂之全人，顧至十九世紀垂終，則理想為之一變。明哲之士，反省於內面者深，因此知古人所設具足調協之人，決不能得之今世，惟有意力軼眾，所當希求，能於情意一端，處現實之世，而有勇猛奮鬥之才，雖屢踣屢僵，終得現其理想：其為人格，如是焉耳。[36]

應該說，魯迅的介紹是非常全面的，把握了德國個人主義經由唯心論及浪漫主義思潮到十九世紀末絕對個人主義的過程，

---

[35] 魯迅：《墳‧文化偏至論》，《魯迅全集》第1卷，第49頁。
[36] 同上，第54頁。

說明了他對德國個人主義歷史的熟悉。魯迅對德國個人主義尤其是十九世紀極端個人主義情有獨鍾，或因其是西方「最新之思想」，或因其在「文化偏至論」的文明發展模式中的「偏至」作用。但是，魯迅對德國個人主義傳統的選擇與親近有沒有上一章所述中國思想傳統的內在制約呢？我認為，對這一問題的解答必須深入到德國民族思想傳統中去考察，同時須顧及德國個人主義產生的精神土壤及問題背景。

史蒂文‧盧克思在介紹德國個人主義時說：「個性概念的主要發展在於獨特的德國世界觀或宇宙論，一種關於（自然和社會）世界的總體觀念，從根本上說，在於同西方文明的其他人文主義和理性主義思想特徵的衝突。」[37]揭示了德國個人主義觀念與德國思想傳統的內在聯繫。我們知道，西方思想並不是一個全一色的整體，其中存在著不可忽視的區別，如近代哲學領域為我們所熟知的大陸唯理論與英美經驗論的區分，從國別角度看，也存在著不同國家文化和思想傳統的差別，其中，德國思想傳統與歐洲其他國家（尤其是與英、法）的不同引人注目。從哲學上看，德國民族思想的一個最明顯特色是強調本體與現象、無限與有限、絕對與相對、普遍與具體的辯證關係。「德國思想之父」路德創立的路德宗新教，即主張個人可以不通過教會的仲介直接與上帝溝湧，強調個人與上帝關係中個人信仰的重要性——因信稱義；德國哲學的真正締造者庫薩的尼古拉（1410——1464）哲學的根本原則就是一和一切的原則，他說，「絕對的極大是一，又是一切，因為它是極大，一切事物均在它之中，並且由於極小

---

[37] [英]史蒂文‧盧克斯：《個人主義》，第17頁。

同時與它重合，它又在一切事物之中，因為沒有任何事物可以置
於對立面」；[38]在萊布尼茨的唯理論哲學體系中，「單子」既是
宇宙的精神實體——力、意願、精神，又是以多樣態的個體形式
出現的，作為個體的「單子」是孤立的，它們之間的關係取決
於「前定和諧」；康德哲學中，人對現象界的認識基於人感性
的普遍時一空形式、知性的先天綜合範疇和理性的先驗原則，
在實踐理性領域，物自體即為普遍自我或上帝，但道德絕對律令
指向個人；費希特拈出絕對自我來整合實在，在他那裏，絕對
自我不同於個體自我，但通過個體自我發揮作用；謝林的同一哲
學中，自我、自然與上帝是同一的；施賴爾馬赫的宗教唯心主
義哲學強調個人信仰的情感基礎及上帝信仰中人的個體性；黑格
爾龐大哲學體系更是德國唯心主義辯證哲學的集大成，絕對精
神的辯證歷史整合了一切。這一特色形成了一個強大的思想傳
統，在這一思想傳統中，實體、無限、絕對、普遍是首要的，同
時，現象、有限、相對、具體對前者的表現以多樣化形式出現，
總之，普遍性與個體性構成了德國思想傳統的兩個辯證要素。這
一思想特點決定了德國人自我性中的一個現實取向——自我與全
體的對立和融合，杜科罕（Graf K. von Durckheim-Montmartin）在
《德國的精神》一書中就指出：「德國人一面著重個別的自我，
而使世界與他處於尖銳的距離之中，而在另一方面，卻又與宇
宙，自然，以及一切有形相的事物，融為一體——這是世界上別
處所難以找到的。前一方面與後一方面，各各都不是德國人的特
徵所在，而決定德國人的乃是兩個方面的互相彌漫。在這種『遺

---

[38] [德]庫薩的尼古拉：《論有學識的良知》，商務印書館1988年版，第5頁。

世獨立』同『與世冥合』處於緊張的統一之中以後，於是就生出
了那種約束不住的衝動，即把現實重新改造的那種衝動——在我
們看到德國人的地方，這種衝動總使他們有別於地球上任何其他
民族。在『與世一體』和『與世冥合』這個深的基礎上，我們就
感覺到『自我』與『世界』的分離和對立，是一種緊張的關係，
而且這種關係是要奮求一種解決的。就德國人的本質來說，他是
不能取消自我，委身於自然，也是不能排除了萬象，專完成自我
的。」[39]

　　對德國式個人主義產生的精神土壤和問題背景的恰當把
握，可從知識社會學層面展開上述思想特徵的形成。德國浪漫主
義的個人主義產生於德國唯心論——德國啟蒙思想對英法啟蒙思
想的反思和批判——的精神土壤中。英法啟蒙主義以一元論之自
然觀為理念基礎，在宗教——道德層面提倡一元之自然神論，在
政治——法律層面提倡自然狀態下之自然權利，在知識層面提倡
自然——歷史科學，全方位顛覆中古基督教世界二元論之超自然
形態，試圖建立一元式建立在自然理性基礎上的世界觀。在個人
主義思想上表現為以自然人性論為基礎的原子式抽象個人主義。
德國啟蒙思想——唯心論不滿啟蒙主義以自然觀念覆蓋超自然維
度的趨向，試圖把英法啟蒙主義與神性秩序無關的自然論重新納
入精神關聯中，從康德到黑格爾，都意在建構一個大全式的唯心
論哲學體系，以整合被英法啟蒙主義分離的信仰與理性、精神與
物質、自由與自然、超越界與現世界，康德分別為現象界與物自
體、經驗——認知領域與道德——實踐領域劃分疆界，以重新確

---

[39] [德]杜科罕：《德國的精神》，關琪桐譯，中德學會1943年版，第3頁。

立後者的地位，費希特和謝林試圖把二者並進絕對意識，黑格爾以絕對精神重構實在。總之，都試圖在一個大全式的宇宙論體系中重置精神（道德─宗教）的崇高地位，從而給英法啟蒙主義的「個人」注入精神（道德──宗教）因素，由此顯出德國個人主義一個明顯特徵：如果我們同意史蒂史·盧克斯在觀念上對於個人主義類別的劃分，則英法啟蒙主義個人主義更接近「政治個人主義」和「經濟個人主義」，而德國個人主義傾向「倫理個人主義」和「宗教個人主義」。

　　另外，在對英法原子式、平等的、單調的個人主義的反感中，一種注重個體獨特性、多樣性及自我發展的「個性」（lndividuality）觀念開始在德國唯心論中出現。康德對天才的直觀創造力的強調，實際上開啟了一種審美和倫理的個人主義，這一觀念為人的個性的不平等提供了論題；「個性」觀念在精神（道德─宗教）與藝術（審美）的結合以及對人的精神直觀和天才創造力的強調中浮出水面，進一步在施賴爾馬赫的以情感為基礎的信仰與個性的統一中奠定其形而上學基礎，最終被浪漫派詩人發揚光大。諾瓦利斯稱：「擁有卓越的自我，成為自我的精華，乃是人類發展的最高使命。」[40]F.施萊格爾也認為，「只有人的個性才是人的根本和不朽的因素。對這種個性的形成和發展的崇拜，就是一種神聖的自我主義。」[41]施賴爾馬赫則說：「我如何逐漸明白，每個人都應以他自己的不同方式，通過他自己人性中的各種因素的特殊組合，在他自身中表現和展示人性。

---

[40] L. Furst，Romanticism in Perspective，London，1969，p.58.轉引自［英］史蒂文·盧克斯：《個人主義》，第63頁。

[41] 同上，第63-64頁。

因為人性應該以各種特殊的方式，在整個時空中展現自身。人性
所孕育的一切，都應該是從人性自身的深處形成的、具有個性的
東西。」[42]這種「個性」觀念不是在平等意義上對人的尊嚴的承
認，而是把個人的價值建立在內在的、神聖的人性的充分肯定之
上，強調不同的個性都是同一人性的豐富體現，每個人都應表現
並發展人性賦予自身的獨特能力，而完成自我（個性）的卓越實
現；對「個性」不平等的承認必然導致對「個人」傑出能力的強
調，為自我的無限擴展提供了精神空間，因此科恩認為：「浪漫
主義尋找『自我』的綱領，如同佛教的『無為』、古代的斯多葛
主義、基督教的禁欲主義和文藝復興時代全面發展一樣，是屬於
極少數傑出者的。它不是面向大眾，而是面向英雄的。浪漫主
義的個人範式既是歐洲近代個人主義的完成，又是它的開始瓦
解。」[43]

　　德國浪漫主義「個性」觀念對個人特殊性的強調，為十九
世紀末個人主義的出現提供了精神土壤。十九世紀末絕對個人主
義在哲學上始於對德國唯心論集大成者黑格爾體系的反叛。黑格
爾的唯心論強調作為實體的精神的普遍性，顯出強烈的客觀唯心
主義趨向，絕對個人主義的發起者施蒂納正是從反黑格爾之絕對
精神開始，認為真正的實在不是仍何普遍性的「固定觀念」，而
是作為「唯一者」的自我；基爾凱戈爾把哲學目光轉向對生活世
界中宗教性個人之情態和心態的關注，叔本華通過把作為物自體
的「意志」納入自我肉身生命中，使「意志」生命化；尼采以
「超人」形式高揚此岸的超越性生命意志。個體化自我以反普遍

---

[42] 同上，第64頁。

[43] ［蘇］伊・謝・科恩：《自我論》，第191頁。

性的形式確立了自己作為道德認同的基礎，無寧說十九世紀末絕對個人主義把德國唯心論確立之精神從普遍化主體和客體納入個體之主觀性中。

綜上所述，德國個人主義之自我意識可以歸納為：1、自我是具有內在深度的精神性的自主存在（「倫理個人主義」和「宗教個人主義」），與普遍性的最高實在辯證統一，自我因此獲得自身存在的內在價值源泉；2、自我作為個體的存在是具有獨特性與多樣性的，但這本來是源於普遍性在個體身上顯現方式的獨特性與多樣性，隨著普遍性被解構，後者才上升到本體層面；3、與上述兩點相關，是自我發展的觀念。據史蒂文・盧克斯介紹「自我發展的概念則是典型地源於浪漫主義」。[44]一旦自主的「自我」由英法啟蒙主義經驗理性的個人轉變成「真正的」「獨特的」「更高的」自我，自我就獲得趨於完善的潛能和內在價值根源。在歌德、諾瓦利斯，F.施萊格爾、施賴爾馬赫，洪堡等人的理解中，自我的個性不僅是群體利益的根本，而且就是價值目的自身。在自我發展觀念的內在驅動下，早期浪漫主義的私人化的個人主義很快演變成一種有機的和民族主義的共同體理論──個人必須與民族相結合才能獲得自我和個性（與「自然」的結合被自歌德、拜倫以降的浪漫藝術所繼承）。從個人的個性到民族和國家的個性這種思想的發展，在十九世紀初期費希特、謝林、施賴爾馬赫甚至黑格爾那裏都有表現，國家和社會不再被認為是如英法啟蒙主義所設定的是個人之間的契約性安排的理性的建構，而是「超個人的創造性力量，用獨特的個人這種材料不斷構

---

[44] ［英］史蒂文・盧克斯：《個人主義》，第64頁。

築成的一種精神的整體，依據這種精神整體，再不斷地創造出包含和體現這種精神整體意義的具體的社會政治組織的制度。」[45]自我發展便由「更高的」個人進一步轉向個人是其中一分子的集體——民族國家。這一觀念的轉化不擺除當時德國民族國家形成的歷史背景和現實動機，但其邏輯根源是存在於德國個人主義的自我理念中：在個體自我與普遍性實在的關聯中，後者是一個隨時可以注入新內涵的位格範疇，為其由上帝到自然到國家的「填充」，在邏輯上提供了順理成章的可能性。這樣，在德國思想中，個人主義不再被認為像法國人所想像的那樣危害社會共同體，而是社會共同體的最高實現，民族——國家作為有機整體獲得高於個人的地位。但是，這一個人主義理念在實踐中產生的不良後果引起了一些思想家的反思，認為這種自我發展的個人主義（「積極自由」），很可能變成並已經變成了奴役。[46]這源於「這種個人主義把自由限定在這一術語的純粹內心的意義上，很容易地獲得了一種反自由的傾向」。[47]4、與自主和自我發展觀念相聯繫的是對自我修養和教化的強調。與英法個人主義對數量的強調相對照，德國個人主義對個人之質量的強調，必然訴諸於自我的修養和教化。中國文化傳統所推重的「教化」內涵，在西文中只有德語的Bildung一詞可以恰切地對應，Bildung一詞最初起源於中世紀的神秘主義，後被巴羅克神秘教派所繼承，並在克羅普斯托克的史詩《彌賽亞》中獲得宗教性精神意蘊，赫爾德把它理解為「達

---

[45] ［德］E·特洛爾奇（E.Troeltsch）語，轉引自盧克思：《個人主義》，第19頁。

[46] 參見李強：《自由主義》，中國社會科學出版社1998年版，第172-182頁。

[47] ［德］G·西美爾（G..Simmel）語，轉引自盧克斯：《個人主義》，第19頁。

到人性的崇高教化」，並為注重個性的浪漫主義教育思想家洪堡
所強調，在黑格爾看來，人之為人就在於他具有脫離直接性和本
能性的人性，人離不開精神的理性教化，此一教化就是個體向普
遍性提升的一種內在的精神活動。德國哲學家很看重這一概念的
內涵，從黑格爾到狄爾泰直至伽達默爾，都為德國擁有這區別於
獨斷經驗主義的「歷史性教化」（狄爾泰語）而自豪。

　　以上分析試圖說明，德國個人主義思想傳統與中國思想傳
統在「自我」意識結構上具有同構性。如果訴諸中德兩國文化交
流史上的親緣關係，這一思想上的親近可以得到進一步的印證。
在德國哲學形成時期的萊布尼茨──沃爾夫時代，中國哲學尤其
儒學中的實體觀念、「天人合一」思想、「相反相成」的辯證法
及其實踐性道德傾向，就得到這兩位代表性哲學家的強烈共鳴和
推崇；中國藝術受到哥德等的親睞已是人所共知的佳話；中國近
現代思想界對德國思想的情有獨鍾亦是西學東漸史上一個引人注
目的現象。雖然中國最早引進介紹的西方思想是嚴復譯介的英國
經驗論哲學及其政治、經濟學說，但這一思想流派並未在當時的
中國引起實際反響，更未立足，英美經驗論哲學及其後來的分析
哲學在中國一直後繼乏人，其政治、經濟學說也無法產生實際效
應（胡適曾在《近五十年來之中國文學》中對「五四」前夕政治
經濟學論戰的突然消歇表示困惑）。相反，中國近現代思想家很
快把興趣轉向德國哲學，一時間康德、黑格爾、尼采、叔本華成
為中國哲學家譯介、研究的主要對象。這些德國哲學家幾乎都在
中國形成百年左右的接受史。當代中國思想界對海德格爾的空前
興趣也頗能說明問題。這一現象不排除譯介者的個人魅力（如王
國維）的偶然因素，但中德思想傳統的親近是決定性的，中國思

想家在德國哲學中找到了自己的傳統和精神寄託。康德哲學成為當代新儒家的主要理論資源，亦能說明問題。

魯迅對德國傳統的親眛與其習修德語和在日本留學時的在日本文化環境有關，德語是其精通的兩門外國語之一，他曾有早年到德留學和晚年赴德治病的計畫，另外，日本近代思想界對德國思想的強烈興趣及周詳而及時的介紹，無疑構成了魯迅接受德國思想的日本語境，但這些都不能否定，中、德思想傳統的親近乃是內在地制約魯迅最終接受德國個人主義的最為決定性的要素。中、西往來之間的中西傳統在魯迅這裏的巧遇，不僅揭示了以反傳統為標幟的現代思想家魯迅是如何被自己的傳統所制約的，而且更說明了，中國的現代性轉換無法拒絕自己傳統的參與。

第二節　近代共同語境中的魯迅「個人」觀念

「個人」並非魯迅的獨唱。我們已經知道，在魯迅之前，已經有了「個人」話語的出現，在同時及其後，亦出現諸多有關「個人」的言說，應該說，這些都是我們考察魯迅「個人」話語不可忽視的時代景深，換言之，只有把魯迅的「個人」放在時代「個人」話語的共同語境中，才能恰切勘察其內涵、價值和地位。

近代意義上「個人」一詞，作為對英文Individual的翻譯，是從日本引進的外來詞，屬於高名凱所謂「先由日本人以漢字的配合去『意譯』或部分的『音譯』歐美語言的詞，再由漢族人民搬進現代漢語裏面來，加以改造而成的現代漢語外來詞」。[48]據現

---

[48] 高名凱、劉正琰：《現代漢語外來詞研究》，文字改革出版社1958年版，第88頁。

有的材料，近代文獻中最早使用近代意義之「個人」一詞的人是
梁啟超、王國維和嚴復。「個人」一詞在近代的最早使用，大概
是梁啟超1902年2月發表的《中國之舊史學》，他在這篇文章中
揭櫫中國舊史學的四大「病源」，其中一條就是「知有個人而不
知有群體」，[49]不過，他這裏所說的「個人」，是指作為歷史敘
述對象的相對於「群體」的個別「人物」；在《進化論革命者
頡德之學說》中，梁啟超提到了作為西方哲學思潮的「個人主
義」：「今之德國有最占勢力之兩大思想，一曰麥喀士之社會主
義，一曰尼至埃之個人主義。麥喀士謂今日社會之弊在多數之弱
者為少數強者所壓服；尼志埃謂今日社會之弊在少數之優者為多
數之劣者所鉗制。」[50]在流亡日本後創辦的《清議報》上，梁啟
超開始發表《新民說》等系列文章反思維新之教訓，在1903年的
《論權利思想》、《論私德》等文中，他提出「個人」一詞：
「一部分之權利，合之即為全體之權利。一私人之權利思想，積
之即為一國家之權利思想。故欲養成此思想，必自個人始。」[51]
梁啟超在這裏強調「權利」的「個人」，以「權利」為人除「形
而下」之「生命」之外的「形而上之生存」，實際上處於他在
《新民說》中開宗明義的「國也者，積民而成」的思路中，其目
的是通過「個人」（「私人」）「權利」的強化來增強「國」之
「權利」，所以他強調：「人人務自強，以自保吾權，此實固其

---

[49]　梁啟超：《中國之舊史學》，《新民叢報》1902年2月8號第1號。
[50]　梁啟超：《進化論革命者　德之學說》，《新民叢報》1902年10月16日
　　　第18號。
[51]　梁啟超：《論權利思想》，宋志明選注《新民說》，遼寧人民出版社
　　　1994年版，第50頁。

群、善其群之不二法門也。」[52]為了使「權利」得到保障，他還在《論私德》一文中提到了「權利」與「法律」關係。在1903年開始的《新民說》中，梁啟超以《論公德》一文為首論，鑒於中國歷來「重私德、輕公德」[53]的歷史，文章著重強調「公德」，此文對「公德」的偏重引起了時人的誤解，故他在第二年特作《論私德》，申明公私二德不可缺一，「夫所謂公德雲者，就其本體言之，謂一團體中人公共之德性也；就其構成此本體之作用言之，謂個人對於本團體公共觀念所發之德性也。」[54]「欲鑄國民，必以培養個人之私德為第一義；欲從事於鑄國民者，必以自培養個人之私德為第一義。」[55]這裏闡明了「個人」之「私德」對於「國民」（整體意義上的）之「公德」的基礎地位。在《服從釋義》中，梁氏闡述了「個人」的「自由」與「群」的「自由」的互利關係：「個人者不可離群以獨立者也。必自固其群，然後個人乃有所附麗。」「惟必人人尊奉其法，人人尊重其群，各割其私人一部分之自由，貢獻於團體之中，以為全體自由之保障，然後團體之自由始張，然後個人之自由始固。」[56]梁啟超有關「個人」的思想並不局限於以上所引，他有關「個人」思想的表達，不只是用「個人」一詞，有時用「私人」、「人人」等表述。其實，「個人」一詞在梁啟超那裏，就是與「群」、「國」相對的「民」、「國民」，換言之，他的「個人」闡述始終是在

---

[52] 同上。

[53] 梁啟超：《論公德》，同上，第20頁。

[54] 梁啟超：《論私德》，同上，第162頁，第163頁。

[55] 同上。

[56] 梁啟超：《服從釋義》，《飲冰室文集（十四）》，轉引自《飲冰室合集》，中華書局1989年影印版，第12頁，第11頁。

為民族國家的建立而「新民」的框架中進行的，作為現代民族國家的「群」是他的「個人」觀念的目的和前提。

1903年，嚴復所譯約翰‧密爾的《群己權界論》（*On Liberty*）由商務印書館出版，在這本譯著中，嚴復將Individual、Individualism分別譯成「小己」和「小己主義」（「小己」的譯法後曾被在《青年雜誌》上發表文章的政治學家高一涵所沿用）。「小己」在嚴復的理解中即「個人」，他之所以用前者，大概是因為他對翻譯的「雅」的執著追求。1903年，嚴復又使用了「個人」的譯法，在譯述斯賓塞（Herbert Spencer）的《群學肄言》（*The Study of Sociology*）一書的《譯餘贅語》中，他說：「東學以一民而對於社會者稱個人，社會有社會之天職，個人有個人之天職。或謂個人名義不經見，可知中國言治之偏於國家，而不恤人人之私利，此其言似矣。然仆觀太史僅言《小雅》譏小己之得失，其流及上。所謂小己即個人也。大抵萬物莫不有總有分，……社會之變相無窮，而一一基於小己之品質。」[57]嚴復在這裏肯定了被國人詆垢的「小己主義」存在的價值。嚴復直接針對「個人」的論述不多見，但從他對「自由」一詞的理解，可以發現有關資訊。嚴復是近代中國引進「自由」觀念的第一人，在對西方思想的廣泛接觸中受到了西方自由思想的影響，1895年就發表了一系列政論文，系統論述西方自由思想，他在第一篇政論中，就將「自由」看成是中西的根本差異所在，認為西方人視「自由」為「唯天生民，各具所界，得自由者為全

---

[57] 嚴復：《〈群學肄言〉譯餘贅語》，王拭主編《嚴復集（第一冊）》中華書局1986年版，第126頁。

受」，若侵犯別人的自由，無異「逆天理，賊人道」[58]，自由在他那裏，和進化論一樣同屬天道範疇，即所謂「以自由為體，以民主為用」[59]；「自由」，無疑指個人的自由（嚴譯為「行己自繇」），對自由的絕對地位的強調，即是對個人絕對權利的強調。1899年，他將把英國思想家約翰・密爾（John Sturat Mill）的 *On Liberty* 翻譯成中文——《自繇釋義》（直譯應為《論自由》），正是鑒於戊戌變法失敗後自由的被剝奪，而強調自由的價值，此書的譯稿在庚子事變的戰火中丟失，三年後手稿重被發現，嚴復馬上將它付梓出版，不過，經過庚子事變，他對Liberty（自由）的理解更加謹慎，因而把它由「自繇」改譯成「群己權界」，在「自序」中，他強調「學者必明己與群之權界，而後自繇之說乃可用耳。」[60]其實，嚴復對Liberty一詞的中文翻譯，從一開始就非常謹慎，他認為中文的「自由」一詞由於「一經俗用，輒失其真」，已帶有「放誕、恣睢、無忌憚諸劣義」[61]，而且他發現「政界自由之義，原為我國所不談」[62]，因而覺得有必要仔細闡明Liberty之確義，故特創用「自繇」一詞，以避開為「俗用」所侵蝕的自由本義，經過庚子事變，又不得不進一步確定為意譯的「群己權界」，可謂用心良苦。可以看出，嚴復對「Liberty」的一再斟酌，不僅僅是出於「一名之立，旬月踟躕」的對待翻譯語言問題的認真態度，而是加入了他對「自由」真義的思索。他對自由的「群己權界」的理解，與其早期強調「民

---

[58] 嚴複：《論世變之亟》，《嚴複集（第一冊）》，第3頁。
[59] 嚴複：《原強》，《嚴複集（第一冊）》，第11頁。
[60] 嚴複：《〈群己權界論〉自序》，《嚴複集（第一冊）》，第132頁。
[61] 嚴複：《〈群己權界論〉譯凡例》，《嚴複集（第一冊）》，第132頁。
[62] 嚴複：《政法講義》，《嚴複集（第五冊）》，第1279頁。

欲自由，必自其各能自治始」[63]是相通的，因此可以說，嚴復以自由界定「己」──個人，但這一「行己自繇」──個人自由，是與「群」──國家、社會及其它團體之間的關係中的相互限定的自由，更確切地說是他所置重的「政界自由之義」。需要指出的是，在密爾那裏，對自由權限的討論，其重心落在保證人的自由──尤其是言論自由和個性自由不受侵犯，而嚴復對「群己權界」的釋義，偏於對個人自由的限度的界定，其直接目的是寄望於個人的「自治」，最終目標則是本傑明·史華茲所揭示的國家的「富強」。[64]

　　王國維1904年作《叔本華與尼采》，提到「個人主義」：「十九世紀中，德意志之哲學界有二大偉人焉：曰叔本華（Schopenhauer），曰尼采（Nietzsche）。二人者，以曠世之文才，鼓吹其學說也同；就其學說言之，則其以意志為人性之根本也同。然一則以意志之滅絕，為其倫理學上之理想，一則反是；一則由意志同一之假說，而唱絕對之博愛主義，一則唱絕對之個人主義。」[65]王國維是中國最早系統介紹叔本華和尼采哲學的人，其時王氏正處於由哲學向文學轉換之途中，他因人生的困惑向哲學中尋找解決的答案，但失望於康德哲學的過於晦奧難解，而叔本華的意志主義哲學也許給他帶來了既「可信」又「可愛」的雙重滿足，由此可見王氏接近叔本華的切身動

---

[63]　嚴復：《原強修訂稿》，《嚴復集（第一冊）》，第27頁。
[64]　參見[美]本傑明·史華茲：《尋求富強：嚴復與西方》，葉鳳美譯，江蘇人民出版社1996年版。
[65]　王國維：《叔本華與尼采》，《靜庵文集》，遼寧教育出版社「新世紀萬有文庫」1997年版，第84頁，第94頁。

機是尋找個人人生的慰籍。[66]因叔本華，王氏又接觸了尼采哲
學，他在1904年接連寫下介紹尼采的文章《尼采之教育觀》、
《德國文化大改革家尼采傳》和《叔本華和尼采》。在《叔本
華和尼采》中，王國維把二人的哲學都解讀成「天才」的「自
慰籍之道」，認為兩者多相同之處，只不過尼采把叔本華在認
知和美學上的天才論移用於倫理學領域罷了，因而對其「絕對
之個人主義」並不表示反感，王國維甚至視叔本華亦為「個
人主義」：「而其（指叔本華，筆者注）個人主義之失之於枝
葉者，於根柢取償之。何則？以世界之意志，皆彼之意志故
也。」[67]由此可見，王國維當時雖亦存憂國之思，但對叔本華和
尼采的「個人主義」，他主要是從尋找人生慰籍的角度，在生
存論的立場加以接受的，故多有同情之瞭解。

「個人」一詞，亦見於章太炎1908年所作《四惑論》和《國
家論》，二者都是章太炎主持《民報》期間的論戰文字，《四
惑論》直接針對的是宣傳無政府主義的《新世紀》對革命派的
攻擊，因而就對方的理論口號諸如「公理」、「進化」、「惟
物」、「自然」四說逐一加以駁斥，章氏以佛教的「自性」觀為
理論武器，通過邏輯嚴密的層層辯析，否定了這四者的存在。對
於「公理」之說，他認為：「然此理者，非有自性，非宇宙間獨
存之物，待人之原型觀念應於事物而成。」[68]對於「進化」，則

---

66 王國維自謂：「知其可信而不能愛，覺其可愛而不能信，此近二三年中
   最大之煩悶，而近日之嗜好所以漸由哲學而移于文學，而欲於其中求直
   接之慰籍者也。」王國維《自序（二）》，《靜庵文集》，第160頁。
67 王國維《叔本華與尼采》，《靜庵文集》，遼寧教育出版社「新世紀萬
   有文庫」1997年版，第84頁，第94頁。
68 章太炎《四惑論》，《章太炎全集（四）》，第444頁。

是「然則所謂進者，本由根識迷妄所成，而非實有此進。」[69]而所謂「惟物」，亦非「真惟物論」，不過「科學」及「物質文明」之說，而「科學」賴於因果律等「原型觀念」，故亦非有「自性」；「自然之名」，都為「心造」，所以「知自然者，必過於自然」。[70]章太炎拿來作為與前述無「自性」四者相對照的是「個人」和「自我」：「若其以世界為本根，以陵籍個人之自主，其束縛人亦與言天理者相若。」[71]「然不以強者抑制弱者，而張大社會以抑制個人。仍使百姓千名，互相牽掣，亦由海格爾氏之學說使然。名為使人自由，其實亦一切不得自由也。今夫人不與社會相扶助者，是勢所不能也。慮猶細胞血輪，互相結合以成人體。然細胞離於全體，則不得活。而以個人離於社會，則非不可以便獨活。」[72]「人類所公認者，不可以個人故，陵鑠社會；不可以社會故，陵鑠個人。」[73]「言公理者，以社會常存之力抑制個人，則束縛無時而斷。」[74]「今夫進化者，亦自然規則也。雖然，視入火必熱、入水必濡，則少異。蓋於多數不得不然，非於個人不得不然。個人欲自遏其進化，勢非不能。縱以個人之不進化，而風靡多數，使一切皆不進化，亦不得為個人咎。」[75]「個人」在這裏被當作批判公理等無自性觀念的前提，相對於所謂「公理」、「進化」、「惟物」和「自然」四者

[69] 同上，第449頁
[70] 同上，第455頁
[71] 同上，第444頁
[72] 同上，第445頁
[73] 同上，第448頁
[74] 同上，第449頁
[75] 同上，第456頁

的無「自性」，「個人」卻是較為真實的，因而「自我」、「自主」在該文中具有至高價值：「自裁者，愛身之念，自我主之，不愛身之念，亦自我主之」[76]，「蓋人者，委蛻遺形，裎然裸胸而出，要為生氣所流，機械所制；非為世界而生，非為社會而生，非為國家而生，非互為他人而生。故人之對於世界、社會、國家與其對於他人，本無責任。責任者，後起之事。必有所負於彼者，而後有償於彼者。若其可以無負，即不必有償矣。」[77]可見，在該篇之獨立論域中，「個人」被推到極致的地位。《國家論》是章氏在劉師培、張繼等創辦的社會主義講習會的演講，其論戰背景是梁啟超所宣揚的伯倫知理和波倫哈克的國家主義學說，章氏對國家的存在提出了根本的質疑，歸納為三：「一、國家之自性，是假有者，非實有者；二、國家之作用，是勢不得已而設之者；三、國家之事業，是最鄙賤者，非最神聖者。」[78]對於「第一義」，他以「個體」為立足點，否定了國家等一切團體的「自性」：「國家既為人民所組合，故各各人民，暫得說為實有，而國家則無實有之可言。非直國家，凡彼一村一落，一集一會，亦為各人為實有自性要之，個體為真，團體為幻，一切皆然，其例不可以僂指數也。」[79]

從上述引文看，章氏無疑提出了一個在當時頗為激進的個人觀念，個人在這裏不再是如梁啟超和嚴復所言述的是在與「群」的關係框架中所界定的個體自由和權利，而是與所謂公

---

[76] 同上，第447頁

[77] 同上，第444頁

[78] 章太炎：《國家論》，《章太炎全集（四）》，第457頁。

[79] 同上，第458頁

理、進化、惟物、自然等普遍性觀念以及國家、社會、民族等各
種團體相對立的絕對之個人。章氏思想複雜多變，層次繁多，帶
有晚清時期典型的駁雜特徵，他的「個人」思想即是一例，其來
源極為駁雜，有佛教惟識學、莊子哲學、儒家心學、古印度宗
教與哲學、近代西方哲學等，其言述往往只在某一對待語境中
立言，同時，在具體的文章論說中又交織著政治論爭的現實動
機，巧為辯難，故其思想理路，頗不易說。章氏的個人思想可追
溯至「大獨必群」的命題，他在「獨」與「群」的關係中來把
握「獨」，把「獨」看成是導致「群」的一個手段，[80]應該說，
這在當時和梁啟超、嚴復的思想是基本一致的，即把個人話語
作為民族國家話語的一個組成部分；出獄後（1906年）對「以宗
教發起信心」的提倡及後來「依自不依他」的言說，亦可看成
為民族革命的需要對個人「革命之道德」的強調。然而，1907、
08年發表的《國家論》和《四惑論》等文，明確把「個人」放到
公理等普遍性觀念及國家等群體性事物的對立面，前者在對後者
的否定中獲得了空前絕對的地位，與國家及公理等無「自性」
的事物相比，「個人」及其「自主」似乎成為具有絕對價值的存
在；當然，章氏的言論不是純學術性的，作為報刊文章，其背
後存在複雜的論爭背景，但作為明確表達和經過嚴密論證的立
場，視其為章氏真正的思想主張，應不為武斷。然而，形成明顯
悖論的是，早在1906年的《建立宗教論》和《人無我論》中，章
氏就明確否定了人作為個體的實在性，前者通過辯明佛教唯識
學的「三性」，以「第三自性」——「圓成實自性」為真如本

---

[80]　章太炎：《明獨》，《章太炎全集（三）》，第54頁。

體，提出「以自識為宗」的宗教觀，所謂「自識」，即作為真如顯現的阿賴耶識，以此為本，就要知曉「無量故在自心，不在外界」[81]、「心之合法，與其歸敬於外界不若歸敬於自心」[82]需要強調的是，此「自識」、是阿賴耶識，非意識及意志，因而非主觀主義和意志主義，又因為「一切眾生，同此真如」，故「非局自體，普遍眾生，惟一不二」[83]，「特不執一己為我，而以眾生為我」[84]，因而超越了自我中心及唯我論。這一點在《人無我論》中得到強調，章氏依據佛教的三自性及三無學說，否定人「我」的存在，他首先分析「我」為何物，他認為，「我」有兩種，一為「常人所指為我」，「此為俱生我執，屬於依他起自性者」，二是「邪見所指為我」，「尋其界說，略有三事：恒常之謂我；堅住之謂我；不可變壞之謂我。質而言之，則我為自性之別名。此為分別我執，屬於偏計所執自性者。」[85]他首先斷定：「偏計所執之我，本是絕無」，並從十個方面對此作了論證，把數論派的「神我」說、費希特的「絕對自我」說和叔本華的「自我意志」說等，都歸為偏計所執自性的「邪見所指為我」，純屬觀念的虛構，是根本不存在的；而「依他起之我」即「常人所指為我」，屬於依他起自性，是各種因緣和合而成，因而肯定它的相對確定性的存在——「依他起的幻有」，既為幻有，則也非所謂「恒常」、「堅住」和「不可變壞」之「我」，在終極意義上仍是「無我」；「依他起之我」之成為相對存在，「必依於真

[81] 章太炎：《建立宗教論》，《章太炎全集（四）》，第412頁。
[82] 同上，第411頁。
[83] 同上，第414-415頁。
[84] 同上，第415頁。
[85] 章太炎：《人無我論》，《章太炎全集（四）》，第419頁。

相」，此「真相」即「阿賴耶識」：「自阿賴耶識建立以後，乃知我相所依，即此根本藏識。」[86]「我為幻有，而阿賴耶識為真。此即阿賴耶識，亦名為如來藏。特以清淨雜染之分，異其名相。」[87]「阿賴耶識」雖較「依他起」之「幻有」為真，但阿賴耶識也並非有「我」：「此識含藏萬有，一切見相，皆屬此識枝條，而未嘗自指為我。於是與阿賴耶識輾轉為緣者，名為意根，亦名為末那識，念念執此阿賴耶識以為我。」[88]《五無論》認為，為了徹底地消除社會的不平等與財產的紛爭，需要徹底的否定，不僅要做到「無我」，而且要「無政府」、「無聚落」、「無人類」、「無眾生」、「無世界」。[89]

「個人」在面對公理等抽象性觀念和國家等集體性事物時，似乎具有自主性，但在章氏整體的宗教觀和世界觀中，又成為並無「自性」的需被超越的對象，其中的悖論頗不易解。汪暉首先敏銳地注意到這一悖論的存在，並就這一悖論在多重語境中作了詳細的分析，他在對章氏佛學和齊物哲學進行綜合考察的宏闊背景下，把章氏的「個人」界定為「臨時的個人概念」：「章氏從個人的自主性開始，發展為否定公理世界觀和各種以『公』的名義出現的事物，最終達到的並不是絕對自主的個體，而是本體論意義上的普遍性。這種普遍性是宇宙的原理，因而也是社會應該遵循的倫理和道德。這意味著章氏並未以個人自主性作為終極的道德基礎，而只是以個人自主性作為針對

---

[86] 同上，第424頁。

[87] 同上，第427頁。

[88] 同上，第424頁。

[89] 章太炎：《五無論》，《章太炎全集（四）》，第429-443頁。

『公理』和『公』的世界模式的批判性的前提。」[90]汪暉從章氏的「個人」開始，通過層層駁析的進路，為我們充分展示了章氏言論的複雜層面，最終對章氏悖論給予了精彩的解釋。基於汪暉的論述，可以認為，章氏對「個人」自主性的強調和最終對「個人」的超越，是在不同的語境和理論層次上的立論。在這裏，我還想圍繞章氏這幾篇文章據以立論的「自性」概念，來考察其中的一些問題。《四惑論》和《國家論》據以立論的「自性」概念在內涵上並不統一，《四惑論》中站在「個人」立場否定「公理」等四者的無「自性」（其實「個人」立場的突出主要是在對「公理」的抨擊中展開的），似乎並非以「個人」的「自性」為絕對的前提，章氏所抨擊的四觀念的無自性，是指這四者依賴人的「原型觀念」，為「心造」和「根識迷妄」所成，也就是說，其無「自性」是在章氏所依據的佛教三自性理論的偏計所執自性層面上言之，即此四者皆是人的意識「周遍計度刻畫而成」。在章氏的三自性理論中，偏計所執自性是首先肯定沒有自性的「自性」，「其名雖有，其義絕無」[91]，因此此四者皆為人的意識所造，並不是真實的存在，章氏認為「離偏計所執之名言外，實有自性」[92]，依他起自性雖對於最高真如實性而言最終為無「自性」，但「其境雖無，其相幻有」[93]，較偏計所執自性而言，應有「自性」。就此而言，《四惑論》中的「個人」對四觀念的優

---

[90] 汪暉：《個人觀念的起源與中國的現代認同》，《汪暉自選集》，廣西師範大學出版社1997年版，第65-66頁。

[91] 章太炎《四惑論》，《章太炎全集（四）》，上海人民出版社1985年版，第403頁。

[92] 同上，第404頁。

[93] 同上，第404頁。

越性，是依他起自性對偏計所執自性的優越性，但是可以肯定，
在章氏那裏，最終有「自性」的是作為唯一真如實體的圓成實
自性，所以，在圓成實自性的高度上，言四觀念無自性之「自
性」，是唯識學三自性理論所界定的「自性」。然而，在《國家
論》中，「第一義」中「個人」立場對「國家」之無自性的評
判，其「自性」標準是建立在古印度哲學原子論和西方近代原子
構成論基礎上的。古印度哲學具有原子論思想的派別有順世論、
耆那教、勝論和數論等，數論認為，世界是由「神我」和「自
性」（原初物質）結合而成，此「自性」是構成世界的原初物
質，原初物質處於混沌未變的狀態時具有喜、憂、暗三種德性；
勝論認為世界是由不同性質的「極微」所組成，「極微」是一種
被分割為最小的不可分時的物質單位，是一種永恆的實體。從章
氏經常徵引的思想材料看，他對古印度的數論、勝論以及西方近
代原子構成論極為熟悉。《國家論》論證「國家之自性，是假有
者，非實有者」時，首先申明界定「自性」的內涵：「凡雲自
性，惟不可分析、絕無變異之無有之；眾相組合，即各各有其自
性，非於此組合上別有自性。」[94]此「自性」即是從原子構成論
上言之。章氏在此還進一步說明：「如惟心論者，指識體為自
性；惟物論者，指物質為自性；心不可說，且以物論。物質極
微，是最細色，……故名極微，亦曰原子。」並注曰：「此《毗
婆沙論》一百三十六說，近世原子論者亦同此義。」[95]則直接溝
通了其所謂「自性」與古印度哲學及近代西方科學的原子構成論
的關係。由此可知，章氏在《四惑論》和《國家論》中據以立論

[94] 章太炎：《國家論》，《章太炎全集（四）》，第457頁。
[95] 同上。

的「自性」概念，其理論根據並不一致，前者是三自性理論中的
以圓成實自性為最高真實的「自性」，後者是原子構成論中的
「自性」，換言之，惟識學的自性觀與原子構成論，作為章氏
「個人」觀念的共同理論基礎，在其闡釋中並未達成一致。還可
以看到，「個人」在這兩個自性觀中，其實都不能真正獲得自
性。在三自性之自性中，除掉他唯一承認的最終的絕對真實的實
在——作為真如的圓成識自性，其他一切都是無自性的，「個
人」即使在依他起自性層面上獲得相對於偏計所執自性的實在
性，但作為「幻有」，最終還是無「自性」的；在原子構成論的
本體論立場，事物之間存在著相對的真假，被構成的事物相對
於構成它的事物，離「自性」越遠，相對來說，前者為假，後
者為真，因此，是否為真，只是在這種物的秩序中「分位得然
也」[96]，章氏其實也意識到這一問題的存在，因此認為：「以實
言之，人實偽物雲耳。然今者以人對人，彼此皆在假有分位，則
不得以假有者斥假有者。使吾身之細胞，悍然以人為假有，則其
說必非人所能破。若夫對於國家者，其自體非即國家，乃人之對
於國家。人雖偽物，而以是單純之個體，對於組合之團體，則為
近真。故人之以國家為假有者，非獨論理當然，亦其分位得然
也。」[97]據此可以這樣理解，原子構成論基礎上的自性說，都是
在依他起自性層面上言之，因而最終是「假有」，「個人」即使
在這裏獲得相對於「國家」的真實性，仍無真正的自性。但接著
的問題是，既然在真如實性看來無物不假，乃一絕對的否定，則
構成論中因「分位而得」的事物之真就沒有真正的意義，換言

---

[96] 同上，第459頁。
[97] 章太炎：《國家論》，《章太炎全集（四）》，第549頁。

之，既然在同一最高真實之下無物不假，則萬物之間不應再有任
何等級分別——這一點正是章氏在齊物論哲學中所強調的。然
則，為何又要以原子構成論觀點劃分事物的真假「分位」秩序
呢？換言之，章氏為何必須設立一個「臨時性的個人觀念」？

　　對這個問題的回答當然可以首先從章氏的現實論戰的需要
加以解決，即「個人」是章氏解構「公理」等四觀念及國家等團
體存在的臨時性理論策略。這不僅是一個有效的解釋，也是符合
章氏當時的思想實際的；另外還應看到，章氏思想存在著複雜的
構成層面，似乎存在著屬於他個人的最終立場和針對當下現實的
現實立場的差別，即佛教的真俗二諦的層面，在《菿漢微言》
中，他說：「以成就俗諦者，依分別智忍識；成就真諦者，依無
分別智忍識故」[98]。我在這裏想問的是，章氏此時期對「個人」
的強調，如果懸置其現實應對的策略考慮，就其思想和理路本身
能否找到其「個人」立場的內在支撐呢？換言之，我想問的是，
「個人」是否實際上也就是章氏的真正理論立場？章氏糅合佛教
唯識學和莊子齊物論的世界觀在價值取向上是超越「個人」的，
這是一回事，但這一世界觀有沒有真正在理論上解決這一超越問
題，則是另一回事。如果章氏在世界觀上沒有能夠真正提供超越
「個人」的理論基礎，則他回到的恐怕還只能是「個人」的現實
立場。

　　章太炎的思想經歷了一個變遷的過程，早期受西方近代自
然科學和政治、經濟學說的影響，以新學融會舊學，獄中轉向
佛教唯識宗，出獄赴日，開始融唯識學和莊子齊物論形成自己

---

[98] 章太炎：《菿漢微言》，《菿漢三言》，遼寧教育出版社2000年版，第9頁。

獨特的哲學體系和世界觀。章氏哲學體系以唯識學的阿賴耶識論和三自性論為理論基礎，唯識學的阿賴耶識論強調世界萬法（「我」、「法」）皆「內識」所變現，「內識」共有三類八識：第一類為第八識阿賴耶識，第二類為第七識末那識，第三類為前六識（眼、耳、鼻、識、身五識和第六識意識），世界萬象由此八識依轉而來，前五識相當於人的感覺，第六識即為意識，第七識為意根，是前六識的依存之所，第八識是根本識，阿賴耶意為「藏」的意思，指其中蘊積含藏能夠生髮世界萬有的「種子」，因而阿賴耶識是世界的本原。唯識宗還以三自性論概括世界一切現象及其本性，所謂三自性即偏計所執自性、依他起自性和圓成實自性，「偏計」為意識對緣起不實的事物周偏計度並執著為實有，其實為妄執，「依他」指客觀物質世界都是眾緣和合而成，只有相對的存在，是為假有，「圓成實」指識得「偏計所執」之虛妄，一切皆唯識變現，並無實有之本性，則轉識成智，證得真如本性。章氏在闡述三自性時，就把二論整合起來給以解釋：

> 雲何三性？一曰：遍計所執自性；二曰：依他起自性；三曰：圓成實自性。第一自性，惟由意識周遍計度刻畫而成。若色若空，若自若他，若內若外，若能若所，若體若用，若一若異，若有若無，若生若滅，若斷若常，若來若去，若因若果。離於意識，則不得有此差別。其名雖有，其義絕無。是為遍計所執自性。第二自性，由第八阿賴耶識、第七末那識，與眼、耳、鼻、舌、身等五識虛妄分別而成。此即色空，是五識了別所行之境；即此自他，是末那了別所行之境；即此色空、自他、內

外、能所、體用、一異、有無、生滅、斷常、來去、因
果，是阿賴耶了別所行之境。賴耶惟以自識見分，緣自
識中一切種子以惟相分。故其心不必現行，而其境可以
常在。末那惟以自識見分，緣阿賴耶以惟相分，即此相
分，便執為我，或執為法，心不現行，境得常在。亦與阿
賴耶識無異。五識惟以自識見分，緣色及空以為相分。心
緣境起，非現行則不相續；境依心起，非感覺則無所存。
而此五識，對色即空，不作色空等想。末那雖執賴耶，
以此為我，以此為法，而無現行我法等想。賴耶雖緣色
空、自他、內外、能所、體用、一異、有無、生滅、斷
常、來去、因果以為其境，而此數者各有自相，未嘗更
互相屬。其緣此自相者，亦惟緣此自相種子，而無現行
色空、自他、內外、能所、體用、一異、有無、生滅、常
斷、來去、因果等想。此數識者，非如意識之周遍計度執
著名言也。即依此識而起見分相分二者，其境雖無，其相
幻有。是為依他起自性。第三自性，由實相、真如、法爾
（猶雲自然。）而成，亦由阿賴耶識還滅而成。在遍計
所執之名言中，即無自性；離遍計所執之名言外，實有
自性。是為圓成實自性。[99]

　　從這裏可以看出，章氏的唯識學世界觀以八識解釋世界萬
法的本原及其形成的過程，以三自性對世界現象作真假判斷：第
六識意識的活動構成了偏計所執自性，純為意識活動的產物，並

---

[99] 章太炎：《建立宗教論》，《章太炎全集（四）》，第403-404頁。

不存在；除第六識之外的其他七識的活動構成依他起自性，此為諸緣和合而成，只要有緣，就會出現，但隨緣變遷，故為幻有；圓成實自性是在依他起自性基礎上證得前二自性為實無本性，因而轉成真如。如果前五識感覺現象世界，第六識以意識周偏計度現象世界，第八識含藏一切構成現象世界的種子，為世界本原，則第七識末那識溝通前六識和第八識。「末那識以自識見分緣阿賴耶識以為相分，即此相分，便執為我，或執為法。」即是說末那識以阿賴耶識為自己的認識對象，並以此阿賴耶識為人我和法我的本質，但末那識雖執阿賴耶為人我和法我的本質，自身並不形成人我、法我的觀念，待意識活動方起諸觀念，同時，末那識作為意根，為前六識依存之所。准此，末那識實為溝通前六識的現象世界和第八識的本體世界的過渡和仲介，通過末那識，阿賴耶識的種子轉化為意識中的主觀觀念，如果說「意識」接近現在所言的認識，則末那識就相當於認識的主體。綜觀章氏對唯識學的闡釋，可以看到，他認為世界萬物的本原在阿賴耶識中，依意識轉為觀念，成為愚夫所計的並無所有的實我、實法，而末那識在其中承擔著至關重要的仲介和樞紐作用，沒有末那識，世界唯識所現的唯識學真理就難以得到有效的說明。

在佛教唯識宗看來，阿賴耶識等八識的設置只不過是在經驗上為凡夫開的方便說法，最終要做到的是轉識成智，證得萬物皆無自性的真如即圓成實自性。唯識宗的出現，在佛教哲學發展的歷史邏輯中，克服了數論、勝論等古印度哲學和小乘部派佛教的實在論傾向，以及中觀學派徑趨否定性的本體，諸如此類都帶有本體論的傾向，但這些本體又無由證得。唯識宗首先不言本體，而是從認知主體出發，肯定經驗對象的存在，其目的是通過

對經驗對象的反省，認識到任何經驗性的客體都不離主體，最終證得萬法無自性。唯識宗的認識論旨趣意味著它必須提供前者所不具有的經驗主體，因此，它推演出八識體系，以確立作為自我意識的主體——末那識，以及解釋個體生命及整個物質世界存在的輪迴主體——阿賴耶識。但阿賴耶識論既為方便說法，則阿賴耶識為世界本原之說亦本是假設，其所要做的是通過八識依轉的演示，說明萬物唯識，自性本空，如果最終證得最終的真如實性，則諸識皆可放棄，此即章氏所謂「聖智內證」之「內證」之途。當然，唯識之路通過阿賴耶識最終證得如來藏佛性或真如實性，雖前者為假，後者為真，但轉識成智，二者真妄不二，章太炎即持此立場。然後，在此不可掉以輕心，既為「內證」，必得訴諸認識的主體，在「內證」的框架內，此一主體不可或缺；再者，方便法門既為人的言說，則一說便離不開人的主體存在。因此可以理解，佛教諸宗雖然都有否定人之主體的超越取向，但最終都落實到一己之心的立足點上，這在唐佛教中國化的鼎盛時期即已開始，在禪宗那裏達到極至。這一現象當然不能排除中國固有思想對佛教的滲透影響，但佛教自身的理論體系設置本身應是其內因所在。汪暉也注意到這一現象的存在：「章氏一面要證實真如——如來藏，似乎真如——如來藏是外在於個體的；另一面又說『聖智內證』，似乎真如——如來藏又是內在於個體的。」[100]這一特點在唯識三自性理論中亦能看出，三自性論所破者主要為第一偏計所執自性，依他起自性與圓成實自性實為二而一，因為悟得依他起自性為假有，則就證得一切實無自

---

[100] 汪暉：《個人觀念的起源與中國的現代認同》，《汪暉自選集》，廣西師範大學出版社1997年版，第101頁。

性，因此成圓成實自性，《成唯識頌》雲：「故此與依他，非異非不異，如無常等性，非不見此彼」，安慧《三十唯識釋》解釋最後一句雲：「此圓成自性不被見時，彼依他起自性亦不被見。」[101]章氏亦深領其意，所以他說：「今之立教，惟以自識為宗。識者雲何？真如即是惟識實性，所謂圓成實也。而此圓成實者，太沖無象，欲求趨入，不得不賴依他。逮其證得圓成，則依他亦自除遣。」[102]「則以隨順法性，人人自證有我，不得舉依他幻有之性，而一時頓空之也。夫依他固不可執，然非隨順依他，則無趨入圓成之路。」[103]依他起自性和圓成實自性的重疊說明，依他起意義上存在的主體與圓成實意義上被否定的主體合二為一，但不難推知，一落入現實立場，最終起作用的還是依他起自性的主體。

上述理論特徵也影響了章氏對西方哲學判教式的評價。章氏曾把唯識學作為世界本體的「真如」概念和柏拉圖的「理念」及康德的「物自體」概念進行比較，他首先把「真如」和「理念」、「物自體」看成相似的概念，認為：「（圓成實自性）或稱真如，或稱法界，或稱涅槃，而柏拉圖所謂伊跌耶者，亦往往近其區域。佛家以為正智所緣，乃為真如，柏拉圖以為明瞭智識之對境，為伊跌耶，其比例亦多相類。乃至言哲學創宗教者，無不建立一物以為本體，其所有之實相雖異，其所舉之形

---

[101] 霍韜晦：《安慧〈三十唯識釋〉譯注》，第128頁，轉引自韋政通主編《中國哲學辭典大全》霍韜晦撰「三自性·三無性」條，世界圖書出版公司1989年版，第81頁。

[102] 章太炎《建立宗教論》，《章太炎全集（四）》，第415頁。

[103] 同上，第415頁

式是同，是圓成實自性之當立，固有智者所認可也。」[104]柏拉圖
視理念為變化不居的世界萬物的永恆型相，是唯一超越的真實存
在，章氏充分地注意到這一點，認為理念的這一特性與真如的本
體特性相同，但章氏又不滿意柏拉圖把理念世界和可感的現實世
界看成兩個不同領域的分離，在他看來，理念不應離現象世界而
獨立存在，他批評柏氏獨立自在的「理念世界」純是「懸想」的
產物，「本無而強施為有」。[105]針對柏氏認為現實事物的個體是
理念和非理念的統一的觀點，章氏表示不解：「如柏拉圖，可謂
善說伊跌耶矣。然其謂一切個體之存在，非即伊跌耶，亦非離伊
跌耶。伊跌耶是有，而非此則為非有，彼個體者，則兼有與非
有。夫有與非有不可得兼，猶水火相滅、青與非青之不相融也。
伊跌耶既是實有，以何因緣不遍一切世界，而令世界尚留非有？
複以何等因緣，令此有者能現影於非有，而調合之以為有及非
有？若雲此實有者本在非有之以外，則此非有亦在實有以外。既
有『非有』可與『實有』對立，則雖暫名為『非有』，而終不得
不認其為『有』。其名與實適相反矣。」[106]章氏對柏氏的指責頗
接近亞裏斯多德對柏氏分離學說的批評，亞氏堅持柏氏可感事物
存在無形本質的基本觀點，但認為設定一個與個別事物相分離的
理念型相，不僅是不必要的，而且存在解釋上的困難：理念型相
與可感事物相分離，如何解釋可感事物的性質？理念自身不動，
如何能解釋個別事物的運動和變化？理念既與個體事物不同，如
何解釋可感事物對它的依存？章氏與亞氏都看出了問題的所在，

---

[104] 同上，第404頁。
[105] 章太炎：《規〈新世紀〉》，《民報》第二十四號，第4頁。
[106] 章太炎：《建立宗教論》，《章太炎全集（四）》，第407頁。

說明了章氏的哲學洞察力；但我們要看到，亞氏對柏氏的批評，是為他的形而上學確立「是者」這一研究對象和實體理論提供前提，在它那裏，一切具體實體都是形式和質料的結合，並且最終把神請到最高實體的寶座，還是在物理領域之外設立一個超自然的神聖領域；章氏對柏氏在「有」外另立「非有」的不滿，正是因為柏氏兩個世界的分離不符合他本體與現象是一不二的基本立場，所以他認為伊跌耶既為「實有」，就應「遍一切世界」；當然，「實有」與「世界」的不異不二，在章氏看來，應是指唯有「實有」（真如實性），而「世界」是無，即二者統一於前者，但是，這一思維結構本身已含有二者統一於後者的可能性，即唯有「世界」存在，而「實有」是無，這是中國思想的發展實際所證明了的。這一思想傾向也表現在章氏將「真如」與康德的「物如」（物自體）概念的比較中，康德視物自體為獨立於經驗世界的不能為感性和知性所把握的存在，它雖然獨立於經驗表像之外，不能被認識，但卻是一切現象的本體。章氏認為物自體的這些特性與他的「真如」概念非常接近，「康德見及物如，幾與佛說真如等矣。」[107]確實，章氏的真如和康德的物自體都是本體意義的存在，而且，章氏認為真如「在偏計所執之名言中，即無自性；離偏計所執之名言外，實有自性」，與康德將物自體視為非認識對象相當接近。但章氏對康德分離自然界和道德界、自然的人與自由的人表示不滿：「康德既拔空間、時間為絕無，其於神之有無亦不欲遽定為有，存其說於《純粹理性批判》矣。逮作《實踐理性批判》，則謂自由界與天然界範圍各異。以修德之期

---

[107] 章太炎：《菿漢微言》，《菿漢三言》，第25頁。

成聖，而要求來生之存在，則時間不可直拔為無；以善業之期福果，而要求主宰之存在，則神明亦可信其為有。夫使此天然界者固一成而不易，則要求亦何所用？」[108]章氏敏銳地發現康德哲學在知識領域和實踐領域的矛盾之處，因此認為他「未能自完其說」，章氏提供解決這一矛盾的方法是：「欲為解此結者，則當曰：此天然界本非自有，待現識要求而有。此要求者，由於渴愛；此渴愛者，生於獨頭無明。……此渴愛者雲何？此獨頭無明者雲何？依於末那意根而起。故非說依他起自性，則不足以極成未來，亦不足亦極成主宰也。」[109]「現識」，為阿賴耶識之別名，即是說要站在依他起自性的立場上，悟得所謂「天然界」不過是同一阿賴耶識通過末那意根變現而成，本無實有。同時，章氏還指出康德以物自體為不可知的錯誤。康德認為理性在知識領域所能認識的只是經驗表像，而經驗表像的本體——物自體則不是理性所能把握的，章氏批評道：康德「終言物如非認識境界，故不可知。此但解以知知之，不解以不知知之也。」[110]章氏所言「不知」之「知」是唯識學之四分說的自證分和證自證分，康德的不足就是「由彼知有相、見二分，不曉自證分、證自證分故。」[111]章氏意思是，對於真如實性的把握，不是通過偏計所執自性的用意識周遍計度的方法，而是通過超越意識的方法，康德只知有前者，故以為物自體不可知。從章氏對康德的評判可以看出，他雖然對康德哲學有深入的研究，但是當他把佛教的真如概

[108] 章太炎：《建立宗教論》，《章太炎全集（四）》，第408頁。
[109] 同上。
[110] 章太炎：《菿漢微言》，《菿漢三言》，第25頁。
[111] 同上，第89頁。

念比附康德的物自體時，沒有充分意識到，二者雖在表示世界的本體的意義上相同，但由於在不同哲學體系中所分擔的理論功能不同而導致了實際意義的差別。物自體在康德的哲學中，是為了說明理性在知識領域的權限而設定的一個概念，康德認為感性和知性所能認識的只是經驗的表像，而表像的本體——物自體自身則是不能認識的，康德這樣做的目的是在知識領域避免休謨所指責的獨斷論傾向，但康德之所以還要設定物自體的存在，是要指出在經驗表像的後面有一個本體作為經驗顯現的來源，康德在使用這個詞時特別強調要把它作為感性的真實相關物，因而可以說，康德主要是在認識論中來使用物自體這個概念的。康德沒有明確說明物自體在道德實踐領域意指什麼，因為這一概念是為知識領域的理論設計服務的，在實踐領域就沒有再使用它，但也可以理解為，理性在實踐領域的絕對自由，以踐履的方式認識了自身即是物自體。章氏的真如概念在定義為本體的意義上與物自體處於同一位置，它也在唯識學複雜的認識論框架中得到闡釋，但是，它更多地是在宇宙論框架中來使用的，即它是創造性的世界本原，這一點是物自體概念所不具備的。康德的物自體在知識領域劃出了現象界之外的本體界，這個物自體是客觀存在的，它是經驗實在的源泉，因此知識的確切性有兩個來源，一是來自物自體的經驗表像的實在性，一是來自先驗感性和知性形式的客觀性；與物自體不同，真如是世界萬事萬物的唯一本原，後者為假，前者為唯一的真，要在真如的立場上，證得一切皆自識來，並非實有，即此證得真如。可以看到，對於唯識學來說，關鍵的問題是真如的證得。真如的證得必依賴人來完成，即所謂「聖智內證」，因而就要借助八識依轉學說，依末那意根說依他

起自性，證得諸法皆為阿賴耶識變現而成，在此一徑路中，作為認識主體的末那識至關重要。因此，雖然章氏在唯識學最終的立場上強調對人的主體的超越：「此識非局自體，普遍眾生，惟一不二」[112]、「惟識雲者，許各各物皆惟是識，非許惟有自心一識」[113]，並對費希特的絕對自我及叔本華的意志作出了否定。但他同時強調：「無量故在自心，不在外界」[114]「心之合法，與其歸敬於外界，不若歸敬於自心。」[115]又充分肯定了「自心」的存在及其價值。值得注意的是，章氏在逐個否定數論的神我說、費希特的絕對自我和叔本華的生存意志時，並沒有提到影響深遠的本土儒家心學。

1907年，章氏作《答鐵錚》一文，解答自己提倡佛教法相宗的理由，並表達了對中國思想史的看法：

> 顧以為光復諸華，彼我勢不相若，而優勝劣敗之見，既深中於人心，非不顧利害，蹈死如飴者，則必不能以奮起，就起，亦不能持久。故治氣定心之術，當素養也。明之末世，與滿洲相抗、百折不回者，非耽悅禪觀之士，即姚江學派之徒。日本維新，亦由王學為其先導。王學豈有他長？亦曰『自尊無畏』而已。其義理高遠者，大抵本之佛乘，而善救國人，則不過斬截數語，此即禪宗之長技也。仆於佛學，豈無簡擇？蓋以支那德教，雖各殊途，

---

[112] 章太炎：《建立宗教論》，《章太炎全集（四）》，第415頁，

[113] 章太炎：《菿漢微言》，《菿漢三言》，第8頁。

[114] 章太炎：《建立宗教論》，《章太炎全集（四）》，第412頁。

[115] 同上

　　而根源所在，悉歸於一，曰『依自不依他』耳。上自孔
　　子，至於孟、荀，性善、性惡，互相閱訟。訖宋世，則有
　　程、朱；與程朱立異者，複有陸、王；與陸王立異者，複
　　有顏、李。雖虛實不同，拘通異狀，而自貴其心，不以鬼
　　神為奧主，一也。佛教行於中國，宗派十數，獨禪宗為盛
　　者，即以自貴其心，不援鬼神，與中國心理相合。……

　　　　漢族心理，不好依他，有此特長，故佛教迎機而入，
　　而推表元功，不得不歸之孔子。世無孔子，即佛教亦不得
　　盛行。仆嘗以時絀時申、嘩眾取寵為孔子咎；至於破壞鬼
　　神之說，則景仰孔子，當如岱宗北斗。凡人言行相殊，短
　　長互見，固不容以一斷相概也。[116]

　　在這裏，章氏把自孔子至宋明心學的所謂「支那德教」歸
於「依自不依他」，並把「自貴其心，不援鬼神」看成「中國心
理」或「漢族心理」，認為這一特點是佛教進入中土的基礎，也
是禪宗獨能興盛的根本原因。在此基礎上，章氏把中國接受佛教
的思想基礎推到孔子，因而一反常態地對孔子大唱讚歌，而且，
章氏進一步把王學看成中國思想的代表，強調它與佛教的聯繫。
這樣，儒家心學作為主體意識之「心」與佛家之作為真如本體之
「自心」、「自識」，在這裏達到了溝通。當然，章氏這裏所要
解答的，是其提倡法相宗的理由，在《答》文的論述理路中，他
首先強調「光復諸華」需要「不顧利害、蹈死如飴」的態度，禪
宗與王學表現了這樣的態度，而王學正有所取法於禪宗；由禪宗

[116] 章太炎：《答鐵錚》，《章太炎全集（四）》，第369-370頁。

及於法相，章氏謂：「雖然，禪宗誠斬截矣，而末流沿襲，徒事機鋒，其高者止於堅定無所依傍，顧於惟心勝義，或不瞭解，得其事而遺其理，是不能無缺憾者。是故推見本原，則以法相為其根核。法相、禪宗，本非異趣，……法相或多迂緩，禪宗則自簡易。至於自貴其心，不依他力，其術可用於艱難危急之時，則一也。」[117]法相既與禪宗為一，則為何獨尊法相？章氏的解釋是：「然仆所以獨遵法相者，則自有說。蓋近代學術，漸趨實事求是之途，自漢學諸公分條析理，遠非明儒所能企及。逮科學萌芽，而用心亦複縝密矣。是故法相之學，於明代則不宜，於近代則甚適，由學術所趨然也。……故仆以為相宗、禪宗，其為惟心一也。」[118]在章氏的解釋中，法相和禪宗的區別只不過是繁簡之學術風格的不同，而在「惟心」這一點上是完全相同的；儒家與法、禪二宗亦可溝通：「足下主張孔學，則禪宗與姚江一派，亦非不可融會，求其學術所自來者，姚江非特近於禪宗，亦竊取《密嚴》之意（《密嚴經》雲：若法有自性，藥無除病，能雲何世人見服藥病除愈，但是賴邪識變異而流轉。此謂藥石於人同是一體，姚江亦有是說。）特其敷衍門面，猶不得不揚儒入釋。今人學姚江，但去其孔、佛門戶之見，而以其直指一心者為法，雖未盡埋，亦可以悍然獨往矣。」[119]以「依自」為特徵的法相宗和禪宗之為儒者所傾心，「蓋好尚相同故也。」[120]至此，章氏對法相宗、禪宗和儒家進行了「三教同源」式的解釋，只不過

---

[117] 同上，第369-370頁。
[118] 同上，第370頁。
[119] 章太炎：《答鐵錚》，《章太炎全集（四）》，第371頁。
[120] 同上，第372頁。

他沒有言及道教罷了，在他的解釋中，法相、禪宗和王學統一在「自心」基礎之上，這與號稱明代佛教四大師之一的智旭的觀點似曾相識，智旭提出三教同源在於「自心」的觀點，認為「自心者，三教之源，三教皆從此心施設。……心足以陶鑄三教。」（《金陵三教祠重勸施棺疏》，《靈峰宗論》卷七之四）「三教聖人，不昧本心而已。」（《法語三‧示潘拱震》，《靈峰宗論》卷二之三）；但是，章氏的這一解釋必須回答兩個問題，一是事實問題，法相宗既然與「中國心理」完全相合，為何在中國佛教史上成為衰落最快的宗教？方立天認為：「中國佛教的一些宗派，如天臺宗、唯識宗、華嚴宗等都是繁瑣的經院哲學，體系龐大博雜，論證繁複瑣碎，論述艱澀枝蔓。其中唯識宗流傳數十年即趨衰落，天臺、華嚴兩宗由於在理論上都以說心為主，在宗教實踐上都情況不同地講頓悟，剔除了印度佛教那種繁雜的宗教修行方法，而比唯識宗流傳久遠。中國佛教中真正延綿不絕的是在印度都沒有成宗的禪宗和淨土宗，尤其是禪宗，更是唐代以後佛教的主流，禪宗實際上是唐以後中國佛教的代名詞。」[121]方氏以中國佛教的簡易性訴求來解釋這一現象，但我認為，正如方氏已指出的「以說心為主」和「講頓悟」為流傳較久遠的因素，法相唯識宗的衰落是否也與它多講超越性的圓成實自性或自心而尚未回歸一己之本心有關？與此相關，第二個問題是理論問題，即如何解釋法相唯識宗之自心和自性與禪宗之自心及儒家心學之心的不同？當章氏把法相宗和禪宗、儒家心學在「自貴其心」、「依自不依他」的共同點上統一起來的時候，章氏所謂

---

[121] 方立天：《試論中國佛教之特點》，深圳大學國學研究所主編《中國文化與中國哲學》，北京東方出版社1986年版，第424-425頁。

「自」、「心」，落實到的應該不是唯識學的圓成實自性的超越
個體之真心，而是儒家心學的主體之心，即使從該文的語境看，
此「自」、此「心」，在佛教唯識宗與儒家心學之間，只能求同
於儒家心學的主體之「心」上。基於前文所分析的章氏強調「真
如」與「世界」不二，以及真如之證得離不開認識主體的理論特
點，可知這一判斷正在其理路之中。章氏對「自」與「心」的強
調，最終落實在作為主體的「心」上。因此不難理解，章氏反對
離「心」與「物」外別有本體：「若執識外別有真如者，即與計
有、無為實物者同過。又此土學者，或立道，或立太極，或立天
理，要之非指物即指心，或為綜計心物之代語，故亦無害。若謂
心物外別有道及太極、天理者，即是妄說。」[122]

　　章氏此處的言論正表露了自己的「漢族心理」——筆者指
的是以自我意識為中心的文化心理意識。所謂「以自我意識為中
心」，並非是指現實生活中的人以個體自我為中心，恰恰相反，
在中國傳統文化所規定的社會秩序中，強調的是個體對一定社會
集團的依附性及其在集團中所承擔的角色所應負的義務（道德實
踐的規範主要是由儒家提供的），因此，在現實的道德秩序中，
對統一的、整體的和獨立的人的肯定，是並不存在的。筆者在這
裏所指的是與道德實踐領域不同的道德意識領域——這一領域當
然只是由特定階層來承擔，後者為前者提供實踐依據。與道德實
踐領域不同，中國傳統的道德意識結構是以自我為中心的。儒家
思想的道德意識主要體現在自孟子到宋明心學的心性傳統中，
「心」這個道德主體包容「性」、「理」甚至萬物，道德的根源

---

[122] 章太炎：《辨性下》自注，《國故論衡》，第211頁，轉引自姜義華著
　　《章太炎評傳》，百花洲文藝出版社1995年版，第267頁。

即在自我的道德意識中（儒家的心的概念應是屬人的主體）。因此說，儒家心學以作為道德意識的「心」包舉一切而突出了自我中心的主體。道家和中國佛教都強調對人的主體自我的超越，道家認為人的主體自我是需要超越的對象，以回歸絕對的道和精神；在佛教那裏，唯一的真實是真如本體，人的主體之「心」則是沒有自性的。但是，從道家和中國佛教的現實立場看，卻恰恰採取了以自我意識為中心的現實態度，換言之，以無我為重要環節的思維邏輯卻導致了以自我為絕對的現實立場，莊子以普在的道和精神為絕對的存在而否定主體之「心」的實在，最後落實的卻是著眼於個體的精神自由的立場，佛教以真如為本體而否定自我意識的實在性，但在禪宗那裏卻變成全憑一己之「心」作主，乃至呵佛罵祖。這說明，在以人（「心」）為本這一點上，中國固有思想確實顯示了萬變不離其宗的共同「漢族心理」，上述佛、道的理論設計和現實立場的矛盾和章氏悖論如出一轍，在這一「漢族心理」中可以得到恰切的解釋。至此，我們可以說，以儒家心學為代表的「漢族心理」，才是章氏顯得頗為激進的「個人」觀念的真正的心理根源。

綜觀上述中國近代代表性的個人話語，可以看到，嚴復和梁啟超對個人及其自由的肯定是在個人與「群」——含有國家、社會及一切契約性社會團體——的關係中進行的，因而其「個人」觀念與權利和自由等西方近代政治觀念相關，換言之，其對個人的肯定是以「群」的狀況為前提的，這一規定之後是救亡興國的迫切動機。本傑明・史華茲發現嚴復的個人主義思想主張與他的「尋求富強」的總體目標之間關係密切，認為嚴復深受斯賓塞的影響，認為西方文化的浮士德—普羅米修士性格是導致西方

空前富強的主要原因，因此訴諸對這一能力的尋求，發現「作為西方發展的原因的能力，蘊藏在個人之中，而且，這一能力只有在一個贊許種種個人利益的環境中才能真正體現出來。自由、平等（首先是機會均等）和民主提供了最終解放個人『才能』的環境。……嚴復的目光最終不是集中在個人身上，而是集中在個人主義所假設的結果之上。」[123]嚴復從斯賓塞那裏所接受的個人概念「同關心國家力量有密切的關係，這種個人概念只會歪曲自由主義價值觀念的原義。甚至在這一概念原有的『個人主義的』形式裏，它也與前面解釋的自由主義的神聖核心毫無關係。他所包含的意思不是維護個人的固有價值，而是寧可依靠個人也不願意依靠集體這一級來增進國家富強。」[124]張灝在《梁啟超與中國思想的過渡（1890-1907）》中也指出，梁氏由於對「群」的過度關切而導致了其民主思想與以「個人獨立」為精義的西方自由思想的偏離，因此在對權利與自由兩者的強調中，人民參政的自由和民族國家的獨立與自由是它關注的中心，而個人自由及其相關制度問題是梁的思想中所缺乏的。[125]在他們的論述中，個人主義或個人價值對嚴復和梁啟超來說並不是絕對的。還要看到的是，雖然他們的有關「個人」的主張並沒有真正以「個人」本身為目的，但他們為達到「群」的目標而訴諸「個人」的手段，選取的是英美傳統的自由主義和個人主義的政治主張（梁啟超1903年訪美後對民主的反思使他轉向德國的國家主義），而無措意於十九

---

[123] ［美］本傑明・史華茲：《尋求富強：嚴復與西方》，葉鳳美譯，江蘇人民出版社1996年版，第220頁。

[124] 同上，第221-222頁。

[125] ［美］張灝：《梁啟超與中國思想的過渡（1890-1907）》，崔志海、葛夫平譯，江蘇人民出版社1997年版，第135-146頁。

世紀末以尼采為代表的德國個人主義。王國維和章太炎對個人價值的肯定則遠離了個人與群的明顯框架，因而他們首先介紹和論述了較為激進的「個人」主張。王氏對叔本華、尼采「絕對個人主義」的肯定，是在尋找人生慰籍意義上的接受；而章氏的個人言述，則把個人放在與觀念性事物及國家、民族、社會等各種團體存在相對立的位置上，並明確肯定前者而否定後者，使「個人」在對立中獲得絕對的地位。在上述近代「個人」語境中，可以看出，魯迅強調個人絕對價值的個人主義與王國維和章太炎在態度上是接近的。王國維對魯迅的影響當不可否認，這從魯迅對王國維的熟悉及較高評價可以看出，作為近代介紹叔本華和尼采絕對個人主義的主要思想家，王國維應該對魯迅有一定的啟發，不過相比較而言，魯迅的個人主義與章太炎有更深的聯繫。

章太炎和魯迅的師徒關係，已為我們所熟知。早在日本時期，魯迅就拜章太炎為師，到《民報》社聽講，從而躋身於章氏弟子的行列，此後一生對章太炎執禮甚恭。在自己生命的最後時日，還在為乃師寫悼念文章，終於以此成為一生的絕筆。魯迅留學日本時期，正是章太炎出獄後赴日加入反清革命隊伍並主持《民報》的時期，章氏主掌《民報》後，轟轟烈烈地展開了與保皇派等異己勢力的論戰，他以驚人的精力寫了大量以學識和辯理見長的長文，在短期內就壓倒了反對者的理論挑戰，為革命派在輿論上取得絕對優勢，章氏英雄般的所作所為，對於年輕的魯迅，無疑是極具感召力的，1936年回顧起來，魯迅還是記憶猶新，稱之為「真是所向披靡，令人神旺。」[126]完全可以推測，章

---

[126] 魯迅：《且介亭雜文二集‧關於太炎先生二三事》，《魯迅全集》第6卷，第546頁。

氏當時見於《民報》的文章，正被革命風潮所激動的青年魯迅一定是先睹為快的，章氏由此對魯迅產生一定的影響，應在情理之中。從魯迅自己所說的情況看，他在文章中明確提及章氏對他的影響的只限於寫作風格，[127]這一點我們在他日本時期的五篇文言論文也可以看出。魯迅似乎從來沒有提到章氏思想對他的直接影響，他承認，對於章氏的《訄書》，他「讀不斷，當然也看不懂，恐怕那時的青年，這樣的多得很。」「我的知道中國有太炎先生，並非因為他的經學和小學，是為了他駁斥康有為和作鄒容的《革命軍》序，竟被監禁於上海的西牢。」[128]對於《民報》，魯迅說：「我愛看這《民報》，但並非為了先生的文筆古奧，索解為難，或說佛法，談『俱分進化』，是為了他和主張保皇的梁啟超鬥爭，和『××』的×××鬥爭，和『以《紅樓夢》為成佛之要道』的×××鬥爭」，[129]從魯迅自己的回憶可以看出，章氏思想對他的影響，似乎只限於革命精神的感召，而對於作為章氏思想重要內容的經學、佛學及其俱分進化的主張，並無措意；魯迅的自我陳述應是符合實際的，從他的個人趣味和思想傾向看，對經學和章氏所嗜繁難之佛教唯識學，不會有多大興趣，但是，這一思想實際不能使我們就斷然斬斷魯迅和章氏思想的聯繫，就像魯迅說自己愛看《民報》「並非為了先生的文筆古奧，索解為

---

[127] 魯迅在兩處明確提到太炎文風對自己的影響，一是《〈墳〉題記》：「有喜歡做怪句子和寫古字，這是受了當時的《民報》的影響。」（《魯迅全集》第1卷，第3頁）這裏說的受《民報》的影響，即指受章太炎的影響；二是《集外集‧序言》：「以後又受了章太炎先生的影響，古了起來，但這集子裏郤一篇也沒有。」（《魯迅全集》第7卷，第4頁）

[128] 魯迅：《且介亭雜文二集‧關於太炎先生二三事》，《魯迅全集》第6卷，第545頁。

[129] 同上，第546頁。

難」而又承認自己的文風深受章氏影響一樣，魯迅自述的對章氏思想的隔膜，也不能完全排除他在作為章氏忠實讀者的過程中，章氏早期思想對正處於思想成長期的他的潛移默化的影響。李澤厚就曾敏銳地注意到二人的思想聯繫：

> ……章太炎這些獨具一格的思想主張產生了良好的影響。魯迅便是當年受章太炎影響的著名例子。除了進化論大不相同以外，在憎惡和抨擊上流社會，反對資本主義的經濟、政治，提倡宗教、道德、國粹和個性主義等等問題上，魯迅基本上站在章太炎一邊。如果拿魯迅一九〇六年到一九〇八年寫的那幾篇著名論文，特別是《破惡聲論》、《文化偏至論》，與章太炎上述論點和論文比較一下，便很清楚。當年魯迅在思想上和文字上都接受了章的影響。當然，後來兩人完全分道揚鑣，魯迅向前跨進，章太炎則向後倒退。但魯迅一生所以始終保持對章（在那麼多的革命前輩中獨對章）的高度尊敬，並力排眾議，給章作了蓋棺定論的極高評價，決不偶然。這決不只是個人的私誼，而是表露了魯迅對自己青年時代所親自感受的章太炎歷史作用的十分珍視，是對章的歷史功績符合實際的肯定。[130]

確實，章太炎和魯迅的影響關係可見於二人思想的諸多相似之處。《文化偏至論》中，魯迅站在「個人」立場上對「物質」、「眾數」的抨擊，對「自性」、「自心」的強調，《破惡

---

[130] 李澤厚：《中國近代思想史論》，人民出版社1979年版，第406頁。

聲論》中指摘「志士英雄」以「若不可易」的「科學」、「適用
之事」、「進化」和「文明」相標榜，打著「國民」和「世界
人」的名號，而「滅人之自我」、「滅裂個性」。這些，與章太
炎在《四惑論》中抨擊「公理」、「進化」、「惟物」、「自
然」四觀念之「無自性」及其對「個人之自主」的侵犯，以及
《國家論》中以「個人」之「自性」對「國家」的否定，在基本
立場及語言風格上，非常接近。

　　因為篇幅關係，下面僅分類列舉二人文章所見思想相通的
言論，以見二人的思想聯繫：

　　1、關於進化：章氏是中國近代最早介紹進化論的思想家，
他的有關進化的思想對青年魯迅應有一定的影響。

　　章太炎：《訄書（初刻本）‧獨聖》：「屈伸者，晦明之
道也。屈甚而晦，申甚而明。古者不言神，亦不言電，而統之以
申。非戰鬥無申，非申無明，萬物之自鼓舞者然也。」[131]

　　魯迅《摩羅詩力說》：「平和為物，不見於人間。其強謂
之平和者，不過戰事方已或未始之時，外狀若寧，暗流仍伏，時
劫一會，動作始矣。……故殺機之盹，與有生偕；平和之名，等
於無有。」[132]

　　章太炎《菌說》：「蓋凡物之初，只有阿屯，而其中萬
殊。各原質皆有欲惡去就，欲就為愛力、吸力，惡去為離心力、
驅力。有此，故原質不能不散為各體，而散後又不能不相和
合。……夫其橋起而相引也，則於是有雌雄片合，而種類成矣。
有種類，則又有其欲惡去就，而相易相生相摩，漸以化為異物。

---

[131] 章太炎：《訄書初刻本‧獨聖》，《章太炎全集（三）》，第102頁。
[132] 魯迅：《墳‧摩羅詩力說》，《魯迅全集》第1卷，第66頁。

故既有草木，則草木亦如瞽之求明，……於是有唇蛤、水母。彼又求明，則遞為甲節，為脊骨，複自魚以至鳥獸而為猿、狙、猩、狒，以至為人。此所謂隨序之相理也。」[133]、《訄書‧原人》：「赭石赤銅箸乎山，菩藻浮乎江湖，魚浮乎藪澤，果然，玃狙攀援乎大陵之麓，求明昭蘇，而漸為生人。」「人之始，皆一尺鱗也，化有蚤晚而部族殊，性有文獷而戎夏殊。」[134]《訄書‧原變》：「物苟有志，強力以與天地競，此古今萬物之所以變。變至於人，遂止不變乎？人之相競也，以器。」[135]

魯迅在自《人之歷史》的談論進化的文章中，始終強調進化過程中意志力的重要，在《破惡聲論》及後來的《隨感錄》中認為，人的進化之途經歷了「蛆蟲」、「獸」、「猿狙」、「類人猿」和「人」的進化過程，而人還須繼續進化，直至「尤為高尚尤近圓滿的人類出現」。[136]

2、關於民主代議制：

章太炎《與馬良書》：「代議者，封建之變形耳。」[137]「無故建置議士，使廢官豪民梗塞其間，以相陵鑠，斯乃挫抑民權，非伸之也。」[138]《政聞社員大會破壞狀》：「徒令豪民得志，苞苴橫流，朝有黨援，吏依門戶，士習囂競，民苦騷煩。」[139]《五

[133] 章太炎：《菌說》，《清議報》第28-30冊。
[134] 章太炎：《訄書‧原人》，《章太炎全集（三）》，第21-23頁。
[135] 章太炎：《訄書‧原變》，《章太炎全集（三）》，第27-28頁。
[136] 魯迅：《熱風‧四十一》，《魯迅全集》第1卷，第325頁。
[137] 章太炎：《與馬良書》，湯志鈞編《章太炎政論選集（上冊）》，中華書局1977年版，第385頁。
[138] 同上，第386頁
[139] 章太炎：《政聞社員大會破壞狀》，《章太炎政論選集（上冊）》，第375頁。

無論》：「議院者，受賄之奸府，……選充議士者，大抵出於豪家；名為代表人民，其實依附政黨，與官吏相朋比，持門戶之見。則所計不在民生利病，惟便於私黨之為。」[140]「有議院而無平民鞭策於後，得實行其解散廢黜之權，則設議院者，不過分官吏之髒以與豪民而已。」[141]

魯迅《文化偏至論》：「中較善者，或誠痛乎外侮迭來，不可終日，自既荒陋，則不得而知已，姑拾他人之餘緒，思鳩大群以抗禦，而又飛揚其性，善能攘擾，見異己者興，必借眾以陵寡，托言眾治，壓制尤烈於暴君。此非獨於理至悖也，即緣至尤下而居多數者，乃無過假是空名，遂其私欲，不顧見諸實事，將事權言議，悉歸奔走幹進之途，或至愚屯之富人，否亦善壟斷之市儈，特以自長營捆，當列其班，況複掩自利之惡名，以福群之令譽，捷徑在目，斯不當竭蹶以求之耳。」[142]

章太炎《四惑論》：「故見屈於一人，而常受憐於萬類，是尚有訟冤之地。言公理者，以社會抑制個人，則無所逃於宙合。然則以眾暴寡，甚於以強陵弱。」[143]

魯迅《文化偏至論》：「嗚呼，古之臨民者，一獨夫也；由今之道，且頓變而為千萬無賴之尤，民不堪命矣，於興國究何如焉。」[144]《破惡聲論》：「往者迫於仇則呼群為之援助，苦於暴主則呼群為之拔除，今之見制於大群，孰有寄之同情與？故民中之有獨夫，昉於今日，以獨制眾者古，而眾或反離，以眾虐獨

---

[140] 章太炎：《五無論》，《章太炎全集（四）》，第431頁。
[141] 同上，第431頁。
[142] 魯迅：《墳・文化偏至論》，《魯迅全集》第1卷，第45頁。
[143] 章太炎：《四惑論》，《章太炎全集（四）》，第449頁。
[144] 魯迅：《墳・文化偏至論》，《魯迅全集》第1卷，第46頁，

者今，而不許其抵抗，眾昌言自由，而自由之蕉萃孤虛實莫甚焉。」[145]

3、關於國家之作用：

章太炎《國家論》：「國家初設，本以禦外為期。……無外患，亦安用國家為？」[146]「今之建國，由他國之外鑠我耳。他國一日不解散，則吾國不得不牽帥以自存。」[147]

魯迅《破惡聲論》亦以相似觀點討論過國家的設立，認為「夫古民惟群，後乃成國，分化疆界，生長於斯，使其用天之宜，食地之利，借自力以善生事，輯睦而不相攻，此蓋至善，亦非不能也。」只是因為人類進化程度不同，留有獸性，「古性伏中，時複顯露，於是有嗜殺戮侵略之事，奪土地子女玉帛以厭野心……」[148]「夫人曆進化之道途，其度則大有差等，或留蛆蟲性，或猿狙性，縱越萬祀，不能大同。即同矣，見一異者，而全群之治立敗，民性柔和，既如乳羔，則一狼入其牧場，能殺之使無遺子，及是時而求保障，悔遲莫矣。」[149]「獸性者起，而平和之民始大駭，日夕岌岌，若不能存，苟不斥去之，固無以自生活；然此亦惟驅之適舊鄉，而不自反於獸性，況其戴牙角以戕賊小弱孤陋者乎。」[150]

4、關於個人與國家（道德與立國）的關係：

章太炎《訄書（修訂本）‧明獨》：「大獨必群，群必以

[145] 魯迅：《集外集拾遺補編‧破惡聲論》，《魯迅全集》第8卷，第26頁。
[146] 章太炎：《國家論》，《章太炎全集（四）》，第460頁。
[147] 同上，第464頁。
[148] 魯迅：《集外集拾遺補編‧破惡聲論》，《魯迅全集》第8卷，第33頁。
[149] 同上，第32頁。
[150] 魯迅：《集外集拾遺補編‧破惡聲論》，《魯迅全集》第8卷，第33頁。

獨成」、「大獨，大群之母也。」[151]《革命之道德》：「吾於是知優於私德者必優於公德，薄於私德者必薄於公德。而無道德者不能革命，較然明矣。」[152]

　　魯迅：《破惡聲論》「蓋惟聲發自心，朕歸於我，而人始各有己；人各有己，而群之大覺近矣。」[153]「人各有己，不隨風波，而中國亦以力。」[154]《文化偏至論》：「是故生存兩間，角逐列國是務，其首在立人，人立而後凡事舉，若其道術，乃必尊個性而張精神。」[155]

5、關於對待新學與舊學的關係：

　　章太炎鼓吹國粹主義，要「用國粹激動種姓，增進愛國的熱腸」在東京的歡迎會所作的《演說辭》中，他指出：「近來有一種歐化主義的人，總說中國人比西洋人所差甚遠，所以自甘暴棄，說中國必定滅亡，黃種必定剿滅。因為他不曉得中國的長處，見得別無可愛，就把愛國愛種的心一日衰薄一日。若他曉得，我想就是全無心肝的人，那愛國愛種的心，必定風發泉湧，不可遏抑的。」[156]

　　魯迅《文化偏至論》：「第不知彼所謂文明者，將已立準則，慎施去取，指善美可行諸中國之文明乎，抑成事舊章，鹹棄捐不顧，獨指西方文化而為言乎？」[157]「顧今者翻然思變，曆歲

[151] 章太炎：《訄書·明獨》，《章太炎全集（三）》，第54頁。
[152] 章太炎：《革命之道德》，《章太炎政論選集（上冊）》，第313頁。
[153] 魯迅《集外集拾遺補編·破惡聲論》，《魯迅全集》第8卷，第24頁。
[154] 同上，第25頁。
[155] 魯迅《墳·文化偏至論》，《魯迅全集》第1卷，第57頁。
[156] 章太炎《東京留學生歡迎會演說辭》，《章太炎政論選集（上冊）》，第276頁。
[157] 魯迅《墳·文化偏至論》，《魯迅全集》第1卷，第46頁。

已多，青年之所思維，大都歸罪於古之文物，甚或斥言文為蠻野，鄙思想為簡陋，風發浡起，皇皇焉欲進歐西之物而代之，而於適所言十九世紀末之思潮，乃漠然不一措意。」[158]「外之既無後於世界之思潮，內之而仍弗失故有之血脈，取今復古，別立新宗。」[159]《破惡聲論》：「蘇古掇新，精神閫徹，自既大自我於無竟，又複時返顧其舊鄉，披厥心而成聲，殷若雷霆之起物。」[160]

　　以上所列舉的章太炎的文章，皆寫於1898年後，其時魯迅已赴南京求學，在時間上不能排除魯迅可以直接看到章氏當時所發表的文章，此點雖然不能坐實，但以上列舉的某一方面，顯示魯迅與章太炎確實有一定的思想聯繫，列舉所顯示的二人思想相通的全面性，應能說明魯迅與章太炎思想的影響關係。在好為叛逆、不囿俗見的性格上，師徒頗為相似，自然可以想像，在對章氏古奧文章的艱難拜讀中，好學而敏銳的青年魯迅，大概要零星吸取一些他所會心的東西吧。就本文所要論述的在「個人」觀念上二人的聯繫，我認為，以絕對個人為立場對以國家和文明名義出現的種種集體性觀念的質疑，對這些無「自性」的知識權力對個人自主的剝奪的強烈抗議，這一基本的立場和態度，是二人在「個人」觀念上的驚人相似之處，並與同時期嚴復、梁啟超等代表性的「個人」觀念明顯區別開來，幾乎可以說，在「個人」觀念上，章太炎和魯迅形成了大致相同的思想立場。如果如本傑明·史華茲和張灝所言，嚴復和梁啟超的「個人」觀念在

---

[158] 同上，第56頁。
[159] 同上，第56頁。
[160] 魯迅《集外集拾遺補編·破惡聲論》，《魯迅全集》第8卷，第24頁。

對「群」的過度關切中忽略了「個人之獨立」自由主義精義，那
麼，章太炎和魯迅的「個人」觀念無疑是對這一疏漏的重要彌補
和糾正。這一共同性，如上所揭示，當有魯迅從章氏那裏所接受
的影響因素，但如果把章氏的思想背景和魯迅的接受背景都推到
前文所論證的中國傳統思想的共同根源處，則可以說二人的視界
融合當是文化之宿命。循此理路，就必然產生了一個問題：莫非
中國傳統思想恰恰提供了西方近代個人主義之精義的思想資源？
這一問題的複雜性確實需要我們重新勘察史華茲和張灝的論斷，
並審慎對待在把章氏和魯迅「個人」觀念與西方個人主義對應起
來時的難以理清的複雜性，在茲不贅。還有必要指出的是章太炎
和魯迅「個人」觀念的差異，章氏對「個人」的強調是以其佛教
唯識學的世界觀為思想背景的，個人相對於集體性事物及觀念性
存在的絕對性來自於唯識學立場對偏計所執自性的否定，即「個
人」對集體性事物及觀念性存在的否定的力量源泉不是源於自
身，而是源於一個更高的世界體系，在這一更高的體系中，個人
恰恰是要被最終超越的，因而正如汪暉所言，這是一個「臨時的
個人觀念」。而魯迅絕無措意於「個人」的任何形而上學背景，
而把「個人」的絕對性推到極至，「個人」的絕對性的根據即在
自身，這一根據就是從叔本華那裏拿來的普遍性生存意志，魯迅
割捨其形而上學的成分，把它與達爾文的生物進化論結合起來，
使之成為生物學意義上的以生命力為內涵的意志，同時，尼采的
超人哲學又賦予這一生命意志以不斷超越自身的精神意向——這
就是日本時期的「意力」。由此可以看出，章太炎和魯迅的「個
人」絕對性的共同態度，卻建立在不同的理論基礎之上，前者是
佛教唯識學，後者是十九世紀末「極端之個人主義」，知識背景

的更新和「異域新宗」的啟迪，使魯迅的「個人」觀念獲得了亢奮動進、上征健舉的活力，從而決定了魯迅和章氏在「個人」觀念上不同的理論歸宿和現實取向。章氏佛教哲學的最終立場使他融齊物哲學形成了「以不齊為齊」的平等主義和「無待」的自由主義世界觀，這一世界觀承認差別的存在，「理絕名言，故自在而咸適」，（章太炎《齊物論釋》）使萬物各得其所，同時強調世界中每一個體的獨立價值，汪暉稱之為「一種至高的宇宙原理，即『公』的思想。」[161]而魯迅的叔本華、尼采意志哲學和達爾文生物進化論的結合，使他始終堅持「個人」的主體地位、獨立價值及其創造性能力，並由此走向對引領精神創進的「天才」和「精神界戰士」的置重。不過還應注意到，此處彰明魯迅與章氏「個人」的區別，但如果從魯迅在《摩羅詩力說》等文章中顯露的與尼采的絕對強者本位的「個人」立場的明顯距離，也可以看到魯迅與章氏的平等主義世界觀的內在親近。尼采與章氏之間的猶疑不決，在魯迅二十年代中期終於激化的所謂「個人主義」與「人道主義」的矛盾中還可以看到。

第三節　中、西比較語境中的魯迅「個人」觀念

　　我們已經知道，魯迅為中國的現代生存提出「立人」的方案，以「尊個性而張精神」為其「道術」，其所立之「人」是自覺為「己」的「個人」，而「個人」的內涵即表現為「個性」的

---

[161] 汪暉：《個人觀念的起源與中國的現代認同》，《汪暉自選集》，廣西師範大學出版社1997年版，第116頁。

「精神」和以生命力為基礎的「意力」。這裏要問的是，當魯迅通過施蒂納的介紹而主張「惟此自性，即造物主」、「必以己為中樞，亦以己為終極」、「朕歸於我」的時候，其「自性」、「己」和「我」是本然具足的嗎？如果是的，則他在五篇論文中反復抨擊的「私欲」來自何方？如果不是，則如何保證其價值認同？當然，魯迅接著通過對叔本華、果爾凱戈爾、易蔔生和尼采的介紹，把「個人」更明確地指向「天才」和「超人」的超越「精神」和卓絕「個性」，但進一步要問的是，「天才」之「精神」和「個性」以什麼作為根源？憑什麼作為保障？在魯迅的思路中，「天才」及其「個性」作為人性進化中的「強者」，其動力來自生物進化論視野中的「人類之能」，即人類本然具有這種「渴仰完全的潛力」，但是，人性進化的指標——「精神」，在魯迅那裏，並不同於自然進化中自然主義的「力角」，則「天才」之「個性」究竟來自何方？魯迅顯然沒有意識或顧及這一潛在問題。所以，問題同樣是，「天才」之「個人」的價值以什麼作為依憑？如前所考論，魯迅的「個人」觀念繼承了中國思想傳統中關於自我具有內在價值的思想傳統，但在傳統思想中，自我之價值是以普遍性價值的存在為前提的，孔子曰：「立人之道，在仁與義」，隨著普遍性價值的解體，自我的內在價值就形成危機。在魯迅那裏，曾經作為自我價值源頭的普遍性價值解體了，但自我的合理性依然存在，不過，其合理性價值建立在「精神」——「意力」之上，這是不再有普遍性價值作為源頭的「精神」——「意力」，其價值依據即在自然生命本身。換言之，魯迅摒棄了傳統思想中被固定化的價值因素，而仍然承續了傳統思想的自我是內在具足的觀念。

　　無疑，魯迅提出「個人」，是要解決他所面臨的問題的，要勘察魯迅「個人」觀念所存在的問題，最好把它放在魯迅自己的問題視野中去，即需要看魯迅提出「個人」是要解決什麼樣的問題。從《科學史教篇》看，魯迅是在肯認「科學」的價值和作用的前提下梳理「科學」在西方形成發展的歷史，在歷史教訓中尋找「科學」背後的精神因素，這一邏輯似乎可以理解為他是在為中國尋找西方現代性源頭；《文化偏至論》中，魯迅對十九世紀西方「物質」和「眾數」文明的考察，是建立在對這一現代性的批判的基礎之上的，由「立人」到「立國」的所「立」之「國」，是對西方十九世紀現代性形成超越的「人國」；還應注意到，「個人」的提出在《文化偏至論》中還有一個現實的針對性，即對中國國民性弊端的敏銳洞察。那麼，關鍵的問題是，魯迅所設計的「個人」能否達到他所要解決的目標？換言之，魯迅的「個人」是否其所欲追問的現代性的終極根源？「立人」方案中的「個人」對他所洞察的國民劣根性是否具有真正的「療效」？「人國」的理想能否通過魯迅所設計的「個人」真正實現？對這些問題的考察，尚需進入更加深廣的問題框架中。魯迅深刻地發現了文明的本質在於創造文明的「自我」層面的「人」——「個人」，在中西文明比較的視域中，「自我」和「個人」的發現，無疑把這一問題帶到根本的層面，那麼，我們就可以把魯迅的「個人」放在中西「自我」——「個人」比較視野中，展開對上述問題的考察。我們首先要考察的是，西方文明與西方的「自我」（Ego，Ich）的形成有何內在的關聯？中西文明的差異與兩個文明的內在「自我」意識有何關聯？

　　文化「自我」意識的形成與這個文明在其「軸心時代」對

「天──人」關係的理解相關。古希臘的天人關係首先表現在決定性的命運和人的意志的對立，這在古希臘早期悲劇中可以看到。古希臘悲劇的主題就是人和命運的衝突，而人所用以抵抗命運的就是意志，由於命運的不可對抗性，意志總是最終的失敗者，此即為悲劇之為悲劇所在。「命運」（「天」）和「意志」（「人」）的對立在古希臘哲學中以另一種形式表現出來，在古希臘早期自然哲學中，人所關注的不再是不可捉模的命運，而是宇宙的「本源」（arche），它是宇宙中萬事萬物的最初狀態或最基本構成要素，亦是萬事萬物存在的理由，因而被理解成「基質」（Urstoff──德文）和「原則」（principle──英文），人之可以追問「本源」者，就蘊涵人具有這樣的能力，這一能力就是後來所揭示的人的靈魂中的「理性」，因而可以說，意志和命運的對抗，轉換成人的理性和宇宙「本源」之間的認知關係。蘇格拉底把自然哲學對外在「自然」的探究轉入對內在於人的心靈的原則的探究，在他看來，人的心靈內部已經包含著一些與世界本源相符合的原則，必須求助於靈魂內的原則去發現事物的真理，他把這一內心原則理解為「德性」（arete），從而把哲學研究的對象由「自然」轉向人事。蘇格拉底孜孜探求的是諸多「德性」的定義，可以看到，在他那裏，作為內心原則之「德性」是普遍的，內含價值判斷。柏拉圖的理念論使蘇格拉底的心靈原則得到了宇宙論和認識論的論證。柏拉圖在個別的、可感的事物之外，設立了一個普遍的、可知的理念領域，理念型相是獨立於可感事物的存在，它是確定性知識的源泉，人的靈魂屬於理念系列，所以能夠具備認識理念的能力。亞理斯多德的形而上學以形式邏輯的「是者」整合自然哲學家對宇宙本源和柏拉圖對理念的探

討，在他那裏，「是者」即實體。由此可知，從自然哲學到亞理斯多德，古希臘哲學首先相信宇宙的本質是一種可以認知的秩序。在自然哲學中，這一秩序是以某一具體事物或抽象元素來加以表達的，經過蘇格拉底，到柏拉圖，這一秩序成為綜合了本源論和認識論、自然觀和倫理觀及社會政治學說的超越於現實世界的更高的理念世界，亞理斯多德又使它進入形式邏輯領域，成為理智可以把握的對象。在古希臘哲學中，並沒有以認識論作為問題，但對世界、宇宙秩序的探求，已內含人對這一秩序的理解能力的確信，因而，相對於秩序，「理智」是希臘哲學的一個基本範疇。「理智」即希臘文的「奴斯」（nous），又譯作「心靈」（Mind），理智不是原始宗教萬物有靈意義的靈魂而被置於事物之中，也不屬於人而具有人格的特徵，而更象對應於世界或宇宙秩序的無形的、純粹的實體。自然哲學家阿那克薩戈拉在元素之外設立了一個能動的世界本源——「心靈」，此「心靈」又譯作「理智」，它是無形的，獨立於事物並對事物起作用的能動實體，將「心靈」視作安排一切的原因；柏拉圖的「理念」和亞理斯多德形而上學的「實體」已包含了「理智」的因素；在晚期希臘的斯多葛哲學中，世界有兩個本源，質料是被動的本源，「邏各斯」或理性是能動的本源；在普羅提諾的哲學中，理智、靈魂和太一一起同屬「三個首要本體」，即世界的三個最高的、能動性的本源。希臘哲學沒有對人的認識能力的集中論述，但其靈魂學說對人的靈魂作了明確的理智界定，在阿那克薩戈拉那裏，人的靈魂是無形的、彌漫世界的「心靈」（「理智」）的一個類別；蘇格拉底極力推崇阿氏的「心靈」概念，並通過對內在於心靈的原則的強調，進一步把外在普遍意義的「心靈」轉化為

人的靈魂；柏拉圖的靈魂學說對靈魂作了理性、激情和欲望的三重區分，理性是把人與動物區別開來的人的靈魂的最高原則，人的靈魂的本性是理性，激情和欲望應服從於理性，正是靈魂中的理性，使人與理念相溝通；亞理斯多德把惟有有生命的實體才具有的靈魂分為植物靈魂、動物靈魂和人類靈魂，人類靈魂是理性靈魂，因而他把人定義為：人是理性的動物；在斯多葛學派的哲學中，作為宇宙的能動本源的理性（「邏各斯」）按能力的不同分為不同級別，其所規定的形體也相應地由低到高排列成無生命物、植物、動物、人、神，其中惟有人和神才具有理智，為人與神所共用，不過惟有神才具備最完全的理智，理智在這裏又稱為「奴斯」（nous），是最高級的理性；普羅提諾視靈魂為本體，靈魂既被個體事物所分割，又能與太一和理智相通。通過哲學梳理，我們可以認為，在古希臘的哲學闡述中，人的靈魂與理智秩序具有內在關聯。不過，古希臘哲學所探討的重心並非人的認識問題，而是世界或宇宙的整體秩序。柏拉圖的中心概念「理念」（eidos，idea）的詞源是動詞「看」，意為「看到的東西」，在他之前的用法中，「理念」還有「顯相」和「形狀」的意思，在柏拉圖那裏，人和「理念」的關係並非前者對後者的認識，而是人對「理念」的發現。查理斯・泰勒（Charles Taylor）在論述柏拉圖的「自製」時，對此有較為恰當的分析，他認為，使用「內在」、「外在」的分析模式闡述柏拉圖並不妥當，「對柏拉圖來說，關鍵的對立是靈魂與肉體，無形與有形和永恆與變化的對立」[162]，「理性是觀察和理解的能力。理性的把握就是能夠『提

---

[162] [加]查理斯・泰勒：《自我的根源：現代認同的形成》，韓震等譯，譯林出版社2001年版，第180頁。

供理由』，或『說明原因』。因此，由理性支配就是受正確的眼光或理解力支配。我們自己正確的眼光或理解力把握著自然秩序……所以，理性可以被理解為對自然或秩序的知覺，而由理性支配就是由這種秩序的眼光所支配」[163]，「在一個重要的意義上，我們因理性而認可的道德根源，並非在我們內部。它們可被看成某種發生在我們和這種善的秩序之間的『位置』上的事情。只要理性是實質地被規定，只要秩序的正確眼光是理性的規則，那麼我們成為理性的，就不應極其明確地被描述為發生在我們之內的某種事情，毋寧更應描述為我們與我們處於其中的更大的秩序的聯繫」[164]，「對柏拉圖來說，關鍵的問題是靈魂朝向什麼方向。那就是為什麼他想依照肉體-非物質、變化-永恆的對立來闡述他的見解的原因，因為這些對立規定著我們意識和欲望的可能方向。」[165]泰勒想說明的是，在柏拉圖那裏，人的理性與世界秩序的關係是先定的，人對世界秩序的認識被理解成「心靈」的眼光對秩序的發現。因此可以說，在古希臘，理智並非是人的內在性的東西，真正的自我意識還未出現。

在泰勒看來，理性成為人的內在性，是後來的事，「我想稱為『內在化』的轉變，在於這樣一種對理性控制的理解，被另外一種理解所替代，在這種更易於為我們接受的後一種理解中，關係到理性最高權威的秩序是製造的，而不是發現的。這種與柏拉圖相對立的現代觀點的代表人物是笛卡爾；或者，至少，他是

---

[163] 同上，第181頁。

[164] [加]查理斯·泰勒：《自我的根源：現代認同的形成》，第183頁。

[165] 同上，第183-184頁。

我想就這種關係談論的人。」[166]笛卡爾創立了近代主體性原則，黑格爾認為「從他起，開始了哲學上的新時代」[167]，「哲學一下子轉入了一個完全不同的範圍，一個完全不同的觀點，也就是轉入了主體性的領域。」[168]泰勒認為，「笛卡爾主義給我們的是在其普遍的本質上的主體的科學」[169]，「其理論使個體思想者以第一人稱的獨特性確立他自己的責任，要求他為他本人建立思想秩序。但是，他這樣做必須遵循普遍的標準；他要像任何人和每個人那樣推理。」[170]從這裏可以看到，經由奧古斯丁的內在化，在笛卡爾的「我思」中確立的現代觀念，不再把理性（邏格斯）看成普遍存在於包括人在內的宇宙中的實體，而是看成為內在於人並與世界分離的普遍「本性」，這樣，人與世界的關係，就不再是靈魂中的理性與世界秩序的相遇，而是人的內在理性對世界的構成，理性也不再是某種實在，而是表現為人建構世界的程式，換言之，這是一種體現為一套程式的構成性理性。在笛卡爾那裏，「我思」是純粹的思維的存在，而思維的本質是分解式理性，分解的態度把人對世界的認知變成一套程式，這種程式就是人的理性的能力。同時，「我思」的反思性產生了我們自己與自己的關係，即我們自身中的理性構成著我們關於世界的再現，通過把自我客觀化──即把自己與自己分離開來，構建我們對於世界的認識，這一過程產生的是自我負責的「自我」。可以說，笛

---

[166] 同上，第185頁。
[167] [德]黑格爾：《哲學史講演錄》，賀麟、王太慶譯，商務印書館1978年版，第65頁。
[168] 同上，第69頁。
[169] [加]查理斯·泰勒《自我的根源：現代認同的形成》，第274頁。
[170] 同上，第275頁。

卡爾通過主體性原則的創立，把理性由實在轉入人的內心，從而創設了由理性自我控制的近代自我負責的「個人」，因此不難理解，泰勒明確地指認「笛卡爾是現代個人主義的奠基者」[171]。笛卡爾開創的主體性原則中的分解理性在洛克那裏得到了另一種解釋，在茲不贅。總之，從笛卡爾開始的近代主體，是理性自我控制、自我負責的主體。

查理斯·泰勒在《自我的根源：現代認同的形成》中詳細梳理了西方現代內在性自我形成的思想脈絡，為我們勾勒了這樣一條線索：從柏拉圖的理性的「自製」，經由奧古斯丁的向內的轉向，形成了三種近代的自我，一是由笛卡爾的分解式理性和洛克的「點狀自我」為代表的近代主體，二是蒙田注重差別和獨特性的「自我發現的個人主義」，三是所謂「個人承諾的個人主義」，三種成份共同構成後來的所謂的現代認同。

泰勒的思想敘述是在西方思想史框架內的全面梳理，如果在中西比較的視野中，我們的發現當有所不同。我認為，從笛卡爾開始的近代西方主體雖然後來彙入了諸如獨特性、差異性、日常生活等重要因素，但從整體看，其主流或基本成分，還是來自古希臘理性傳統並由笛卡爾奠基的近代控制理性的要素，這是因為，一者，我們已經知道，在笛卡爾哲學中開始的西方近代自我的形成，其實質是古代理性位置的移動，正是理性的內在化的位移，才產生近代的主體，但其決定性因素是理性而非內在化，否則，笛卡爾之前的奧古斯丁的「內在的人類」就可成為近代主體了；二者，西方現代認同的歷史中雖然交織著理性與個性、普遍

---

[171] 同上，第274頁。

性與特殊性、純粹領域與生活領域以及原子論（平等的個人）與差異論（能力的個人）之間的爭執，但整體上看，以純粹性和普遍性為特徵的理性還是佔據支配性的地位，它作為現代知識、社會政治制度和法律體系建構的支配性理念和方法，業已融鑄成現代生活中的現實力量，滲透進現代日常生活世界的方方面面，浪漫主義和現代主義對「個性」、「差異性」的訴求，正是對前者支配地位的反動和挑戰。在知識領域，西方近現代知識是以理性為主導的，近代科學的興起以理性為基礎，近代哲學的大陸唯理論和英美經驗論哲學在理性主義這一特徵上是相通的，現代哲學中的理性成份逐漸向科學領域分化，同時形成理性與非理性兩大思潮的對抗，但即使以非理性為特徵的生命哲學，也試圖建立屬於自己的精神科學，雖然從尼采就開始對理性主義進行全方位地清算，但從現代哲學的整體格局看，理性主義仍是哲學的主導；現代社會法律體系和政治制度的建構是以理性為理念和方法的基礎的，現代法律的形成，如果沒有古希臘晚期自然律（自然法）理念、羅馬法的建立、中世紀神法與習慣法的劃分到近代自然狀態學說及格勞秀斯、洛克、孟德斯鳩等的法的觀念，是難以形成的，而這一切，應源於對自然（宇宙）秩序存在的設定，這正同於理性源於對宇宙秩序的相信和追問；現代民主體制的形成因素：自然法理念、古希臘城邦民主制、羅馬法、中世紀教會法及教會建制、近代法律制度、近代契約論（霍布斯、洛克和盧梭）及三權分立學說（洛克、孟德斯鳩），在內在理念上都與理性的設計相關。我在這裏概述西方近現代社會的理性特徵，意在說明，知識和體制的理性實現與笛卡爾等近代思想家所論證的自我控制、自我負責的理性自我密切相關，而如前所述，近代主體理

性的形成源於古希臘普遍理性實在的近代內在化。因此，我們可以說，西方文明對自我的設計是以理性為其真正內涵的，這一理性是純粹的、普遍的和超越具體事物的，在古希臘哲學中，理智（邏格斯）是屬於普遍和純粹的領域，在笛卡爾哲學中出現的第一個近代主體「我思」，其實確立的就是以邏輯為核心的普遍的、純粹的思維方法。

如果說，從笛卡爾開始的近代主體的產生，在內涵上是來自古希臘的秩序——理智傳統的近代繼承和轉換，那麼，其產生的另一個因素，是從中世紀宗教神權統治下解放出來的人的主體地位的確立。中世紀神界和俗界的劃分以及神的秩序的絕對統治地位，在思想史上與古希臘思想對宇宙秩序的理性信仰有關，在柏拉圖的理念說與分離說中，已見出中世紀秩序的端倪，哲學史上承認深受柏拉圖影響的晚期希臘哲學家普羅提諾與基督教思想的聯繫，而中世紀教父奧古斯丁對柏氏的心儀，亦能看出其間的關係。在這個意義上說，人不是秩序的中心，應是古希臘思想和中世紀的一致之處，而且，人的靈魂與理智秩序的相通，和人的自由意志與上帝意志的溝通，在結構上是同一的，不過，在中世紀的神權統治中，秩序的理性本質被人格化的上帝信仰所取代，並且獲得了更加支配性的地位。因此，西方中世紀向近代的轉型，既是人從神權的絕對束縛中解放出來，獲得獨立的地位，又是人第一次從普遍秩序中凸顯出來，作為秩序的所有者成為宇宙的中心，即主體位置的確立，同時，在這一過程中重新以理性取代信仰，恢復的理性不再是宇宙的實在，而是內化為主體的能力，至此，真正近代的主體才得以出現。需要強調的是，內在化主體的出現雖然產生了理性自我控制的個人，但絕不意味著具體

個體的出現，因為相對於古典理性來說，近代理性主體的出現不過是理性由宇宙中的一種實在，轉為惟有人——主體才具備的能力，其實質是理性的位移，理性的普遍性和純粹性本質並沒有改變，或者說，理性由一種超越的普遍性，成為人自身的普遍性，因而確立的是普遍性的主體。值得注意的是，理性之所以由超越秩序進入人自身，尋其直接動因，應該是中世紀以神聖秩序取代理性秩序並加以極至化的反動，在此意義上，是古代理性和中世紀信仰共同催生了近代理性主體的出現。

　　以獨特性、差異性為特徵的具體個人產生於對普遍理性的反叛。泰勒把具體個體作為與笛卡爾的普遍理性的個人並列的另一種「現代個人主義」，追溯到蒙田對個人獨特性和差異性的強調，並在其後的梳理中結合了新教改革後「日常生活」的出現、啟蒙主義的自然人性論、從盧梭到康德的「以本性為根源」的學說和浪漫主義、現代表現主義領域的個人表達等構成現代認同的諸因素。泰勒在思想領域對現代認同的形成的梳理頗為全面，但他沒有注意到現代個人的形成在哲學史上的一個來自德國唯心主義哲學的重要線索。以感性為基礎、以獨特性和差異性為特徵的現代個人的出現，其形成可以找到諸如文藝復興、宗教改革、法國啟蒙主義、叔本華和尼采、浪漫主義和現代主義等為人熟知的因素，但在哲學思想史上，有一個不能忽視的線索。我們知道，現代個人觀念在思想領域的最強音來自以施蒂納、叔本華和尼采為代表的十九世紀末德國個人主義哲學，施蒂納在德國哲學的主體性內在邏輯中，把對絕對自我的追求最後推到否定性的「唯一者」——具體生存的個體「我」身上，叔本華以非理性的意志作為「物自體」，從而置換了在黑格爾那裏達到極致的理性本體，

117

為現代個人奠定了非理性的基礎，尼采承續叔本華的意志論，而張舉不斷超越自身的權力意志。在哲學史上，德國十八世紀末到十九世紀末的主體性哲學與康德哲學有一定的關係，文德爾班在談到康德哲學對於德國哲學的意義時，充分地估計到康德對他以前的哲學問題（「歷史思想材料」）的全面掌握，及其對他以後的德國哲學的重要啟迪：「康德，就其觀點之新，觀點之博大而言，給後世哲學規定的不僅有哲學問題，而且有解決這些問題的途徑。他是在各方面起決定作用和控制作用的精神人物。他的直接繼承者在各方面發揚了他的新的原則並通過同化過去的思想體系而完結其使命。他的直接繼承者的這項工作按其最重要的特徵在唯心主義的名下得到最好的總結。」[172]這裏明確強調了康德哲學對於德國唯心主義的源頭意義。我在這裏想進一步追問，德國十九世紀末之「極端個人主義」學說是在德國唯心主義哲學的土壤中產生的，在某種意義上說，前者是後者的思想邏輯的必然結果，那麼，鑒於康德哲學與德國唯心主義的淵源關係，必然要問的一個問題是，康德哲學中是否存在著促成十九世紀末個人主義的思想因數？對這一問題的疏理，需要仔細勘察從康德到十九世紀末個人主義過程中思想變遷的歷史，尤其要注意考察從「理性」到「意志」的觀念轉換的過程。

康德哲學的創新在他自己所劃分的理論理性和實踐理性兩個領域中同時展開。在理論理性領域，通過對意識的先驗形式的強調，以及對作為意識對象的經驗表像的限定，康德既承續了唯理論對人類理性先驗性的強調——不過康德把笛卡爾和萊布尼茨

---

[172] [德]文德爾班：《哲學史教程（下卷）》，羅達仁譯，商務印書館1993年版，第728頁。

的帶有神學色彩的天賦觀念改造成感性的時、空形式及知性的先驗範疇，同時又限定了理性在知識領域的權限，人稱先驗唯心論和經驗實在論的統一，從而成功融合了近代以來唯理論和經驗論兩大相互對立的哲學傳統，在這個意義上，康德哲學以融合的方式終結了此前西方近代哲學的傳統範式，並開啟了新的範式；在實踐理性領域，康德則充分發揚人的理性的自由本質，理性是純粹的，不受任何外在於自身的目的的約束，因而是自由的，理性的自由保證了人的道德自主的可能性，道德自主表現在人具有善良意志，這一善良意志的自律，被康德稱之為絕對命令。在這裏，康德一掃此前啟蒙主義以自然感性論為基礎的功利主義和幸福主義道德觀，在西方思想史上空前高揚了以純粹理性為基礎的人的道德律的崇高性和神聖性。統觀康德的批判哲學，他其實所做的是通過在知識領域對理性權限的限制，克服了面對經驗論的懷疑主義而形成的理性主義的危機，最終更加捍衛了理性在人類自我界定中的地位，因而仍然處於西方自笛卡爾以來的理性主義主體性哲學的思想邏輯中。需要強調的是，康德通過知識領域的理性限制換回的是理性在道德實踐領域的空前地位，他整個的道德體系的基礎，就是理性是人的本質這一信念，理性是人的本質，從而是道德的基石，依據康德實踐理性優於理論理性的說法，則理性當在其整個哲學體系中具有不可動搖的基礎地位。可以說，在西方近代理性主義主體性哲學的內在邏輯中，從笛卡爾到康德，理性從認識論和知識領域進入道德論和實踐領域，從而誕生出了實踐中的理性人類。康德雖然沒有在實踐理性領域明確運用物自體的概念，但實踐理性作為人的本質的界定，及其使道德律既為普遍法則又為自我規定的特性，使理性在實踐理性領域

獲得了近乎本體的哲學地位，在這個意義上，它與物自體非常接近，而理論理性在知識領域還只是無法認識物自體的人的有限能力。在康德哲學所確立的理性原則，全面地發展到後來的德國哲學中的諸多理性體系中，文德爾班認為，「所有這些體系的共同特性是唯心主義」[173]，並把這一「唯心主義」解釋成「在意識過程中去剖析經驗世界」[174]，我們知道，康德是先驗唯心論和經驗實在論的統一，而在費希特那裏，康德的唯心主義發展成為以絕對的自我意識為原則的主觀唯心論，在叔本華那裏，則發展成為以意志取代理性而為世界本體的意志形而上學，因此需要追問的是，這一過程是怎樣演變過來的？這一演變與康德自身有何關係？

文德爾班在《哲學史教程》中圍繞「物自體」、「理性體系」和「非理性的形而上學」三個哲學概念和問題描述康德後德國唯心主義哲學的發展，他的描述對我們追溯從康德到十九世紀末的個人主義的演變提供了概念的路標。圍繞「物自體」的概念，文氏甚至認為：這些唯心主義「全都從康德在闡述物自體概念中交織著的種種敵對思想發展而來」[175]，在文氏的描述中，以意識與存在的關係的問題為中心，康德後哲學對物自體概念各自進行了自己的批判和取捨，逐漸地，這一批判中的理解把康德哲學的方向引向激進的唯心主義，這在耶可比那裏已經預言，在費希特那裏遭到了「唯心主義的徹底粉粹」[176]，費氏認為，在知識

---

[173] [德]文德爾班：《哲學史教程（下卷）》，羅達仁譯，商務印書館1993年版，第778頁。
[174] 同上，第778頁，注1。
[175] 同上，第778頁。
[176] 同上，第799頁。

學的意識與存在的基本問題中，意識應當充當解釋存在的基礎，存在從屬於理性自我注視的本質，即從屬於意識自我感知、自我反省等意識對自身的關係，這就是自我意識，在這一絕對的自我意識的統攝之下，物自體成為多餘的概念而被拋棄。這樣，「對於費希特和他的繼承者來說，物自體概念就這樣變得無關緊要了，而以往存在與意識之間的對立降為次要的了，降為理性活動內部的一種關係了。客體只為主體而存在；兩者的共同基礎是理性，是自我[Ich]；自我感知自身又感知自身的行為。」[177] 在施賴爾馬赫那裏，意識和存在統一於宗教性的情感直觀中。費希特的自我作為創世的原初行動，已非康德認識論中作為認識能力的理性，而上升到世界本體的高度，叔本華在費希特的影響下，經過布特韋克以「意志意識」為基礎的德性主義，發展成為以意志為世界本體的形而上學，世界是作為意志表像的世界，意志以不同方式表現在從無機物到有機物的普遍存在中，在意志為存在之本原的意義上，意志取代了物自體；在圍繞「理性體系」的描述中，文氏介紹了康德後各種哲學理性體系的特點，費希特以原初行動的絕對自我統攝其知識學的倫理理性體系，謝林的自然哲學以表現為自然整體的能動的「世界精神」為中心建立了自然哲學的理性體系，同時謝林還想通過自我意識的歷史構造先驗哲學的理性體系，席勒從康德的美的概念中提升出他的審美理念論，並把這一理念延伸到倫理和歷史領域，從而涉及到整個理性體系，席勒的審美理念論經過浪漫主義的理論發揚，在謝林的藝術哲學中達到唯心主義體系的頂峰。施賴爾馬赫試圖以審美化的宗教情

---

[177] 同上，第801頁。

感重新統一分離的人類文化活動的領域，謝林追隨這一路線，在晚年的天啟哲學中對絕對同一作理性的說明，黑格爾在整合前此所有理性體系的基礎上，創造了幾乎涵蓋人類所有領域的空前龐大的理性體系。溯本追源，這些理性體系的形成和發展都為了解決康德哲學中尚未解決的自然與自由、感性與道德如何統一的問題，雖然康德自己已經在《判斷力批判》作出了努力。以理性為絕對原則推出所有現象的企圖遇到了自己的界限，不得不意識到理性所不能解釋的存在，這本來已表現在康德物自體和費希特難以用理性提供根據的自我的無限行為中，首先是謝林、而後主要是叔本華才明確其為非理性的東西，謝林在同一哲學中提供了由絕對同一的自明前提出發說明世界的路線，他借用新柏拉圖主義的觀點，說明具體事物是從絕對同一分化出來的，但為了解決絕對同一為什麼及如何分化為具體事物的問題，他不得不訴諸神秘的天啟及宗教信仰，以上帝代表絕對同一，謝林從雅各·波墨的神秘主義中得到啟發，把上帝的存在理解成一個自我展開的創造過程，而這一個過程基於上帝出自他晦暗的、非理性的遠初本質，「它被描述為純存在和絕對的『原初偶然事件』，被描述為黑暗中的追求、無限的衝動。它是無意識的意志，而整個世界歸根結底是意志。」[178] 謝林認為這一自我顯現的意志通過理念來創造世界，理念是上帝的永恆影像，而自然界是理念的影像，上帝的自我顯現從晦暗的非理性向理性的精神和愛的精神前進。以費希特的無理性根源的自我行為和謝林的非理性宗教源頭為基礎，出現了叔本華的非理性主義，叔本華拋棄謝林哲學中的宗教因

---

[178] [德]文德爾班：《哲學史教程（下卷）》，羅達仁譯，商務印書館1993年版，第849頁。

素，繼承了其無意識的意志的概念，視那以本身為目標的、晦暗的本能衝動為生存意志，以之為萬物本體，並以康德的物自體命名之；叔本華的以自身為目的的意志與費希特的創造性的以自身為目的的自我行為有一定的哲學上的聯繫，但二者不同的地方在於，後者是倫理的自我規定的自主性，前者是無對象的絕對非理性的衝動。因此可以說，非理性主義在叔本華那裏發展到高峰。意志在叔本華那裏被明確本體化到這樣的高度，意志只是在萬物後的普遍的、單一的宇宙意志，它是萬物的根據，但並非萬物的直接原因，它不受現象世界的充足理由律的限制。叔本華受新柏拉圖主義的影響，認為絕對意志轉化為世界萬物要通過意志客觀化的形式——理念，理念以意志為基礎，由於這一理念在屬性上屬於康德的理性品格，叔本華無異宣告了，理性並非人的本質，理性以非理性的意志為基礎。非理性的意志就這樣取代了理性在康德哲學中的絕對地位。

　　以上思想史變遷的描述揭示出，德國唯心主義的演變和發展都是從康德哲學中的問題出發的，循此路線的推論是，在思想史的內在邏輯中，德國唯心主義發展的思想結果，應與康德哲學自身的內在思想因素有一定的關聯，那麼，非理性意志的結果能否在康德哲學中追認到思想的因數？康德哲學承續了近代理性主義哲學的理性傳統，而且通過創造性的重整知識的界域，克服了近代理性的危機，並在實踐理性領域確立了理性的崇高地位，理性既在康德那裏獲得空前的榮耀，則說非理性的結果源於康德哲學豈不是明顯的悖論？我認為這一秘密恰在於康德實踐理性領域中。康德在理論理性領域限制理性的權利，為知識學提供了更為科學的基礎，我們知道，康德限制知識的範圍，是給信仰留下地

盤，但從主體角度說，康德限制理性在知識領域的權能，恰恰是為實踐理性領域理性的權力的膨脹提供了地盤，因為，所謂信仰的地盤正是實踐理性開闢的道德形而上學領域。實踐理性的論證依賴於道德實踐的基礎是純粹理性這一判斷之上，否則所謂「善良意志」和「絕對命令」都成為空談，換言之，道德形而上學的基礎是人的理性；康德作為基督教徒當然體會到宗教的正當的道德功能，所以他在純粹理性之外又假定了道德公設，但是，在理性道德和宗教道德之間，他的道德哲學的選擇還是前者，以理性為基礎的道德勢必重估以前建立在宗教基礎之上的道德，因此，康德實際上取消了上帝作為道德律的立法者和頒佈者的地位，宗教信仰不再是道德的前提和基礎，相反，宗教信仰需要經過理性的檢驗。所以，他只是在假定和輔助意義上來使用道德公設，在他那裏，理性第一，信仰第二，道德第一，宗教第二，宗教和信仰被理性化和道德化。因此，在康德的哲學中，在知識領域被限定的理性在實踐領域獲得了統攝一切的權限和功能。費希特在康德的基礎上進一步出發。費氏的知識學試圖打破康德先驗唯心論和經驗實在論的調和，在意識和對象之間，堅持絕對從意識出發的立場，以自我意識作為知識的最高原則，他通過邏輯規律闡述了自我與非我關係的三條原則及其對立統一的辨證關係，共同構成了整個知識學的第一原則，也就是說，關於世界和人的一切知識的基礎是主觀意識的自我，這一自我不需要任何外在於自身的依據，其依據即在自身，它設定自身，並進而設定非我，最後達到自我與非我的統一。費氏以自我意識為原則的知識學並非局限於狹義的知識論領域，而是指向實踐哲學和政治哲學的現實領域。首先，費氏面對唯心論與獨斷論的不同立場，認為二者的根

本區別是第一原則的立場的區別，即是以意識為出發點還是以對
象為出發點，第一原則是不可證明的，因而不同立場的選擇不是
取決於客觀的標準，而是取決於人的稟性，你是什麼樣的人，你
就會選擇什麼樣的哲學，因此，哲學的原則問題是人的稟性及依
賴於這一稟性的選擇的實踐問題，這說明他視實踐理性為哲學的
根本問題，實踐的力量是自我的內在源泉。再者，費氏強調，作
為知識學原則的絕對的自我不是一個實體，而是純粹的主體，純
粹的行動，它創造自身，並進而創造一切，行動的主體必不拘泥
於純粹的意識，進入實踐和政治領域的創造性活動。應該強調的
是，作為康德後哲學的諸多理性體系的一個傑出代表，費氏哲學
自我意識展開的過程無疑是理性的過程，它從屬於理性本質，因
此，對自我意識包舉宇內的絕對地位的確定，也就是對理性包舉
宇內的絕對地位的確定，這是在康德基礎上對理性的地位的又一
次空前提高，試想，如果沒有康德在實踐理性領域對理性絕對地
位的肯定，就不會有費氏的對理性自我意識的絕對統治地位的確
立，理性的絕對性是在康德那裏開始的，費氏把這一傾向進一步
推向極端。在整個哲學體系的改造上，可以說，費氏從康德實踐
理性領域拿來獲得絕對地位的實踐理性，又將它施用到包括康德
的理論理性領域在內的整個知識學中，而這是通過其思辯結構對
康德先驗邏輯的改造來完成的。物極必反，理性在費氏哲學中的
絕對統治必然遭遇理性推論的極限，整個理性體系的起點——原
初的自我意識的來源卻得不到合理的解釋，費氏只得把它理解成
無意識、無根據的活動或衝動，有時又被稱為感覺和創造性的想
像力，原初的無根據的活動或衝動絕不能歸入理性的範疇，它無
疑只能被歸入後來在謝林和叔本華那裏被明確了的非理性範疇，

如果是這樣，可以說費氏的整個理性體系原來是建立在非理性的基礎之上的；結合上文，我們已經梳理了康德後理性體系中理性極限所導致的非理性的出現，以及這一非理性如何經由費希特、謝林到叔本華的「意志」的過程，我們就把握了德國哲學從「理性」到非理性「意志」的哲學經脈，而其源頭則在康德哲學中——康德在實踐理性領域對理性絕對地位的肯定。

通過以上梳理，我們大概就能大致感到十九世紀末德國個人主義與上述德國唯心主義哲學之間的思想關係。十九世紀末個人主義的兩個傑出代表是施蒂納和尼采，二者皆可以在前述唯心主義哲學中找到思想的源頭，施氏來自青年黑格爾左派，是黑格爾哲學發展的一個結果，我們知道，黑格爾是康德後德國唯心主義哲學的集大成者，在這一路徑上，施氏與此前唯心主義哲學可以找到一定的思想淵源。施蒂納哲學是作為費爾巴哈的直接反對者出現的，正如費爾巴哈哲學直接來自對黑格爾的反對一樣。費氏不滿黑格爾「精神」和「理念」的抽象和不現實，宣稱唯一現實的是人類及人類之間的愛，施氏則質疑人類的概念，批評這仍是一個抽象的類概念，真正現實的是「個人」即「唯一者」——一個具體生存者，這個「個人」以自身的存在作為唯一的標準和依據，他是原初的創世者，創造自己的一切所有物，因而凌駕於一切外在的事物和抽象觀念之上。從斯特勞斯開始，經鮑威爾、費爾巴哈到施蒂納，青年黑格爾派對黑格爾哲學進行了系統的批判，施氏對費氏的批判其實是青年黑格爾派批判黑格爾哲學的批判邏輯的一個發展極端，換言之，施氏哲學是對黑格爾哲學的一個極端的反動，而尋其最初動機，還是出於對黑格爾哲學中過於膨脹的「精神」壓迫的反抗；另外，從反抗資源來看，施蒂納強

調「我」是唯一的創世者、一個先於理性而不受任何法則約束的欲求和衝動，這與費希特認為自我意識是無根據的創世的活動或衝動，有一定的思想親緣關係。文德爾班就認為「施蒂納通過歪曲費希特關於『普遍自我』的學說以達到現在理論意義上又在實踐意義上的『利己主義』。」[179]而施蒂納對「『我是什麼？』……一個深淵，一個沒有規則、沒有法則的衝動、欲求、願望、情欲的深淵。」[180]的描述，同謝林描述作為絕對的神性的原初本原是黑暗中的追求、無限的衝動、非理性和深淵，如出一轍，只不過，在費氏和謝氏那兒的普遍性存在變成施氏的具體生存的「個人」罷了。尼采的超人作為個人主義的傑出代表，產生於叔本華的意志哲學，這是為我們所熟知的。叔本華的意志形而上學以意志為世界的本體，但最終要求的是擺脫意志在個人身上的客觀化產物——個人的欲望，在朱利斯·班森那裏，叔本華的普遍的意志被放棄，而只承認有意志的個人，這種意志原子論使人確立了獨立存在的個人的存在的基礎，尼采的超人是意志哲學結出的最絢爛的果實，他以權力意志為基礎，鄙視現有的一切精神和道德的形式，要求人類不斷超越自身而趨向高貴、嚴肅的精神領域，至此，超人的獨斷意志真正代替了唯心主義哲學中的理性的自主性，走完了從理性到意志、從康德到尼采的路。總結上述，可以說，從費希特、謝林和黑格爾到施蒂納，從叔本華到尼采，個人主義的兩條並列思想路線都可溯源至唯心主義哲學並一

---

[179] [德]文德爾班：《哲學史教程（下卷）》，羅達仁譯，商務印書館1993年版，第920頁。

[180] [德]麥克斯·施蒂納：《唯一者及其所有物》，金海明譯，商務印書館1989年出版，第173頁。

直延伸至康德的哲學中，換言之，十九世紀末德國個人主義的思想源頭在康德哲學中，源自康德哲學之實踐理性的過分膨脹而導致的一系列哲學反應中。如果考慮尼采之後伴隨諸種現代主義思潮出現的日常生活中現代個人之心性和情性的出現，則康德哲學對於西方近代和現代哲學的轉型，無疑應具有尚待充分估量的意義。

我們已經論述過從古代到近代西方哲學理性位移的過程，強調從笛卡爾開始的作為近代主體性本質的「分解式理性」是一種以邏輯為中心的純粹的、普遍的思維規則，在哲學史上，康德哲學處在從笛卡爾開始的近代主體性哲學的同一問題框架中，都是探討近代主體的理性本質，但在康德那裏，理性的領域開始分裂為理論理性和實踐理性兩個領域，我們知道，康德的處理首先是為了克服主體性哲學的內在的危機，其理論理性是從笛卡爾和培根開始的近代認識論的融合，正是對知識領域的限制，限制了在笛卡爾認識論中占絕對地位的認知理性的權限，但康德開啟了主體哲學的新的領域——實踐理性領域，在理論理性領域被限制的理性，在實踐理性領域重新獲取了絕對的權利。那麼，接著的問題便是，同是對理性絕對地位的肯定，在笛卡爾的認識論（相當於康德的理論理性領域）中和在康德的實踐理性領域中有何不同？這一問題是理解康德和十九世紀末德國個人主義思想聯繫的一個關鍵。在笛卡爾那裏，近代主體表現為，一是作為第一原則的「我思」之「我」，這一自我的本質是「我思」，自我作為實體，「這個實體的全部本質或本性只是思想」。[181]雖然「我思」

---

[181] 北京大學西方哲學教研室編：《西方哲學原著選讀（上）》，商務印書館1981年版，第370頁。

在笛卡爾那裏指包括理性、感性和情感在內的一切意識，但是，此主體只是沒有具體內容的反思的自我意識；二是指以理性作為認識能力的主體，第一原則的確立和普遍數學方法的運用，使主體性表現為一個以邏輯思維為核心的理性程式對世界的宰製，即查理斯‧泰勒所謂的「分解式理性」對世界的控制，在這裏，理性作為主體的內在性雖具有主宰客體的權能，但是，由於理性只是表現為邏輯思維為核心的普遍思維方法（理性的程式）的運用，因此這一主體並非嚴格意義上的個人主觀的主體，更不是具體生存的個體，而是作為客體的普遍人類心靈，或者說，普遍的思維方法的運用使主體的主觀性只表現為普遍性和原則性，而沒有屬於每一個主體的質料內容，正是後者構成了從普遍主體中誕生的具體個人的差異性和獨特性──這是由蒙田啟示，在以施蒂納、尼采為代表的十九世紀末德國個人主義中形成真正的哲學形態，在後來的浪漫主義和現代主義思潮中發展並進入現代人的日常心性和情性，因此同樣強調自主，前者是普遍性的主體的自主，後者是以差異性和獨特性為特徵的具體個體的自主。在我看來，康德在實踐理性領域對理性能力的強調是近代主體到現代個人的哲學變異點，因為，實踐理性的主體是訴諸道德踐履的主體，道德實踐使笛卡爾主體性哲學中停留於抽象領域的普遍主體跨入現實世界，康德仍然強調實踐的主體以普遍性的純粹理性為基礎，普遍性和原則性仍是康德道德形而上學最鮮明的特徵，但是，道德的踐履性使道德主體成為具體行為的主體，道德主體不再像笛卡爾知性主體只是普遍性思維原則的空洞載體，而是凸顯出來成為普遍性道德原則的具體承擔者和踐履者，換言之，道德的主體就是現實中的人，這樣，作為道德出發點的純粹理性，就

成為現實的道德主體的內在性，理性的自主也就是道德主體的自主，以理性為本質的道德主體成為自在自為的存在。同時康德意識到，實踐理性領域理性與對象的關係，不是理論理性領域的主體與客體的關係，而是理性與自己設置的目的之間的關係，因為實踐理性的本質是自由，在這個意義上，實踐理性就表現為意志，康德稱之為善良意志，即是以善良自身為目的的意志，康德強調，此一善良意志作為絕對律令，既是普遍性的原則，又是道德主體的自律，因為善良意志是從自身出發制定的規則，其所服從的是來自自身的目的——從這裏再明顯不過地看出理性是道德主體的內在性的主張。實踐理性成了絕對意志，為康德到尼采的理性到意志的轉換提供了範式，不過，叔本華和尼采的意志在內容上相當於康德後期的「意欲」概念（Willkur），這一概念在康德那裏是與前述「意志」（Wille）概念相對立的，康德認為，二者都是人的稟性，但前者是人的自發的傾向（Hang），後者（善良意志）是稟賦（Anlage），人身上存在著這兩種天性的衝突，這說明，康德在設定善良意志既為絕對命令又為道德主體的內在本性的同時，又意識到人更為切身的感性傾向的存在，康德晚年的這一處理也許標誌者他對其道德形而上學內在危機的覺察，恰恰「意欲」這一不諧和音，成為其身後哲學變奏的主題。

我在哲學思想史範圍內把康德作為西方十九世紀末甚至整個現代個人主義出現的一個思想轉捩點的描述，不僅是在提供魯迅「個人」觀念的德國資源的真正由來，還意在為展示中國現代個人主義思想出現的中國思想史線索中的思想轉捩點提供一個參照系，最終是想在此廣闊的思想史基礎上顯現魯迅「個人」觀念的不易察覺的危機。

　　整體上看，中國思想不存在西方思想傳統中認知領域和實踐領域的明確區分，其整體以倫理道德思想為主要內容，以西方思想的標準看來，就是基本局限於實踐領域，所以，在中國思想史中難以找出上述兩種理性的嚴格劃分及其變動所引起的思想史的演變。但是，即使在中國思想固有的題域中，我們也大致可以看到，在思想結構上，與上文所描述的西方現代個人主義出現的思想史脈絡相比，中國近代個人主義的出現也經歷了一個大致與西方可相參照的思想史過程，這表現在宋明道學由理學到心學的思想史轉換中。程朱理學是以宇宙論為基礎的道德論，它確立形而上的天理為宇宙萬物的本體和主宰，物各有理，天理（太極）統天下之理，同時為道德提供原則和標準，可以看出，程朱的道德形而上學以客觀的精神實在為本體，如果對應於現代哲學範疇，應屬於客觀唯心主義，這有別於康德道德形而上學把道德的基礎建立在人的主體理性之上的主觀唯心主義傾向。陸王心學作為對前者的反動，認為理不在人之心外，「心外無理」、「心外無物」，理只在心中，理在心中不僅是指功夫上的理只需向心中尋求，而且徑直走向「心即理」，提出「心之理」的命題，在王陽明那裏，心之本有的「良知」即是天理，這樣，程朱理學中外在於具體事物的客觀之理，內化為心中本有之理，道德的基礎為內在於人的「心之理」，換言之，人自身就成為道德的依據。與康德道德哲學相比，程朱理學雖然把天理視為超越於人的外在精神實在，但程朱的歸結點是道德領域，天理最終落實為道德理性，對天理的絕對化即是道德領域對道德理性的絕對化，這一點與康德的在實踐領域誇大道德理性的作用是一致的，因此，正與康德道德哲學對理性的誇大產生了費希特的主觀唯心主義和謝

林、叔本華的非理性傾向一樣，我覺得，陸王心學也許就是程朱理學的邏輯結果；與此相聯繫，陸王心學視道德的基礎——理本在一心之中，與康德把道德的基礎置於人所固有的理性之上，也是一致的，正是這一設計，使二者順理成章地進入了個人主義。康德的轉換已如上述，這裏著重考察陸王心學後晚明「個人」思潮的出現。

王陽明無疑是一個有著極強道德意識和道德熱情的思想家，其學說的出現首先是為了挽救明中葉「波頹風靡」的道德局面，他在道統上承接程朱理學，但他看到，程朱理學機械劃分天理和人欲的做法已在現實運用中造成了僵化局面甚至適得其反的道德虛偽現象，王氏針對此現象，對程朱理學進行了創造性的改造，他把程朱理學中高高在上的理移置作為主體的心中，直接訴諸人內在的道德良知，意在強調道德的自主性和自發性。應該說，對於理的普遍性和權威性的價值，他是絕對沒有懷疑的，換言之，王氏是在維護理的普遍性和權威性的前提下提倡道德的主動性和自發性。但是，在思想史上我們可以看到，王氏創造性處理的結果，是直接導致了以王學左派和李贄為代表的「非名教所能羈絡」的晚明反叛思潮的出現。這一思潮超出了王氏理與心的理論範式，把中心問題轉換到理與情、理與欲的關係上，在他們看來，理不僅就在一己之心中，而且理不離情、理不離欲，理就在此心之情和欲中。他們以傳統的形氣觀為理論基礎，反對離「氣質之性」外別有所謂「天命之性」，「人具形氣而後性出」（王廷相《雅述》上篇），強調「天人同體」，「天人一理」，「天理者，天然自有之理也」，（王艮《王心齋先生遺集》卷一《語錄》）「人欲」與「人情」即「自然之性」（王艮），亦即

理，「天理即在人欲之中」（羅欽順），李贄則認為「自然之性，乃自然真道學也」。（《初潭集》卷一九，《篤義》）我認為，「人欲」對「天理」的造反，其理論根源即在陽明心學中，通過王陽明的處理，人之主宰由普遍性存在的「理」讓位於一己之「心」。我們知道，在朱熹那裏，「心統性情」，「性者心之理，情者心之用」（《朱子語類》卷九十八）當然，王陽明沒有明確在「心」中分出「性」與「情」，似乎在他看來，心就是一渾然的道德主體——「本心」，但是，主體之心與自然之心在王氏那裏絕難兩分，既然以心為體，心代替理獲得最高的權利，則心中固有之「情」與「欲」——本來為外在的理所壓制——就能以心的名義獲得合法性地位，所以，陽明後學在「心」中導演「人欲」對「天理」的嘩變，就顯得順理成章，他們只需要輔以傳統形氣說的資源就可以了。同時，普遍性的天理讓位於「人欲」、「人情」等具體存在於每個人的「自然之性」，從而為「個人」的出現奠定了基礎。其實，王陽明獨信自家良知、提倡「狂者胸次」的學說已表現出強烈的以「自我」為中心的色彩，陽明後學大都淡化其學說的中的普遍的道德主義內涵，而發揮其獨信自家良知的精神，以新的情欲觀為基礎，他們以前所未有的勇氣提倡自我和個性的價值，王艮是當時有名的「狂者」，直言「我命雖在天，造命卻由我」（《王心齋先生遺集》卷二，《又與徐子直》）主張「身尊則道尊」甚至公開鼓吹「明哲保身」（《明儒學案》卷三十二，《泰州學案》），山陰王畿發揮王陽明的狂者精神，明辯狂狷鄉願，以狂狷為成聖之途，為狂者大唱讚歌，至顏山農、何心隱一派，則以「意氣」貫通聖賢和遊俠，大倡個人的任俠之情，李贄衝破一切「條教禁約」，認為人人都

有其獨特的「首出庶物之資」，（《九正易因》卷上，《乾為天》）「就其力之所能為與心之所欲為，勢之所必為者以聽之，則千萬其人者，各得其千萬人之心；千萬其心者，各遂其千萬人之欲。是謂物各付物，天地之所以因材而篤焉，所謂萬物並育而不相害也。」（《李氏文集》卷十八，《明道古燈錄》卷上）與此相聯繫，李贄還提倡「最初一念之本心」的童心說，這「本心」並非由理規範的道德本體，而就是人的「自然之性」，並進而主張「人各有私」，「私者，人之心也。」（《藏書》卷二四，《德業儒臣後論》）應該說，李贄的這些主張是中國古代思想中提倡個人價值的最強音。

以上可以說明，王陽明心學的哲學轉換，在晚明天理思想的顛覆以及自然人性論和個人觀念的出現中起了重要的轉折作用。陽明後學公開肯定人的自然本性和個性的價值，在中國思想史上具有思想啟蒙的意義，亦可視為近代中國啟蒙思想的先聲，但是，在道學思想史的立場看來，它的發展打破了道學所確立的基本思想原則，只重體悟不重功夫有流於空談的傾向，縱情任性的主張也導致了道德滑波的嚴重後果。正是出於對陽明後學諸種流弊的不滿，明末山陰劉宗周在繼承王學的基礎上，創立了以「慎獨」、「誠意」為宗旨的思想，有針對性地對王學提出了批評和修正。劉宗周從《大學》中剔出「誠意」和「慎獨」，不同於朱熹和王陽明把「意」視為「心之所發」，而強調「意」是「心之所存」，認為「意」為心之主宰。在我看來，劉氏把「意」看作的比「心」更重要、更基本的範疇，是出於對王氏之「心」的被濫用的失望，欲以更新的「意」取而代之。此「意」，劉氏又以「獨體」稱之，「意」和「獨體」都是先於心

並決定心的根本，以「意」和「獨體」確保良知的先驗性和價值方向，從而避免任意以「已發」之自心為良知而任性而行的弊病，劉氏剔出「意」和「獨體」，其目的還在於由空談落腳為功夫，強調「誠意」和「慎獨」的功夫。可以看出，劉氏的「意」和「獨體」是為了糾正王氏之「心」滑向個人化、情性化的傾向，使它回到先驗的道德源頭去，其「誠意」和「慎獨」則以實際的功夫修持這一先驗的道德意向。

　　通過對康德道德形而上學和宋明道學的考察，可以看到，中西思想史上內在性的「個人」觀念的出現——肯定伴隨著自然人性論的出現——實際上以人的主體性權威在道德領域的全面確立為思想起點，由此就產生一個問題，近代理性主體在知識領域也確立了自己的權威，同是以理性為本質的主體性，知識領域的理性主體和道德領域的理性主體有何聯繫？實質上又有何不同？我認為，近代理性主體在知識領域的確立，使人類獲得了主宰自然界的權威，道德領域理性主體的確立，則意味著人成為自我決定的主體，前者把理性內在化確立的不是具體的個體，而其實是普遍性的思維原則，因而其確立的是作為整體的人類主體，從而使人與自然界得以分離，後者確立的道德主體雖然也是普遍性的，但道德理性訴諸每一個道德實踐中的個人，因而其確立的其實是作為個體的主體，從而使個人得以從人類整體中獨立出來。道德理性的內在化反而導致了理性基礎的喪失，康德以內在化的理性為道德的基礎，同時又不得不訴諸難以用理性證明的善良意志，以善良意志壓制意欲的衝動，已經說明了其道德形而上學的危機，那麼，必然要問的問題是，如何才能保證實踐領域（我這裏所說的「實踐領域」非如一般意義上的僅限於道德實踐領域，

而是指包括政治實踐在內的人類廣泛的行為實踐領域）的理性的
基礎？換言之，如何建構實踐領域的普遍理性或理性的普遍性？
從以上分析可以推出，實踐領域的理性必須像知識領域的理性一
樣，落實為超越於具體個人的規範性，這一規範性不是體現為如
程朱理學的具體的道德綱常及其要求，而是體現為一定的社會秩
序理念——當然，這一秩序理念正是以現代個人的權利和價值為
終極目的的——並落實為具體的法的規定和制度訴求，只有這
樣，每個人的基本權利和生存價值才能得到法律——制度的起碼
保障，在此基礎上，才能談得上個人能力的發展及其個性價值的
實現。康德把實踐領域的道德理性通過其道德形而上學的法哲學
領域進一步落實為現實中針對人的外在行為的法律、權利和正義
原則，作為其擬構中的《道德形而上學》的上卷就是為我們熟知
的《法的形而上學原理——權利的科學》[182]，在這本書中，康德
從人的自由這個理性前提出發，提出由立法機關制定一整套明文
法規，以維護每個人的自由及由其派生的一切其他權利，從而構
建了關於法律、正義和權利（這幾個詞在德語中都是相互關聯
的）的形而上學的基礎，也就從而提供了文明社會制度建構的理
性基礎。可以說，現代西方的道德訴求最終要體現為政治領域的
一系列秩序建構上，或者說，道德論證最終為政治領域的秩序
建構提供最高價值原則和基本論證起點，但無論雙方何者更為重
要，政治領域的秩序建構應是一系列理論設計的終端。當代著
名倫理學家和政治學家約翰·羅爾斯（John Rawls）在一九七〇
年代的《正義論》中就不僅提供正義的原理性的道德論證，並訴

---

[182] 參見[德]康德：《法的形而上學原理——權利的科學》，沈叔平譯，商
務印書館1991年版。

諸於正義之制度建構的論證，[183]但即使這樣，他仍不滿意《正義論》過於偏重道德哲學的非現實傾向，又於一九九〇年代在前者的基礎上寫出《政治自由主義》一書，通過提出一系列新的正義理念，把正義之論證落實在現實的政治哲學領域，明確地提出「社會的基本結構」是正義的第一主題，從而在繼承康德道德形而上學的基礎上又前進了一大步。[184]

基於以上分析來看魯迅的「個人」觀念，就會發現，魯迅提出「個人」是為了解決他所面臨的要解決的問題的，但是，其「個人」觀念與其要解決的目標之間，存在一定的偏差，也就是說，魯迅的「個人」很難解決他面臨的所要解決的問題。這不僅因為他所提出的「個人」僅止於觀念層次，而且，其更深的原因還在於其「個人」觀念本身所蘊含的問題。

毫無疑問，無論魯迅和中國近代同時期的思想家有何不同，他們的背後其實都有著一個共同的時代問題框架，即中華民族的存亡和振興，這是共同的時代危機和中國知識份子所秉有的共同責任傳統所決定的，在這個意義上，近代以來的歷代知識份子的言說，都可稱得上章太炎所謂「述鞠迫言」[185]。當然，不同的知識份子所給出的對策各異，從洋務派、維新派、革命派到「五四」知識群，隨著對危機認識的加深，共同的時代問題框架雖沒有消失，但大致經歷了一個逐漸後退至背景深處的過程，同時，不同的人的危機解決方案的提出，又與他們各自對現代文明

---

[183] 參見[美]約翰・羅爾斯：《正義論》，何懷宏等譯，中國社會科學出版社1988年版。
[184] 參見[美]約翰・羅爾斯：《政治自由主義》，萬俊人譯，譯林出版社2000年版。
[185] 章太炎：《訄書・序》，《章太炎全集（三）》，目錄頁第6頁。

的判斷和想像相關。章太炎和魯迅對現代文明和中國的現實都有
自己獨立的和富有洞察力的判斷，比較同時期的言論，二人的主
張具有更深刻、更宏闊的思想文化背景，並顯示出非凡的思想創
造性。當魯迅起來發言的時候，他所面對的是洋務派的「黃金黑
鐵」和維新派的「國會立憲」已在現實中露出種種弊端、種種改
革都成為倡言者謀求私欲的手段的局面，基於對十九世紀西方
「物質」和「眾數」文明之弊端的敏銳洞察，以及對文明真髓
和人類文明未來走向的深刻判斷，他提出「立人」──「首在立
人，人立而後凡事舉」的根本主張，並以「尊個性而張精神」
為其「道術」。魯迅把矛頭直接對準了洋務派和立憲派的顯在主
張，在表面的政治立場上站在他當時所傾向的革命派一邊，但
是，從日本時期五篇論文可以看出，當時並沒有明顯隸屬於任何
政治派別的青年周樹人，在革命派和立憲派激烈交戰的日本，
應該是以獨立的身份加入了對時代問題的發言，其主張的後面有
屬於他自己的宏闊思想背景和深刻動機。他對「金鐵」和「國
會」的指責，並非在革命派批判立憲派的革命─改良、反滿─保
滿的論爭框架中立言，而是直接指向了「假是空名，遂其私欲」
的現實狀況，其背後是對中國人性現狀（國民性）的深刻懷疑，
以及由此對洋務派和立憲派只重物器和制度變革而忽視改革的始
基──人──的強烈擔憂（這一指摘，其實也暗中指向了革命
派只重暴力革命而忽視廣泛的思想啟蒙的偏頗──這在後來的
《藥》、《阿Q正傳》等小說中才明確出來）。以梁啟超、嚴復
為代表的維新派在當時已提出通過啟蒙、教育提高「民」之「公
德」、「私德」以及「開民智」、「新民德」和「鼓民力」的重
要性，魯迅對中國改革的基礎「人」的重視，應該說有所啟發於

維新派的啟蒙主張，但不同的是，魯迅啟蒙的單位並非維新派作為「群」的「民」，而是以「個」為單位的「個人」，這一「個人」，不但成為中國真正改革的堅實基點，而且指向了不斷超越固有文明——無論是東方還是西方——的精神方向。

　　由此可見，魯迅對現狀的批判以及針對性地提出「立人」觀念，大致有兩個思想出發點，一是對中國人性現狀（國民性）的深刻懷疑和擔憂，二是對人性和文明的本質、西方文明歷史及其未來趨勢的深刻洞察。就前者說，魯迅認為中國人經過幾次奴於外族的歷史和傳統道德規範的約束，已經呈現出精神委頓、缺失和淪亡的精神狀態，而所謂國民劣根性，就是這一精神狀態在國民人格上的體現，精神的淪喪在現實中的最大表現即國民沉溺於卑下之私利和物欲，「勞勞獨軀殼之事是圖，而精神日就於荒落」[186]，但為獲取人群中存在的合法性並竊取更多的私利，又不得不以「道德」自居，因而造成普遍的虛偽現象。我們可以看到，在日本時期的論文中，年青的魯迅一再指責的不是別的，而是倡言改革者的「假是空名，遂其私欲」；就後者說，魯迅認為人性具有不斷超越自身的生命力和無限的精神追求，文明的歷程就是人的精神不斷發展的過程，精神現象是文明之「極巔」和「精髓」，西方十九世紀「物質」和「眾數」文明雖然給人類帶來了豐富的物質和充分的民主，但若滿足於此而不知進取，則遺忘了文明的精神價值。未來的人類文明，當指向「沉邃莊嚴」的精神境界。痛心於國民精神的沉淪，他力主「尊個性」和「張精神」，把以「生命」為基礎的「精神」—「意力」的重建，作為

---

[186] 魯迅：《墳・摩羅詩力說》，《魯迅全集》第1卷，第100頁。

人的存在和國的存在的根本，以在生命基礎之上的創新精神和創造力的振拔，為文明的振興、創新和超越之道。應該說，魯迅的思考正如他自己所說，是「誠若為今立計，所當稽求既往，相度方來」[187]，具有空前宏闊的世界視野和深刻的歷史意識。

他所關心的，首先是中國人精神現狀的改變——「立人」，以此作為「立國」（「而中國亦以立」）和「興國」（「於興國何如焉？」）的基礎，因此，縈繞在青年魯迅心中的不是現代國家建構的具體問題，而是人性框架內的國民性改造。據許壽裳回憶，當時魯迅所關注的是這樣三個問題：一、怎樣才是最理想的人性？二、中國國民性中最缺乏的是什麼？三、他的病根何在？[188]這其實是「立人」思路的另一種表達。魯迅試圖確立「理想人性」，是為了給「立人」提供一個參照系，但從其早期論文可以看出，他似乎在這一點上很難找到真正的答案，在論及西方十九世紀末個人主義的人格要求時，他提到了十九世紀前的人格理想，認為十九世紀前「理想之人格」是「古人所設具足調協之人，決不能得之今世」，而贊同十九世紀末個人主義人格要求的意力主義傾向：「惟有意力軼眾，所當希求，惟於情意一端，處現實之世，而有勇猛奮鬥之才，雖履踣履僵，終得現其理想：其為人格，如是焉耳。」[189]魯迅的這一選擇，無疑是針對中國國民精神和人格現狀而給出的藥方。如果「立人」在魯迅那裏表現為這三個問題，則其首要步驟是二和三，即診斷中國國民性

[187] 魯迅：《墳‧文化偏至論》，《魯迅全集》第2卷，第46頁。
[188] 參見許壽裳：《亡友魯迅印象記》和《懷亡友魯迅》，北京魯迅博物館編《魯迅回憶錄（專著上）》，北京出版社1999版，第226頁、第443頁。
[189] 魯迅：《墳‧文化偏至論》，《魯迅全集》第1卷，第54-55頁。

的弊端及其「病根」何在，由此不難理解，魯迅的「立人」工程後來落實為終其一生的國民性改造的工作。

　　現在可以說，魯迅之提出「個人」，是要解決中國現代改革的基礎——人（人性——國民性）的問題。中國改革的人的問題，在魯迅看來，就是表現為精神的淪喪、生命力的委頓以及作為其表現的墮於私欲和虛偽等現象，魯迅熱情介紹十九世紀末西方之「新神思宗」和異域的「摩羅詩人」，就是為國人昭示「深無底極」的精神向度和「剛健不撓」的生命動力，以喚起國人生命力的振拔和精神境界的拓進。當魯迅把近代中國的危機歸結為人（人性——國民性）的問題的時候，應是極富洞察力並極有針對性的，他對於中國人「誠」和「愛」缺失的人性現狀（在他後來的國民性判中表現為虛偽、巧滑、自欺欺人、無特操、奴性、卑怯、冷漠、麻木和健忘等國民劣根性）的診斷，也是極其準確的。魯迅針對近代中國危機而提出的「立人」工程，以及作為其「立人」工程的現實踐履——終其一生的國民性批判，不僅最具代表性地把中國近代變革的問題意識推向文化批判的層面，而且把文化批判最為徹底地推至人性（國民性）的深層，這在十九世紀末二十世紀初圍繞中國危機的諸多現代性方案中，無疑形成了一個最具深度的視點。

　　但是，魯迅的「立人」之案存在的問題是：魯迅把中國危機——人的問題的病根歸結為精神和生命力的委頓，從而試圖通過張主以精神為境界、以意力為根基的「個人」作為「立人」之方，而這一「個人」又是以十九世紀末「極端個人主義」為藍本，以中國傳統思想的人性樂觀主義、莊子精神哲學和儒家心學為「支援意識」，則這樣的「個人」能否有效地解決魯迅所

指出的人的問題？具體說就是，把人的存在的根基由傳統道德
規範置換為以生命力為基礎的精神和意力，以及人把存在的價
值根源由非自身的觀念和規範回歸人之自身——自然之生命和精
神性的心，是否就能有效解決其所要改造的國民性中普遍存在
的虛偽、巧滑、自欺欺人、無特操、奴性、卑怯、冷漠、麻木
和健忘等劣根性？其實，道德虛偽現象（巧滑、無特操、卑怯
等）的出現，與道德規範的過高要求，而人又不能承受這一道德
要求的矛盾有直接的聯繫，或者說，道德的要求遠遠超過了人
所能承受的能力，使之成為生命中不能承受之重，生命原則就要
戰勝道德原則，這時如果道德仍是社會中的絕對權威，則社會
生存的壓力必然迫使生命打起道德的幌子以行非道德的事實，從
而造成道德的虛偽。針對道德虛偽現象，必然會產生把道德訴諸
人的主體性和主動性的思想努力，心學大師王陽明對程朱理學所
造成的外在的道德律令與實際的道德行為之間的分裂所造成的
「外假仁義之名，而內以行其自私自利之實」（《答聶文蔚》）
的普遍「作偽」現象指斥甚力，他糾正這一現象的做法，就是把
作為外在道德律令的天理化為人內心的道德自覺，用「吾心」本
有之「良知」把外在的天理化為自身的行為動機。這種處理如果
不放棄原有的道德原則，則無疑是要加強道德主體的道德能力，
王陽明即訴諸道德本體「良知」和「致良知」的工夫（「知行合
一」）。但實際上，道德雖然主體化了，卻仍然沒有解決主體的
道德要求和生命能力之間的分裂，正如我們已經看到的，最後的
結果必然是，在主體的框架內，生命輕而易舉地嬗變而取代了道
德的威權，宣佈了最終的勝利。因此說，通過道德主體化挽救道
德的努力往往相反促成了道德理想的瓦解，這在康德和王陽明那

裏已經成為理論事實。魯迅似乎已有覺察於傳統道德設計的這一弊端，他的「個人」以自身生命為動力，以超越性精神為引導，在某種程度上說，不斷超越的「精神」力量的根基即在「生命」之中，「精神」和「生命」互為定義，互為本質，「生命」先天地以「精神」為指向，「精神」又並非來自某種神學的或形而上學的源泉，而就根基於自然性的生命之中，這一相互界定，既使「生命」不會停滯於純生物學的水平之上，又使「精神」獲得了「生命」的根基。因此，一方面是通過「個人」之「生命」的界定，消解過重的道德重負，從而消除道德「虛偽」現象的存在，這其實是王陽明後反道學思潮的共同取向，我們已經看到，這一取向導致了「私」、「情」、「欲」、「利」在思想史中的合法性地位，其結果不過是以人的自然欲求取代道德要求來消除道德的虛偽；與此不同，另一方面，魯迅又以「精神」的界定避免墮於私欲的「個人」的出現，在這裏，「精神」其實承擔了被罷黜的道德的功能。總之，魯迅確立的是以自然生命為基礎的不斷超越有限自身的精神性的個人。但問題仍然是：這樣的「個人」能否達到魯迅的目的？在魯迅的理論預設中，「精神」是「生命」必然到達的境界，二者不即不離，因此，「精神」不是外在的規範，而是人自身的潛能，這與儒家心學和康德道德形而上學把道德的根基置於人自身的處理方式，在理論結構上是完全一致的，其共同的理論基礎是人性的樂觀主義，即人具有先天的「道德」和「精神」的潛能，因而可以本然自足，不假外求。所不同的是，儒家心學訴諸天人合一的心性學說，康德訴諸西方理性傳統對人的理性本質的規定，而魯迅訴諸生物進化論和叔本華、尼采的意志主義。魯迅用「精神」取代有實際規範內容的「道德」，

是出於對傳統道德規範的失望，在其思想立足點上，中西傳統道德正在經歷全面的價值崩潰，當魯迅開始自己的思想建構時，在價值思想領域，他實際上是無援的，於是他從莊子哲學中拿來沒有實指的否定性的精神概念，作為他價值思想的核心，「精神」在他那裏，並沒有具體的規定，無非是指生命先天具有的超越自身的指向和發展空間。由此可以看出，魯迅的「個人」，是在價值上自足的具有內在性的個人。雖然魯迅的「個人」是反傳統道德的，但「立人」的努力無疑屬於道德革命的範疇，如前所述，「個人」之「精神」要求所承擔的其實還是傳統的道德功能，可以說，魯迅的「個人」其實是「立國」的道德基礎。當然，「立國」不只是以現代民族國家為目標，它還指向真正合理的「人國」的建立，魯迅對此雖沒有進行過明確的描述，但從他的有關言論可以推斷，這應是一個沒有壓迫、沒有虛偽的「誠與愛」的社會，一個人人享受自己的權利和個性的社會。除非我們認為人憑本性而為的自然狀態就是最完美的社會狀態，否則，在每個人之外還須人與人之間的利益關係的協調，國家學說和政治學說正是建立在這一基本事實之上，因此可以說，任何道德的設定必然通向對社會秩序的建構，魯迅的「個人」應該也不例外。但自足的「個人」能否順利通向後者呢？中國歷史已經證明，儒家道德學說以人為本的道德設計必然導致「以人為本」的社會秩序建構——我這裏所說的「以人為本」，指社會秩序的建構及其管理不是以超越人的普遍秩序理念為依據，而是直接訴諸人本身的能力和要求。這樣的政治實踐，必將導致依賴人的政治專制，導致政治秩序各層面以權謀私的腐敗現象以至整個社會普遍存在的不公正，實際上最終導致了個人權利的得不到最起碼的保障。在政治

專制與「以人為本」的道德傾向的聯繫上，對傳統道德本位主義的批判應具有更深的視點。如前所論證，魯迅的「個人」雖然在內在規定上不同於儒家心學的道德內容，但在把人視作在價值上是自足的這一基本結構上，是完全相同的。這樣說不是認為魯迅的「個人」將導致政治的專制，而是認為，如果人的自足性觀念不能打破，則很難動搖專制統治的觀念基礎，魯迅價值自足的「個人」，在打破制度建構的專制傳統方面，就難以提供新的思想資源，因而個人權利和個性價值就不能得到最終的保障。從前文對西方自我和個人的理性主義傳統的分析可知，從古希臘對宇宙秩序——人的理智的信仰，到近代主體理性的形成，抽象而普遍的理性觀念是制約西方知識、道德和社會制度的觀念基礎，需要強調的是，這一理性觀念雖是人的理性觀念，即理性是人性的產物，但是，人所設定的理性卻成為超越具體個人的普遍性的和超越性的存在。古希臘理性的根源來自於對宇宙中客觀存在的理智秩序的信仰，近代主體理性雖然在笛卡爾那裏內在化為主體自身的構成性的能力，但主體理性落實為以邏輯為中心的普遍的思維原則，落實為普遍的程式和規範，在本質上是超越於具體個人並制約著具體個人的。如果我們注意到，西方現代法律學說、政治理論和國家建制的觀念基礎與西方理性主義傳統的深層聯繫，就可以看到，抽象的、普遍的和超越具體個人的理性對人的制約，才能保障社會的基本公正和人的基本權利的實現。這裏的關鍵是，即使我們承認理性是人的產物，但作為前提應是，不是人制約理性，而是理性制約人，這一理性不是首先從經驗性的血緣基礎和具體規範出發，而首先是從抽象的、超越的、永恆的和普遍性的原則出發，從而對經驗性的具體事務產生指導作用，總

之，理性在預設上必須是不屬人的。從前文的分析可以看到，康德雖然堅持了作為道德基礎的理性的純粹性，但正是他通過全能的道德主體的確立，把人視作理性的絕對主宰，在哲學邏輯上導致了理性的滑波（康德在其道德形而上學的法哲學領域通過法律把它在現實中確立起來）。當然，差異性個人和絕對個人的出現的現實動機是對理性統治的不滿，但問題是，現代主義的反叛只能起到糾偏的作用，難以承擔整個問題的解決。因此可以說，源遠流長的理性主義傳統才是西方現代文明的深層根源。魯迅上個世紀末對中國危機的發言，以其敏銳的對中國危機的根本問題——人的問題的揭示、深刻的對中國國民性弊端的洞察，以及對個性和精神價值的強調，在當時眾說紛紜的言論環境中，無疑形成了一個獨具深度的視點。但是，還要看到，魯迅對中國問題的深刻思考，是在中、西理性主義價值全面崩潰的思想背景下進行的，這不免遮蔽了他對西方文明理性傳統的認識，同時，中國傳統思維方式的內在制約，也影響了他對西方文明的接受，他拿來生物進化論和意志主義哲學作為思想資源而形成的「立人」思路，固然對他所揭示的作為「病根」的人性現象有非常強的針對性，並具有相當宏闊深遠的文明視野，但作為西方現代文明根源的理性在他的文明論中的缺失，埋伏下了其「立人」思路不能真正解決他所要解決的問題的內在危機。這是我們考察魯迅前期「個人」觀念必須要觸及的一個思想難題。

第二章　邏輯與歷史：魯迅的國民性批判

第一節　作為思想形態的國民性批判

一、

　　在1907、1908年寫的一系列長篇文言論文中，魯迅首次提出
對中國現代轉型的系統思考：「首在立人」、「根柢在人」、
「人立而後凡事舉」、「若其道術，乃必尊個性而張精神」。
「立人」是個極其宏大的工程，當時一直縈繞青年魯迅的三個問
題可以視為其三個層面：1、怎樣才是最理想的人性？2、中國國
民性中最缺乏的是什麼？3、它的病根何在？[1]當然，魯迅的終極
目的是在中國建立「理想的人性」，但其首要步驟是2和3，──
對中國國民性的考察和批判。然而，即使這第一步即如此艱難，
以至付出畢生的精力亦難完成，因此，宏大的「立人」工程在其
有涯之生的現實踐履，成為畢其一生的批判國民性的工作，而正
是在這過程中，魯迅建立起自己的歷史哲學和文化哲學。可以
說，國民性批判是魯迅最重要的思想，是作為思想家的魯迅奉獻
給我們民族的最寶貴思想財富。
　　作為文學家，魯迅的國民性批判散見於他的文學創作尤其

---

[1]　許壽裳：《我所認識的魯迅》，人民文學出版社1978年版，第59頁。

是雜文中，而且，這一批判往往不是訴諸嚴格的概念、推理等邏輯方法，而是通過其慣用的體驗——本質直觀——例證的途徑展開的；然而還應看到的是，作為思想家魯迅畢其一生的事業，作為他奉獻給我們民族的最寶貴思想財富，國民性批判決不僅僅是簡單並置的現象描述，而應有其內在邏輯系統，即使魯迅本人尚未明言甚至沒有明確意識到，我們也應從他直觀式真知灼見出發，深入其意識的深層結構中，通過邏輯整合使其內在邏輯系統彰顯出來，從而發現魯迅對中國國民性的根本認識。筆者認為，魯迅的國民性批判中蘊含著解讀其思想的重要「密碼」，是其歷史哲學和文化哲學的深度所在，對魯迅國民性批判的邏輯整合，可以帶來魯迅思想研究的一系列新的整合，使其複雜世界得以重新「敞亮」。更為重要的是，魯迅國民性批判作為「解碼」中國文化和社會的「鑰匙」，在依然謀求現代生存的當代中國，當具有更為重要的現實意義！

二、

　　首先，有必要依據魯迅的作品對其國民性批判作初步分類描述和整理：

　　縱觀其一生的創作，魯迅所著重提到並加以批判的國民劣根性有：退守、惰性、卑怯、奴性、自欺欺人、麻木、健忘、巧滑、無特操等。

　　在談到國民性弱點的時候，魯迅這樣說道：「中國人的不敢正視各方面，用瞞和騙，造出奇妙的逃路來，而自以為正路。在這路上，就證明著國民性的怯弱，懶惰，而又巧滑。一天一天

的滿足著，卻一天一天的墮落著，但卻又覺得日見其光榮」。[2]
「最大的病根，是眼光不遠，加以『卑怯』與「貪婪」。但這是
曆久養成的，一時不容易去掉。」[3]

　　早在日本時期的論文中，他就談到中國人的退守和惰性：
「中國之治，理想在不攖，……寧蜷伏墮落而惡進取，」「心神
所注，遼遠在於唐虞……為無希望，為無上征，為無努力」。[4]
「五四」時期，他更是對以國粹派為代表的保守勢力施以直接的
抨擊。

　　其實魯迅談得最多的是「卑怯」。他還把上述「惰性」和
「退守」歸之為「卑怯」，1925年在與友人討論國民性的信中指
出：「先生的信上說，惰性表現的形式不一，而最普遍的，第一
就是聽天任命，第二就是中庸。我以為這兩種態度的根柢，怕不
可僅以惰性了之，其實乃是卑怯，遇見強者，不敢反抗，便以
『中庸』這些話來粉飾，聊以自慰。所以中國人倘有權力，看見
別人奈何他不得，或者有『多數』作他護符的時候，多是兇殘橫
恣，宛然一個暴君，做事並不中庸；待到滿口『中庸』時，乃是
勢力已失，早非『中庸』不可的時候了；」[5]在另一處，魯迅又
指出：「中國人不但『不為戎首』，『不為禍始』甚至於『不為
福先』。所以凡事都不容易有改革，前驅和闖將，大抵是誰也怕
得做。然而人性豈真能如道家所說的那樣恬淡，欲得的卻多。既
然不敢徑取，就只好用陰謀和手段。從此，人們也就日見其卑

---

[2]　魯迅：《墳・論睜了眼看》，《魯迅全集》第1卷，第240頁。
[3]　魯迅：《兩地書・一〇》，《魯迅全集》第11卷，第40頁。
[4]　魯迅：《墳・摩羅詩力說》，《魯迅全集》第1卷，第68頁，第67頁。
[5]　魯迅：《華蓋集・通訊》，《魯迅全集》第3卷，第26頁。

怯了……」。[6]卑怯最顯著的表現是欺軟怕硬，「怯者憤怒，卻抽刃向更弱者」，[7]「卑怯的人，即使有萬丈的憤火，除弱草以外，又能燒掉甚麼呢？」[8]他們是「羊樣的凶獸」或「凶獸樣的羊」，「對於羊顯凶獸相，而對於凶獸則顯羊相」，[9]所以「中國人對外國人是愛和平的」，卻「國內連年打仗」，[10]在中國這個「吃人的廚房」，人人不僅被吃，卻又同時吃人，被強者所吃，同時又去吃更弱者。如此「卑怯」，魯迅有時稱之為「奴性」。

「自欺欺人」是一種清醒的虛偽。中國人「萬事閉眼睛，聊以自欺，而且欺人，那方法是：瞞和騙」，「其實，中國人是並非沒有『自知之明』的，缺點只在有些人安於『自欺』，由此並想『欺人』」，他們大都是「做戲的虛無黨」，「什麼保存國故，什麼振興道德，什麼維持公理，什麼整頓學風……心裏可真是這樣想？一做戲，則前臺的架子，總與在後臺的面目不相同。但看客雖然明知是戲，只要做得像，也仍然能夠為它悲喜，於是這出戲就做下去了；有誰來揭穿的，他們反以為掃興。」[11]長期「自欺」下去，並成為本能，就是「愚昧」、「麻木」和「健忘」，這尤其體現在下層民眾身上。魯迅把民眾喻為在「鐵屋子」中昏睡的人們，他常以「示眾」作為中國民眾愚昧、麻木的典型場景。「群眾，——尤其是中國的，——永遠是戲劇的看

6　魯迅：《華蓋集・這個與那個》，《魯迅全集》第3卷，第142頁。
7　魯迅：《華蓋集・雜感》，《魯迅全集》第3卷，第49頁。
8　魯迅：《墳・雜憶》，《魯迅全集》第1卷，第225頁。
9　魯迅：《華蓋集・忽然想到（七至九）》，《魯迅全集》第3卷，第60頁。
10　魯迅：《華蓋集・補白》，《魯迅全集》第3卷，第101頁。
11　魯迅：《華蓋集續編・馬上支日記》，《魯迅全集》第3卷，第327頁。

客。……北京的羊肉鋪前常有幾個人張著嘴看剝羊，仿佛頗愉快，人的犧牲能給與他們的益處，也不過如此。而況事後走不幾步，他們並這一點愉快也就忘卻了。」[12]「再進一步，並可以悟出中國人是健忘的，無論怎樣言行不符，名實不副，前後矛盾，撒誑造謠，蠅營狗苟，都不要緊，經過若干時候，自然被忘得幹於淨淨」。[13]

虛偽的另一面即「巧滑」。魯迅認為中國入「將心力大抵用到玄虛漂渺平穩圓滑上去」，[14]他稱所謂「道德家」、「國粹家」為「聰明人」、「伶俐人」和「巧人」，因為只有他們才深知「得闊之道」。因而又大多是「闊人」，他們「也都明白，中國雖完，自己的精神是不會苦的，——因為都能變出合式的態度來」。[15]他們是那樣的善於改變，「每一新的事物進來，起初雖然排斥，但看到有些可靠，就自然會改變。不過並非將自己變得合於新事物，乃是將新事物變得合於自己而已。」[16]而中國人之要「面子」，正是一種「圓機活法」，「於是就和『不要臉』混起來了」。[17]

虛偽和巧滑，正證明著中國人的「無特操」，即沒有精神上的執著操守。「中國人自然有迷信，也有『信』，但好像很少『堅信』……崇孔的名儒，一面拜佛，信甲的戰士，明天信丁。

---

[12] 魯迅：《墳·娜拉走後怎樣》，《魯迅全集》第1卷，第163頁。
[13] 魯迅：《華蓋集·十四年的「讀經」》，《魯迅全集》第3卷，第129頁。
[14] 魯迅：《華蓋集·忽然想到（十五至十一）》，《魯迅全集》第3卷，第90頁。
[15] 魯迅：《華蓋集·忽然想到（一至四）》，《魯迅全集》第3卷，第18頁。
[16] 魯迅：《華蓋集·補白》，《魯迅全集》第3卷，第102頁。
[17] 魯迅：《且介亭雜文·說「面子」》，《魯迅全集》第6卷，第126頁。

宗教戰爭是向來沒有的，從北魏到唐末的佛道二教的此仆彼起，是只靠幾個人在皇帝耳朵邊的甘言密語。」[18]「佛教初來時便大被排斥，一到理學先生談禪，和尚做詩的時候，『三教同源』的機運就成熟了。聽說現在悟善社裏的神主已經有了五塊：孔子，老子，釋迦牟尼，耶穌基督，謨哈默德」，[19]「他們的對於神，宗教，傳統的權威，是『信』和『從』呢，還是『怕』和『利用』？只要看他們的善於變化，毫無特操，是什麼也不信從的，但總要擺出和內心兩樣的架子來，要尋虛無黨，在中國實在很不少。」[20]

魯迅有關國民劣根性的言論很多，只能舉其大者分類陳列於此。必須指出的是，其對國民劣根性的描述有這樣兩個特點：1、國民劣根性在魯迅的描述中不是完全分類獨立的，而是彼此滲透、相互發明的，如卑怯的兩面性正表現為虛偽和巧滑，卑怯者亦必備虛偽和巧滑的素質，卑怯、虛偽和巧滑的共同特點是兩面性和多變性，其實質即無特操，無特操者必表現為卑怯、虛偽和巧滑。2、作為本世紀初密切關注中國危機及其出路的知識份子，魯迅對國民劣根性的批判性考察始終不離民族近代危機的歷史背景和救亡圖存的近代情結，即他的國民性批判首先是放在近、現代中國人「苟活」的歷史情境中來具體考察的，直到晚年，在談到國民性的時候，他仍然不忘民族兩次淪於異族的屈辱歷史。因此可以說，魯迅所描述的卑怯、虛偽、巧滑、無特操等，與其說是抽象出的中國國民劣根性，不如說是劣根性在民族

18　魯迅：《且介亭雜文・運命》，《魯迅全集》第6卷，第131頁。
19　魯迅：《華蓋集・補白》，《魯迅全集》第3卷，第102頁。
20　魯迅：《華蓋集續編・馬上支日記》，《魯迅全集》第3卷，第328頁。

危機中的諸表現，即「苟活」的種種形狀，亦是「苟活」之方及其必備之素質。

三、

　　如果魯迅的國民性批判完全著眼於民族危機的「苟活」情境而展開，則無疑是一種存在論模式，存在論分析會得出這樣的結論：民族處境先於國民性存在，先驗抽象的國民性是不存在的。這一分析有一定合理性，但如果認為魯迅國民性批判僅僅停留於此層面，顯然不符合其思想固有的深度模式，他應走得更遠。事實上，在探討國民劣根性的根源時，魯迅一方面念念不忘民族歷史的屈辱經歷並著重強調近、現代民族生存危機，另一方面，作為思想革命者的他，其歷史哲學和文化哲學的深度，顯然把他對國民性根源的探討推到民族文化傳統的深處。一個難以回避的問題是：苟活的存在困境為什麼必然導致卑怯等劣根性而不能相反激發反抗和奮進的積極品格呢？如果魯迅僅僅停留於存在論的分析，豈不等於給中國人的劣根性尋找解釋並推脫責任嗎？事實上魯迅決不滿足於「苟活」的生存，他一方面強調「一要生存，二要溫飽，三要發展」，但同時又強調：「我之所謂生存，並不是苟活；所謂溫飽，並不是奢侈；所謂發展，也不是放縱。」[21]因而可以斷定，魯迅對中國國民性的考察決不僅僅停留於存在論層面，而肯定深入到中國傳統文化的深層，試圖進一步發現「它的病根何在」。所謂國民性是一個民族區別於其他民族的品性的結合，其形成的根源應有多種層次，如民族的生存環境

---

[21]　魯迅：《華蓋集·北京通信》，《魯迅全集》第3卷，第52頁。

和生存方式（生產方式、文化等），而對於從事思想革命的魯迅來說，民族劣根性的「文化根源」無疑是其最終關注點和探索的深度所在，而且，這一考察是在中、西文化比較的語境中展開的。如果如前所述，卑怯等國民性弱點是國民劣根性在民族危機的「苟活」情境中之諸表現，則在它們背後，應該有一個抽象、概括的根本之「性」，即劣根性根本，它是派生出這些國民性表現的泉源，是使它們融貫成一個整體的那種滲透到一切的東西。換言之，魯迅之國民性考察作為一個具有內在邏輯系統的思想體系，我們能不能找到其邏輯原點，正是通過它，這些國民性表現得以統攝起來，成為具有內在聯繫的有機統一體並得到合理的解釋呢？

由於魯迅本人沒有指明這一「原點」的存在並說明它是什麼，所以嚴格上講，要從他的國民性考察中邏輯推出這一原點是存在困難的，在某種程度上，這一尋找「原點」的工作，既是演繹，更是闡釋、揭示和印證，但這一原點的揭示必須既能邏輯整合魯迅的考察，又能符合魯迅思想的實際。下面試作分析。魯迅所述的國民劣根性表現總的看來有這樣兩個共同特性：一是它們都具有「術」的可操作性和技巧性；二是它們都具有兩面性和變通性。要找到國民性批判的邏輯原點，則找到這些可操作的技巧性「術」的動機和出發點，發現這些變動不居的表像後唯一不變的因素，無疑是重要的。當然還是首先讓我們訴諸前述魯迅本人的描述：談到老莊思想的「不攖人心」時，魯迅說：「中國之治，理想在不攖，而意異於前說。有人攖人，或有人得攖者，為帝大禁，其意在保位，使子孫王千萬世，無有底止，故性解（Genius）之出，必竭全力死之；有人攖我，或有能攖人者，為

民大禁，其意在安生，寧蜷伏墮落而惡進取，故性解之出，亦竭全力死之。」[22]（著重號為筆者所加，下同）如前所述，魯迅在分析卑怯時就指出，所謂「中庸」和「聽天任命」乃是出於苟活保命的卑怯，既想退守，而「欲得的卻多」，因此就日見其卑怯。中國人的「無特操」，其實是實用主義態度，「要做事的時候可以援引孔丘墨翟，不做事的時候另外有老聃，要被殺的時候我是關龍逄，要殺人的時候他是少正卯，有些力氣的時候看看達爾文赫胥黎的書，要人幫忙就有克魯巴金的《互助論》」[23]。「耶穌教傳入中國，教徒自以為信教，而教外的小百姓卻都叫他們是『吃教』的。這兩個字，真是提出了教徒的『精神』，也可以包括大多數的儒釋道教之流的信者，也可以移用於許多『吃革命飯』的老英雄。」[24]

　　從以上魯迅本人對國民劣根性的表述可以看出，它們直指一個原初動機或不變的出發點，如果加以總結命名，筆者以為「私欲中心」幾個字庶幾近之。「私欲中心」，即中國人的個人感性欲望中心，它的另一面即無特操，即唯獨缺少超越個人感性存在及其欲求的精神上的原則和信念、執著和堅韌，精神上無特定追求和操守即無精神，與黑格爾老人所診斷之中國「無宗教——無精神」同。如果「特操」亦能包括物質範疇，則中國人最終不可動搖的唯一「特操」即個人物欲，只此不夠，其他則無往而不宜。抓住這個邏輯原點，則所謂卑怯、虛偽、巧滑……等就可統攝起來並得到解釋，即它們都是民族近代危機中的「苟活」

---

[22] 魯迅：《墳・摩羅詩力說》，《魯迅全集》第1卷，第68頁。
[23] 魯迅：《華蓋集續編・有趣的消息》，《魯迅全集》第3卷，第199頁。
[24] 魯迅：《准風月談・吃教》，《魯迅全集》第5卷，第310頁。

式生存的國民劣根性表現，或者說是「苟活」之方，而其邏輯原點則是「私欲中心」，這也就是抽象概括的根本之「性」——國民劣根性。

一個思想家最早的思想材料往往能透露其人思想理路的真正源頭和潛在資訊。「立人」時期的文言論文作為思想家魯迅最早的思想材料，就潛藏著魯迅國民性批判的重要資訊。《文化偏至論》這篇重要論文對於當時改革者只重物器和體制層面改革的偏頗提出嚴厲的批評，固然，魯迅的批判首先是以「文化偏至論」的文明發展模式為其理論基礎的，指出了西方十九世紀「物質」和「公數」文明的偏頗。然而，在具體的本文運作中，我們發現，年青的魯迅一再懷疑和指責的不是別的，而是倡言改革者的「幹祿之色」、「溫飽之圖」和「私利」之實，無論「黃金黑鐵」或「國會立憲」，都不過是「假是空名，遂其私欲」，而無「確固之崇信」。由於重要，請允著重引出：他揭露「竟言武事」者：「雖兜牟深隱其面，威武若不可陵，而幹祿之色，固灼然現於外矣！」揭露倡言「製造商估立憲國會」者：「前二者素見重於中國青年間，縱不主張，治之者亦將不可縷數。蓋國若一日存，固足以假力圖富強之名，博志士之譽；即有不幸，宗社為墟，而廣有金資，大能溫飽，即使怙恃既失，或被虐殺如猶太遺黎，然善自退藏，或不至於身受；縱大禍垂及矣，而倖免者非無人，其人又適為己，則能得溫飽又如故也」。「至尤下而居多數者，乃無過假是空名，遂其私欲，不顧見諸實事，將事權言議，悉歸奔走幹進之徒，或至愚屯之富人，否亦善壟斷之市儈，特以自長營捐，當列其班，況複掩自利之惡名，以福群之令譽，捷徑在目，斯不憚竭蹶以求之耳」。而後又一再擔擾：「夫勢利之念

昌狂於中，則是非之辨為之眛，措置張主，輒失其宜，況乎志行
汙下，將借新文明之名，以大遂其私欲者乎？」「況乎凡造言任
事者，又複有假改革公名，而陰以遂其私欲者哉？」並不引入注
目卻應引起我們注意的是，論文的結尾出現這樣一句結論性的
話：「夫中國在昔，本尚物質而疾天才矣」。概觀該文，魯迅
實際上在這裏提出了中國改革的三個誤區：1、中國人所借鑒之
西方十九世紀「物質」和「眾數」文明是偏頗的，而且只是西方
文明的表像，此為「交通傳來之新疫」；2、「夫中國在昔，本
尚物質而疾天才」，此為「本體自發之偏枯」；3、在具體操作
中，改革往往被個人私利所利用，即所謂「假是空名，遂其私
欲」。三者之間，後二者應是危機的根本所在。選擇是主體的選
擇，有這樣的文化與個人，必然只能看到「物質的閃光」，而不
知「此特現象之末，本原深而難見」，因而不能深入西方文化的
本原，作「立人」的「根本之圖」；不是技術和體制不必改革，
問題是以這樣的人承擔的任何改革，最終不過是一句空話。由是
觀之，魯迅實際上深刻地指出了中國現代化的根本難題是文化與
人，二者互為因果，其癥結就是所謂「私欲」、「自利」、「尚
物質」等，而「疾天才」在邏輯上實乃前者的後果。魯迅「五
四」時期的隨感錄《五十九・「聖武」》是一篇更明確觸及中國
人「私欲中心」的典型文本：

> 中國歷史的整數裏面，實在沒有什麼思想主義在內。
> 這整數只是兩種物質，——是刀與火，「來了」便是他的
> 總名。
> ……

　　古時候，秦始皇帝很闊氣，劉邦和項羽都看見了；邦說，「嗟乎：大丈夫當如此也！」羽說，「彼可取而代也！」羽要「取」什麼呢？便是取邦所說的「如此」。「如此」的程度，雖有不同，可是誰也想取；被取的是「彼」，取的是「丈夫」。所有「彼」與「丈夫」的心中，便都是這「聖武」的產生所，受納所。

　　何謂「如此」？說來話長；簡單地說，便只是純粹獸性方面欲望的滿足——威福，子女，玉帛，——罷了。然而在一切大小丈夫，卻要算最高理想（？）了。我怕現在的人，還被這理想支配著。

　　大丈夫「如此」之後，欲望沒有衰，身體卻疲敝了；而且覺得暗中有一個黑影——死——到了身邊了。於是無法，只好求神仙。這在中國，也要算最高理想了。我怕現在的人，也還被這理想支配著。

　　求了一通神仙，終於沒有見，忽然有些疑惑了。於是要造墳，來保存死屍，想用自己的屍體，永遠佔據著一塊地面。這在中國，也要算一種沒奈何的最高理想了。我怕現在的人，也還被這理想支配著。

　　現在的外來思想，無論如何，總不免有些自由平等的氣息，互助共存的氣息，在我們這裡有「我」，單想「取彼」，單要由我喝盡了一切空間時間的酒的思想界上，實沒有插足的餘地。」

　　「私欲中心」實際上成為貫穿魯迅一生的洞察視點，成為魯迅式洞察一切的「冷眼」所在。從對世紀初倡言改革者的懷

疑，到二十年代中期對當代青年運動「有許多巧人，反利用機會，來獵取自己目前的利益」的擔擾，以及二、三十年代革命文學論爭中對「我以為根本問題是在作者可是一個『革命人』」的強調，從對現實弊端的無情針砭，到對儒、道傳統的深入批判，「私欲中心」一直是其最深視點。這一視點亦潛藏分佈於他的小說創作中，孔乙己被打折的腿換來的不是最起碼的人道同情，而是掌櫃「還欠十九個錢」的心病和看客與己無關的旁觀，夏瑜的肉體被殺於敵手的屠刀，其精神複又被夏三爺、康大叔和華老栓諸人的「私欲」所扼殺，葵綠色的肥皂閃現的不是四銘口頭的仁義道德，卻是其心裏的男盜女娼，陳士成讀書進舉的失敗則諷刺地即刻轉入對地下銀錢的瘋狂刨掘。其代表作《阿Q正傳》可以說是國民性批判的小說形態，阿Q的所有存在即其「生計」、「戀愛」和「革命」的欲望三部曲，其「革命」的目的不為別的，只為報復、「女人」和「東西」。

　　綜上所述，通過邏輯整合揭示的魯迅國民性批判的內在邏輯系統，可以圖示如下：

退守、巧滑、虛偽、麻木、
健忘、自欺欺人、卑怯、奴性、}　───苟活───▶私欲中心
無特操……

（國民劣根性表現）　　　　　　（生存處境）　　（原點）

四、

　　自近代中國人開始文化自覺並反思自己的文化傳統以來，
已形成了一系列對本民族文化的自我認知模式，為我們所熟知的
概括起來有重道輕器、重義輕利、以道制欲、意欲持中、內在超
越、靜定自足、理欲調融、趨善求治等，應該說這些在一定程度
上表達了中國文化的品格和特徵，同時又帶有一定的褒揚色彩。
然而，魯迅的批判性反思卻給我們帶來了一個截然不同甚至相反
的結果──私欲中心，這不是夜鶯的歌唱，卻是鴟鴉的惡音，令
人震聾發聵，觸目驚心！魯迅的考察決不是純粹學理意義的觀
照，而是幾千年中國歷史上第一次對本位文化的「本質直觀」，
他懸置了一切已有的對中國文化的定性評說或自我粉飾，直接從
在中國歷史和現實中形成的深切生命體驗出發，對中國文化及中
國人的國民性進行無所顧忌的直觀，從而洞察出「私欲中心」這
個劣根性本質。一個人洞察人生的深度與其所受苦難的程度成正
比，魯迅承受了太多的個人的和民族的苦難，在漫長的黑暗中積
澱成難以言傳的深切生命體驗，在某種程度上說，其歷史哲學和
文化哲學的深度正是以其生命哲學的深度為基礎的。苦難如同煉
丹的爐火，終於煉就了魯迅的「火眼金睛」，它「於一切眼中看
見無所有」，於一切「無所有」中看見「私欲中心」，真正洞察
出中國問題的「病根」。這是前所未有的大發現，是亙古未聞的
「吶喊」！對於「身在廬山」的國人來說，其真理性深隱難見，
下面通過對中、西文化「自我」設定的比較，試彰顯其深度所在。
　　文化與人取決於對「自我」的設定。自我，作為純粹生物
性的自我，只有自然原欲本身，作為尋求意義生存的真正人類的

自我，需要一定的人格建構；自我的人格建構一般包括這三個自我層次：生物自我、社會自我和精神自我。不同文化類型對「自我」的設定不同，在某種程度上說，文化的高下取決於文化「自我」設定的高下。可以說，中、西在其文化「軸心時代」（西方之「兩希」、中國之先秦）對「自我」的設定就形成了根本差異。西方對「自我」的設定，首先是把「自我」當作獨立的個體，在個體人與外在絕對超越性存在（如古希臘之「絕對實在」、古希伯來之「神」或「上帝」）的關係中來進行的，在這種設定中，個人由於分有了絕對超越存在的本質，從而上升到精神自我的高度，形成了自我的普遍性和相溝通性。文藝復興後，西方近代文化又進一步把「自我」定位於個人主體上，但上述超越性普遍性背景依然在場。到此，西方文化對自我的設定實際上已歷史地建構成一個健全的人格結構，在這一結構中，既突顯個人作為個體本位的主體存在的獨特性，又內含從超越性存在中分有的超越性本質，從而形成主體間得以精神溝通的普遍性。即既具備了我之作為我的規定，又具備人之作為人的規定，且後者是前者的前提。

中國文化軸心時代的文化可以儒、道兩家為代表。首先要指出的是，道家在中國的文化建構中並不是積極主動的，它懸置了儒家所關心的人的社會關係和倫理關係，把人還原成獨立的自我，但卻未能給這個獨立自我提供真正的普遍性、超越性的前提和背景，雖然道家顯露出形上興趣，但其形上玄思並沒有價值建構的意義，其智慧閃光匆匆閃現即歸覆滅，墮入帶有強烈術數色彩的辯證思維中。因此說在道家體系中，既沒有儒家對「自我」的社會規定，更沒有形成西方文化中超越性人格機制，最後只剩

下道教的「重生貴命」、「求真保性」、「適性得意」等帶有生
物性自我色彩的個體感性存在。道家之後被道教迅速世俗化，實
有其必然。真正主動地對中國文化進行積極建構的是儒家，但同
樣也沒有給自我設定帶來創造性人格機制。儒家以血緣倫理為出
發點，首先把「自我」放在「君君、臣臣、父父、子子」的倫理
等級關係中來進行設定，即孔子所謂「正名」。這樣的倫理等級
關係中難以形成真正意義上的人格結構，因為處在這一關係中的
「自我」，不可能有真正獨立的人的意識，而只有關係中的角色
意識，這個「自我」，如其說有人格，不如說只有「名格」，即
所謂「君格」、「臣格」、「父格」、「子格」。

　　實際上人格與「名格」存在本質的區別：一、人格建構是
歷史地首先從絕對超越性的存在出發的，因而人格規定的自我達
到了精神自我的高度；而「名格」設定首先是從血緣倫理的經驗
事實出發的，因而名格規定的自我最多只達到社會自我的層面。
二、人格規定的自我在與絕對超越性存在的預設關係中確立了價
值意向上的確定性和穩固性，同時又在個體向超越性存在的無窮
趨近中具備了歷時性的動態特徵。在古希臘的理性傳統中，作為
自我對象的絕對存在的預設在位格上雖然是一定的，然而對自我
本質的確認還必須不斷經過理性的審察，因而在嚴格的理性考問
中，自我的本質始終向未來開放，不斷更新。古希伯來的宗教教
義雖然給自我以嚴格的外在規定，但在人的不完滿和上帝的絕對
完滿的預設中，形成了前者向後者無窮趨近的動態關係。「名
格」規定來自於經驗事實，它一經確定便具體化、定型化，自我
也在對這種片面、外在規定的被動確認中被束縛和僵化；另一方
面，在共時的關係狀態中，「名格」規定又不是唯一不變的，人

既可為子，亦可為父，既可為臣，亦可為君，因而又不是穩固和確定的。也許可以這樣總結：人格化自我具有共時的穩定性和歷時的開放性，「名格」化自我則相反，在歷時性上是僵化的，在共時性上卻是多變的。三、落實到筆者想要強調的方面：自我的人格結構包容了自我的生物性欲望和社會性需求，並由於精神自我的存在形成創造性轉化、超越和昇華前者的內在機制；而自我的「名格」規定卻不具備這一機制，在「名格」規定中，人的欲望和需求不是被包容並進而轉化昇華，而是被抵制和壓抑，二者始終處於緊張的對立關係中。不知是否當時「禮崩樂壞」的歷史情境使然，中國的聖人們似乎對「人欲」格外害怕和反感，孔子「正名」的目的就是為了「克己復禮」，頂多也是「安份守己」，以此維繫社會的倫常秩序和政治秩序，此可謂「以名制欲」，然而「名格」設定的先天不足卻使孔子的理想不僅無法實現，而且去之更遠，一者，由於「名格」的自我規定是從經驗事實的歷史原則出發的，缺少超驗的終極源頭，所以，一旦它在現實操作中被證明難以實行或遭到懷疑，就不能像人格化自我那樣因有超越性意向的維繫而可以返本開新，在結構內部重新塑造自我，而是往往被徹底解構，墮入無原則無秩序的失範狀態，在這一混亂狀態中，真正切實可行的還是人的欲望機制，「人欲」最終浮出海面並氾濫成災。二者，由於「名格」的自我規定是外在和片面的，而欲望作為自我的本能更內在於人的本性，「名格」的自我規定是可變的，而欲望存在本身卻是不可變的，因而它實際上並不能抵制欲望，反而往往被欲望嘩變而顛覆。這時，「名格」規定不僅徒有虛名，而且往往被利用為欲望操作的機制。欲望為了實現自我，既可充分利用其「名位」四周的關係網絡，亦

可通過直接改變「名位」而巧取豪奪。從「克己復禮」到「存天理滅人欲」，「義利」之爭一直緊張，恰恰說明在中國文化的自我設定中，欲望一直是個難題，不僅未被克服，反而被偷襲而佔據中心。因此說，中國文化對自我的「名格」規定既沒有達到「仁德」中心或「周禮」中心，又沒有形成西方的「邏格斯」中心和「上帝」中心，卻墮入低下的「私欲中心」！它可以隨實現可能性之大小而伸縮自如，即既可為暴君的自我膨脹，亦可為奴隸的苟且偷生，但其作為最初出發點及其中心地位卻是確定不移的。

五、

抓住「私欲中心」這個邏輯原點，不僅使魯迅的國民性批判得以邏輯整合，而且，其思想和創作的其他重要方面亦得以展現新的整合性視野。這裏僅擇其較為重要的兩個方面試加闡釋。

1、魯迅對傳統文化的代表儒、道文化的審視

這是魯迅文化批判的重要部分，亦正是其探究國民劣根性文化根源的關鍵所在。反之亦可說，「私欲中心」這個文化視點，使他對儒、道傳統的審視呈現出新穎獨特的文化視野。魯迅對儒家的態度是複雜的，一方面，作為具有歷史使命感的中國知識份子，他對儒家積極干預現實的參與意識，「知其不可而為之」的進取精神，「為民請命」的社會責任感無疑是肯定的，他自己身上正有著儒家精神的積極遺傳；而另一方面，魯迅「本質直觀」的深刻性和獨特性，使他在明確表達的看法中，儒家被去掉固有的光環，還原到實踐形態的實用目的及其操作效果中，成

為孔子「為治民眾者，即權勢者設想的方法」，成為統治者維護統治的「儒術」，成為「士人」謀生的「儒業」和進科取士的「敲門磚」，成為「道德家」「做戲」的「前臺的架子」；就是孔聖人也被他還原成「世故的老頭」，其「瞰亡往拜」、「出疆載質」、「厄於陳蔡」等都「滑得可觀」。魯迅對道家的批判則更為決絕，日本時期他就激烈批判老莊「不攖人心」的退守傾向，後來，對其身上的道家影響也一再表示深有顧忌，避之唯恐不及。而魯迅最激烈的批判其實是發向道教，他曾說過這樣兩段話：「中國的根柢全在道教」[25]、「人往往憎和尚，憎尼姑，憎回教徒，憎耶教徒，而不憎道士。懂得此理者，懂得中國大半。」[26]此處大有深意，但因魯迅本人從未對此加以闡釋，其深意尚不為人所知，但如今既獲得「私欲中心」這個視點，解讀就成為可能：1、道教繼承了道家思想追求個體精神超越的價值意向，卻在仙道神話中改變了其心性追求的精神特性，而是補以民間巫術、方術等手段，發展成為具有極強操作性的、支派繁多的行為體系。其個體本位的價值指向和注重操作的物化特徵，使它成為最重個體欲求及其滿足的「宗教」；2、儒、道兩家的直接影響嚴格上講限於士大夫階層，而道教則徹底民間化、世俗化和大眾化，其影響最為普遍（當然，士人也包含在內），同時也最深。真正表達了普通中國人的「理想」、「願望」和「抱負」，是中國真正土生土長的「宗教」（？）。作為世俗信仰的道教在中國已非儒家和道家意義上的文化存在，而成為風俗和心慣力量，深入骨髓，改革猶難。「中國根柢全在道教」，即

---

[25] 魯迅：《書信・180820》，《魯迅全集》第11卷，第353頁。
[26] 魯迅：《而已集・小雜感》，《魯迅全集》第3卷，第532頁。

在道教所代表的「私欲中心」，中國人的「私欲中心」完全體現在道教信仰中，反過來說，「私欲中心」的中國人必產生這樣的「宗教」。雖然道家作為具有形上背景和哲學形態的思想體系，並不同於道教，但由於二者在思維方法和價值意向的繼承關係以及發生學上的淵源關係，實際上可視為邏輯一體。以此視之，則被普遍認可的「儒道互補」的認識模式可以換成「儒道表裏」的認識模式，即中國文化是這樣一個深層結構：道家和道教一體所代表的「私欲中心」的價值意向和「應物變化」的生存策略處於結構的深層，而所謂中國文化代表的正統儒家思想只是表層。實際上儒、道對中國文化的歷史影響循了兩條不同的路向：道家在顯露形上智慧並提供給士人遁逸空間後，馬上墮入民間，成為中國人最普遍的世俗信仰和最深層的支配一切的意識。儒家雖是具有自己的道德理想和社會理想的思想體系，但在「投趨明主」的過程中逐漸與政統結合，一方面走上廟堂成為官方教化哲學和政治意識形態，一方面成為士人們壟斷的個人特權，成為他們謀生求仕的「飯碗」。價值理性終於蛻變為工具理性，而其「利用」的動機和技巧依然來自「道」。顧准曾謂中國幾千年來的政治操作是「內法（或荀）而外孔」，我想更確切地講應補上「內道外孔」，即馭民之術是「內法外孔」，而官場權爭則是「內道外孔」。《紅樓夢》可視為「儒道表裏」的象徵文本，小說首先呈現給讀者的是中國文化堂皇、博大和體面的一面，而深入下去，就能發現深處隱藏的黑暗與醜惡，小說到後半部，每況愈下，其「下人世界」展現的私欲角鬥，讓人「如脫春溫而人於秋肅」，真是不忍卒讀。在這個意義上，《紅樓夢》實在是中國文化的集大成之作。

2、阿Q典型的真正內涵

對於阿Q是國民劣根性的典型這一點上，學界已基本達成共識，但這一典型內涵的闡釋一般停留於：「精神勝利法」是阿Q典型的核心。無論是典型論還是系統論，都把焦點集中於「精神勝利法」，試圖通過解讀「精神勝利法」揭示阿Q典型的內涵。一個明顯的疑問是，如果「精神勝利法」是阿Q典型的核心，則小說有第二章「優勝記略」和第三章「續優勝記略」就夠了，後面的第四、五、六、七、八、九章到底有何用呢？筆者以為，《阿Q正傳》是魯迅國民性批判的小說形態，阿Q典型不是對國民劣根性的一般反映，而是整體反映，即魯迅在小說中全方位展開了對國民劣根性的批判，因此說，對阿Q典型的認識深度取決於對魯迅國民性批判整體把握的深度。以魯迅國民性批判的內在邏輯系統整合阿0典型的內涵，應是小說解讀的關鍵所在。

以魯迅國民性批判的內在邏輯系統整合《阿Q正傳》，會發現小說的國民性批判並不是以「精神勝利法」為代表的阿Q性格的現象羅列，應有相應的深層結構系統。

首先，「精神勝利法」不能完全理解為國民劣根性本身，把它當作矛盾性格或二重人格系統作靜態的分析，而應看成是這一個「阿Q」在小說提供的特定的苟活情境中國民劣根性的表現，把它作為阿Q的弱勢生存策略進行動態的展示：阿Q處於未莊的最下層，他要在不能生存的地方苟活下去。人要活得像個人，必須滿足起碼的自尊要求，阿Q的「自尊自大」正是他基本生存要求的反映，然而，這一要求是不可能得到實現的，作為補償，他形成了三種對策，即自輕自賤、自慰自欺和怕強凌弱。

正是在阿Q的苟活要求及其策略中，全面展現了他身上的國民
劣根性：身為下賤而自尊自大是「自欺欺人」，自輕自賤則為
「退守」，既能自尊自大又能自輕自賤體現為「巧滑」和「無特
操」，自慰自欺必須具備「虛偽」、「麻木」、「健忘」的素
質，怕強凌弱則為典型的「卑怯」，亦是「無特操」的表現。應
該說，第二、三章通過「精神勝利法」集中展示了魯迅批判過
的劣根性諸表現，但只此是不夠的。第四章「戀愛的悲劇」、第
五章「生計問題」、第六章「從中興到末路」和第七章」「革
命」，既充分展現了阿Q的苟活處境，更重要的是，揭示了「私
欲中心」這個劣根性根本。「生計」和「戀愛」，乃「食、色、
性也，人之大欲存焉」，無法實現而訴諸「革命」時，「革命」
就只為報復、「東西」和「女人」，即「作威作福」。因此，阿
Q「革命」的實質不是別的，正是「私欲中心」，這才是國民劣
根性之根本所在！這一劣根性在小說中還通過阿Q之外的許多細
節表現出來，如趙府的憐惜蠟燭、索要賠款，舉人藏箱子，宣德
爐事件，「咸與維新」等，總之，也提供了一個國民劣根性的典
型環境。

　　總之，阿Q典型作為國民劣根性的整體反映，實際上是一個
具有內在深度的結構系統，只有在這一系統中，其內涵才能真正
展現。

六、

　　「立人」，是魯迅二十世紀初留給現代中國人的啟示，今
天我們重新考察其第一步驟——國民性批判，其意義不僅在於對
魯迅思想的整合及其深度的揭示，而且更在於對仍在進行的艱難

現代轉型的反思。國民性批判是魯迅畢生未竟的事業，在我們苦苦謀求現代生存而不時陷入重重困境中的時候，思緒，又油然回到世紀初的起點。

現代轉型是在知識、技術、體制、價值、審美各方面全方位展開的過程，而且各方面有著相互影響和促成的關係。中國現代轉型是場根本意義上的文化變革，而人，作為文化變革的最小單位，作為任何變革的始基和最終承擔者，應是其中最具可塑性和決定性的因素，故而「根柢在人」、「首在立人」，不然，任何改革都不免被「染缸」所染。「私欲中心」的人殊難承擔現代轉型工程，其問題在於：一是眼光不遠，「僅眩當前之物，而未得其真諦」，一是「有許多巧人，反利用機會，來獵取自己目前的利益」。

魯迅曾謂在中國的思想裏沒有階層的差別，如果此言當真，則作為文化精英的中國知識份子亦難辭其咎。中國知識份子在先秦的奔走謁拜中早就形成尊君求勢的主流學術傳統，在道與勢的對立中，其少有的求道熱情和形上興趣逐漸讓位於後者；或謂道家避君背勢，然更為趨利避害之個人打算，而勢利一體，其廟堂指向則為一。魯迅則直指其或仁或隱，皆為「瞰飯之道」。在這樣的傳統中，談何知識份子的人格獨立和學術獨立？「五四」曾第一次萌發了中國知識份子作為獨立階層的自覺意識，然而僅為歷史的閃光。在進一步的職業化和科層化中，又陷入求道與求生的尷尬處境，在社會轉型的錢權夾縫中，知識份子更面臨空前的卑微處境，不僅形上焦慮無遐顧及，甚至中國知識份子傳統的群體焦慮也頓感陌生，剩下的唯有生存焦慮。然而真正的悲劇在於，「私欲中心」的存在使他們在這一尷尬處境中不僅不

感到緊張，反而更因適其本性而如魚得水、遊刃有餘，不僅趨勢之傳統依然固在，又直接顯露逐利的劣根，勢利一體，根革猶難。最後，還是讓我們把魯迅這樣的話記在後頭：「真的知識階級是不顧利害的，如想到種種利害，就是假的，冒充的知識階級。」[27]

第二節　作為歷史觀念的國民性批判

一、

　　「國民性」批判是貫穿魯迅一生的重要思想，這大概已成為學界同仁的共識，然而，這一思想對於魯迅始終是一個尷尬的話題，國民性話題之受冷遇或成為熱點，多少與此相關。八十年代及以前，「國民性」思想首先要處理與當時政治意識形態（「階級性」）的關係，故學界或有意回避，或認為「國民性」思想是魯迅前期思想的局限性，後被階級性思想所取代，或認為魯迅國民性思想本來含有階級性內容；在這以後，魯迅思想的這一重要內容並沒有受到學界應有的重視[28]；九十年代悄然形成的

27　魯迅：《集外集拾遺補編·關於知識階級》，《魯迅全集》第8卷，人民文學出版社1981年版，第190頁。

28　應指出的是，八十代末鄭欣淼著《文化批判與國民性改造》（陝西人民出版社，1988年版）的出版，是魯迅國民性思想研究的一大收穫，但也是迄今為止系統研究魯迅國民性思想的為數不多的一部專著。整個來看，八十年代中期至九十年代，與魯迅思想研究中不斷擴展的諸多研究領域相比，魯迅國民性思想研究被當作一個難以發現新的理論生長點的老話題，而長期受到魯研界的冷遇，這可從這期間發表的魯迅思想研究中有關國民性論題的論文數量之少可見一斑。

文化語境中，國民性思想又漸漸成為「熱點」。在「國學熱」、「東方熱」、「中華性」、「東方主義」、「後殖民主義」等九十年代知識語境中，魯迅的國民性批判顯得那樣不合時宜，面臨新的尷尬處境，並受到新的指責。應該說，八十年代在天津召開的魯迅國民性思想學術討論會對有關問題的討論與研究相當廣泛與深入，但此後十多年的「擱置」，與「國民性」思想在魯迅思想中的重要性是不相配的。今天，重新討論這一問題，並應答目前的挑戰，應該有其必要性和重要性。

　　我認為，國民性批判是作為思想家的魯迅奉獻給我們民族的最寶貴思想財富，也是解開魯迅複雜世界的一把重要「鑰匙」，因而對此頗有興趣。《魯迅國民性批判的內在邏輯系統》（載於《魯迅研究月刊》1999年第7期）一文，是我基於以上認識，嘗試把魯迅國民性思想當作真正思想形態的對象來把握。其思路是，在魯迅國民性批判的文學性描述中，抽象出一些範疇，整合其內在邏輯，並試圖發現其邏輯原點——魯迅對中國國民性的根本性認識。這一思路是否可行，當然學界可以討論，在此不論。我在此反思自己的是「私欲中心」的推演和歸納是否準確。記得錢理群先生在看到文稿後，就曾提出質疑：對「私欲」的否定是否會重新導致「毫不利己，專門利人」的極端？雖然當時自認為拙作第四節可解釋這一問題，但後來想，不能說魯迅是完全否定人的欲望的，那麼魯迅對「私欲」的強烈批判究竟所指為何呢？現在看來，更確切地說，應是那些其實只有「私欲」卻以種種高尚面目出現的人。人的正常欲望，只要是真實的，魯迅並不反感。換言之，在魯迅那裏，有兩個問題層次，首先是真實和虛偽的問題，其次才是高尚和卑鄙的問題。魯

迅在日本時期就認為中國國民性最缺乏的是「誠」和「愛」，[29]
我覺得，在魯迅那裏，「愛」必須以「誠」為前提，這是中國
「國情」之特殊所在，魯迅的洞見常常來自這一經驗智慧。在反
思自己的同時，有幸看到竹潛民先生的新著《魯迅晚年思想的
當代解讀》（當代中國出版社，2001年7月出版），其中第六章
（P.115-140）對拙作提出商榷，此後竹先生又撰寫了《魯迅國民
性「密碼」和「原點」探密：兼與汪衛東先生商榷》一文，發表
於《魯迅研究月刊》2002年第2期。竹先生在充分肯定我的基本
研究意向及研究框架的前提下，對「私欲中心」說提出商榷，認
為這一概括「缺少中國民族的特點」（P.126），並且「容易同中
國歷史上的『存天理、滅人欲』封建意識、現代的『狠批私心一
閃念』和極『左』觀念相混淆」（P.127）。通過論證，他最後
認為「魯迅國民性批判的『密碼』和『原點』應該是『自欺欺
人』四個字」（P.133），「魯迅用『從外國藥房裏販來的一帖
瀉藥』──『改造國民性』思想為武器，將屬於『東方文明』
中最醜惡的東西──『自欺欺人』的國民性原點揭示出來，成
為魯迅思想寶庫中最有價值的東西」（P.139）。應該說，竹先
生對我的質疑是有理有據的，也正符合我當初的反思，他的思
考進一步把問題推向深入。

二、

再思魯迅國民性思想，我認為首先要面對兩個問題：一、
國民性是一個舶來詞，而且是一個歷史性範疇，梳理它的理論淵

---

[29] 許壽裳：《我所認識的魯迅》，人民文學出版社1978年版，第59頁。

源、語義史和分辨它的歷史作用，都是必要的。同時，還需審慎
處理它與民族性、民族精神、國民精神、國粹等相關概念之間的
糾纏；二、魯迅作為思想家的個性是，任何語詞在他那裏都首先
不是一個抽象、靜止和自明的概念，而是被他的複雜經驗所整
合、經過他個人獨到理解、並運用於自己所面臨的要解決的問題
的，因而，在研究魯迅國民性思想時，需結合魯迅的「生活世
界」並深入魯迅思想的內在邏輯，注意到「國民性」是如何被魯
迅「拿來」、整合並使用的。對於這兩點，限於篇幅關係，筆者
不能展開，只能略說一二。

　　「國民性」一詞並非中國原有，而是近代西學東漸過程中
從日本引進的源自西方的外來詞，屬於高名凱所謂「先由日本
人以漢字的配合去『意譯』或部分的『音譯』歐美語言的詞，
再由漢族人民搬進現代漢語裏面來，加以改造而成的現代漢語
外來詞」，[30]與此相關的詞還有「民族性」、「民族精神」、
「國民精神」等，日語中，其對應的英語辭彙是nationality。[31]
在英語中，nationality和national character、national characteristic、
nationalism可以互釋，[32]有趣的是，「國粹」一詞也是日語對英語

---

[30]　高名凱、劉正琰：《現代漢語外來詞研究》，文字改革出版社1958年版，
　　　第88頁。

[31]　《廣辭苑》（株式會社岩波書店，1998年11月第5版），《日本語大辭
　　　典》（株式會社講談社，1996年第2版），《哲學事典》（株式會社平凡
　　　社，1990年初版）對「國民性」詞條的英語釋詞都是nationality（P.489、
　　　P.762、P.489）；《新英和大辭典》（株式會社研究社，1980年第5版）對
　　　Nationality一詞的日語譯義是「國民性」（P.1407）。

[32]　The Qxford English Dictionary（Second Edition Volume X）[《牛津英語詞典》第
　　　二版第X卷]對Nationality詞條的解釋是：1、a．National quality or character，
　　　b．With p1．A national trait，characteristic or peculiarity；2、Nationalism，
　　　attachment to one's country or nation; national feeling.（P.234）。

nationality的翻譯。³³「國民性」等有關辭彙在日語中的大量出現是明治維新時期，面對異質的西方文明，日本知識人自然對兩種文明以至兩種人進行比較，論題集中在對於「國民性」、「民族性」、「國民精神」、「民族精神」、「國粹」等問題的探討上，並經過了明治維新初期的「日本人種劣等」論，中期的「國粹主義」文化論和後期的「國家主義」階段。³⁴西方世界中nationality概念來自於西方近代民族國家理論。十五至十七世紀東羅馬帝國的覆滅開始了西歐近代民族國家的時代，十七世紀初西歐「三十年戰爭」簽訂的威斯特斐利亞和約成為西方民族國家建立的里程碑，十八世紀英、法之間的長期戰爭推進了兩國作為現代民族國家制度建構和民族意識形成的進程，十八、十九世紀，各民族起源、歷史、現狀、發展、民族關係和民族主義等論題，成為西方社會科學和人文科學研究的主要內容，形成了為民族國家合法性提供理論基礎的西方近代民族國家理論，nationality在這一歷史潮流中成為關鍵字。³⁵從理論資源看，nationality的意識形態前提是中世紀神義論的解體和近代自然理念（自然神論、世俗化自然法和自然人性論）的形成，有關人的界定的統一的神性基礎被與神性無關的近代自然理念所偷換，為屬於「自然」範疇

---

³³ 參見松本三之介：《明治維新の構造》，第126頁，1981年日文版，轉引自鄭師渠：《晚清國粹派——文化思想研究》，第2頁，北京師範大學出版社1993年版。另據《明治用語辭典》（株式會社東京堂，第163-164頁，1989年2月出版，）介紹，明治三十七年《和法大辭典》和大正四年《羅馬字及國語辭典》對「國粹」詞條的解釋分別是Nationalite—ron和Nationality。

³⁴ 參見卞崇道等：《跳躍與沉重：二十世紀日本文化》，東方出版社1999年版，第2-10頁。

³⁵ 參見徐迅：《民族主義》，中國社會科學出版社1998年版，第12-22頁。

的血緣種族、地域、語言、風俗以及區域性宗教信仰對人的規劃提供了基礎；nationality另一個應該強調的理論資源是十八世紀末、十九世紀初的與德國浪漫主義相伴而行的德國民族主義思潮。在西歐，德國民族國家的形成晚於西班牙、葡萄牙、荷蘭、英國和法國，當英、法兩強作為統一民族國家主宰歐洲的時候，德國尚未統一，且被視為落後和未開化。法國多次發動對德戰爭，1807年普魯士敗於拿破崙，最終刺激了德意志民族意識的覺醒，德國作為後進國以弱抗強、要求擺脫控制而獨立和統一的歷史動因，形成了德國民族主義不同於西歐民族主義發軔期英、法民族主義──其歷史動因主要是資本主義生產關係發展而帶來的對封建專制的反叛和對民族共同市場的訴求──的新特徵，並在十九世紀初德國浪漫主義思潮中得以充分展現：1、強調一個民族、一個國家、一種精神的民族原則，強調德意志民族血統、語言、風俗尤其是精神傳統的獨特性，表現出對民族國家中央霸權的整合性要求；2、強調民族精神在動員和整合民族力量過程中的作用，強調民族精神（民族個性）是組成民族的每個個體的個性（精神）的有機融合。這一思想在十八世紀的莫澤爾、赫爾德和十九世紀初期費希特、謝林、施賴爾馬赫以至黑格爾等德國思想家那裏都有體現，莫澤爾在《論德意志民族精神》中第一次提出Nationalgeist（民族精神）的概念；[36]赫爾德的民族有機體論強調民族精神是民族演變發展的動力之源。[37]費希特發表《對德

---

[36] 李宏圖：《西歐近代民族主義思潮研究──從啟蒙主義到拿破崙時代》，上海社科院出版社1997年版，第119、205、79頁。

[37] 赫爾德曾用一系列名詞表示「民族精神」和「民族魂」的概念，如National Geist，Genius des Volks，Geist des Volks，Geist der Nation，Seele des Volks。參見李宏圖：《西歐近代民族主義思潮研究──從啟蒙主義到拿

意志人的演講》，號召德國精神的復興，認為相信人類的自發創造力和自由的人才是德意志人的標誌；[38]弗裏德里希・路德維希・雅恩出版著名的《德意志民族性》，鼓吹愛國主義，成為德語Volkstum（民族性）──「一個民族共同的內在生命的特性」──的發明人；[39]在黑格爾那裏，Volktsgeist即各民族集團固有的獨特精神的概念。[40]通過德國民族主義，Nationality獲得了作為民族整合動力的民族精神的內涵，並成為繼德國之後處於奴役地位的非西方民族為擺脫異族統治，爭取民族解放、獨立和統一，而進行民族動員、實現民族認同的民族國家意識形態，深刻影響了十九至二十世紀的世界民族主義。

日本民族主義的興起早於中國，作為後進國，其民族主義自然承續了德國民族主義傳統。作為中國近代民族主義重要部分的魯迅國民性思想正是形成於日本，其經由日本對德國傳統的承續，當在情理之中。魯迅的國民性思想首先表現為對國民精神現狀及其未來的強烈關注。日本時期，魯迅、周作人和許壽裳組成以「立人」為中心的三人團體，他們那時期發表的長篇系列論文，表達了一個共同思路：中國問題的癥結在於國民精神，立國的根本不在物質而在精神，精神的確立需從發揚個性開始。[41]從

破崙時代》，上海社會科學院出版社1997年版，第125頁。

38　[美]科佩爾・s・平森著，範德一譯：《德國近現代史：它的歷史和文化（上冊）》，商務印書館1987年版，第57頁。

39　李宏圖：《西歐近代民族主義思潮研究──從啟蒙主義到拿破崙時代》，上海社科院出版社1997年版，第119、205、79頁。

40　同上，第119、205、79頁。

41　參見當時發表于《河南》雜誌的魯迅早期五篇論文和周作人《文章之意義暨使命因及中國近時論文之失》、《哀弦》、許壽裳《興國精神之史曜》中對「國民精神」、「國魂」的強調。

魯迅這時期的文言論文看，他把以生命存在為根基的創造性「精神」——「意力」看成是人的存在及國的存在的根本，[42] 痛心於國民精神的沉淪，他大聲疾呼「尊個性」、「張精神」，呼籲中國人發出「心聲」，顯出「內曜」，以達到「精神」——「意力」的重建，以民族創新精神與創造力的振拔，為中華民族文明創新與超越之道。他還繼承發揚了德國民族主義的「個性」概念，把「張精神」與「尊個性」統一起來，民族精神的重建建立在國民個體「個性」的發揚的基礎之上。作為個體之「精神」——「意力」的確立即個體主體的確立，亦是民族國家新主體的確立。這是真正「拿來」的主體，因而既非東方中心，亦非西方中心。從這裏可以看出，「國民性」在魯迅這裏，指的是精神委頓、淪亡與缺失的精神狀態及其在國民身上的人格化體現，[43]精神的缺失在現實中的最大表現即是國民沉溺於卑下之私利與物

---

[42] 《人之歷史》在人類進化律之「遺傳」與「適應」之間，傾向於強調主動因素的「適應」，因人類「自卑而高」、「自進無既」之因不能歸於被動之「遺傳」，只能歸於主動之「適應」，正是在「適應」律上，「斯亦見人類之能」；《科學史教篇》對「科學」背後「神思」、「理想」、「聖覺」的強調，亦是對人的創造力背後的非智力精神因素的置重；《文化偏至論》中，「眾數」——「個人」和「物質」——「精神」的雙舉，精神——個人是所當倡導張大者，精神性意力之個人正是「立人」之本；《摩羅詩力說》訴諸「詩力」，通過「詩人」之「詩」感動民眾之「詩」，以達到《破惡聲論》所言的「心聲」和「內曜」——「精神」和「意力」的重建、振拔和洋溢。

[43] 有關精神沉淪的表述在魯迅的文言論文中隨處可見：「眾庶率纖弱頹靡」（《文化偏至論》）、「蕭條」、「頹唐侘傺」、「荼落頹唐之邦」、「終至墮落而之實利」、「為時既久，精神淪亡」（《摩羅詩力說》）、「本根剝喪，神氣旁皇」、「寂漠為政，天地閉矣」、「淪沒」、「黃神嘯吟，種性放失」、「心奪於人，信不繇己」、「元氣黯濁，性如沉疴，或靈明已蝕，淪溺嗜欲」（《破惡聲論》）等。

177

欲，唯一身之活是圖，而面子上卻又以「道德」自居，以獲取人群中存在的合法性並竊取更多私利，因而造成「虛偽」這一國民劣根性。可以說，在魯迅的批判性眼光中，如此「國民性」與所謂「國民劣根性」是相通的。

由此，魯迅的國民性思想顯出與晚清國粹派的差異。如前所述，「國粹」和「國民性」同樣都可以從日本語中找到nationality的詞源，因此，這一差異是耐人尋味的。明治二十一年日本政教社創辦《日本人》雜誌，提倡「國粹」（nationality），以對抗明治維新初期「明六社」的全盤歐化論，一般來說，他們認為國粹是：（一）一種無形的民族精神；（二）一個國家特有的遺產；（三）一種無法為其他國家模仿的特性。[44]晚清國粹派承日本政教社的餘緒，把「國粹」寄於中國傳統的文化、學術，把「保學」看成「保種」的前提，這樣，傳統文化、學術成為民族命脈所寄和民族存亡的根本。應該說，強調一個民族固有的精神上的特長，以本民族的文化精髓而自耀，也是德國民族主義的應有之義（德國民族主義甚至走向日爾曼人優越論和國家主義），但魯迅並沒有延續這一思路，而是「拿來」並放大了德國民族主義中對民族精神活力和組成民族的個人之個性的強調。同樣強調「精神」，前者面向過去，後者面向現在和未來。在魯迅看來，文明是人類精神的創造物，「國粹」正是「古民」「神思」的產物。對於「國粹」本身的價值，魯迅是並不否定的，這可參見早期文言論文對傳統文化的評價，他認為「古民之心聲手澤，非不莊嚴，非不崇大，然呼吸不通於今，則取以供覽古之

---

[44] [美]Hartin Bernal：《劉師培與國粹運動》，見《近代中國思想人物論——保守主義》，臺灣《時報》文化出版有限公司1980年版，第95頁。

人，使摩挲詠歎而外，更何物及其子孫？」[45]魯迅「五四」時期
對「國粹派」的批評，指向的就是他們把作為精神成果的「國
粹」看成是現代人和未來人「命脈」的保守心理，他指出：「要
我們保存國粹，也須國粹能保存我們」，「保存我們，的確是
第一義」。[46]和國粹派相反，魯迅把「保存我們」放到「保存國
粹」前面，正是看到了以人的生命存在為根基的創造性「精神」
——「意力」是人的存在本質和一切文明成就的創造性源泉。

德國浪漫主義的民族主義是一把雙刃劍，在謀求民族獨
立、自主的同時，它又帶來了民族的自大意識，在近代產生了種
族優越論和民族擴張主義，如德國的日爾曼人優越論和納粹主
義、日本軍國主義、埃及納賽爾的大阿拉伯主義、庇隆的大阿根
廷主義及尼赫魯的擴張思想等。這在德國民族主義中可以找到思
想資源。基於一種來自法國的挫折感，德國民族主義在國家起源
問題的解釋上有別於法國，在他們看來，國家不是在自然狀態下
的人出於自我利益契約性設計的結果，而是在一個民族的血緣、
語言、習俗、歷史和文化中約定俗成而形成的，國家存在的命脈
是一種民族精神，而這一民族精神的根基就在該民族的文化傳統
及其特性中，由此，國家成為一種世俗性的精神宗教——國民情
感、精神的寄託對象。這一文化民族主義傾向成為許多有著自己
深厚傳統的被壓迫民族尋求民族獨立的意識形態，在日本和中國
的國粹主義中，正可以找到它的影響。同樣是對民族精神的強
調，不過，在魯迅這裏，民族精神的根基不再像德國民族主義那
樣被理解為存在於民族固有的文化和精神傳統中；從尼采那裏，

---

[45] 魯迅：《墳·摩羅詩力說》，《魯迅全集》第1卷，第65頁。
[46] 魯迅：《熱風·隨感錄三十五》，《魯迅全集》第1卷，第306頁。

魯迅「拿來」了新的思想因素，尼采向古希臘悲劇精神（生命意志）中尋求救治現代道德和精神墮落的要素，其實是超越了德國民族主義囿於本民族傳統的狹隘眼光。魯迅正是把對民族精神的訴求訴諸從尼采那裏「拿來」的「生命意志」，在魯迅這裏，「生命意志」，不再屬於民族範疇，而是具有人類學意義的生命形而上學。這一思想嫁接使魯迅既繼承了德國民族主義的「民族精神」概念，又超越了其民族局限性，同時與形形色色的國粹主義區別開來。通過對民族文化自大和排外意識的摒棄，魯迅確立了一種內含世界主義和人道主義的開放、平等的民族意識，因而他極力主張民族、國家間的平等，尤其關心那些弱小民族的命運。在日本時期，他對那些頌美「暴俄強德」而冷嘲「受厄無告如印度波蘭之民」的人給以指責，稱之為「獸性的愛國」。魯迅的國民性思想所蘊含的，與民族自大意識及擴張主義不同的民族主義內涵，應該引起我們足夠的重視。

這一思想也影響了他對國民性形成原因的看法。魯迅的國民性批判雖然形成了文化批判的視點，但如果說，魯迅把國民性的根源僅僅歸之於思想形態的民族文化傳統，似乎缺少足夠材料的支持（早期論文中有對道家「不攖人心」和儒家詩學「思無邪」的指責）。民族思想文化傳統是精神的產物，因而是人（精神）決定文化，而不是文化決定人（精神）。實際上，在談到國民劣根性的根源時，魯迅往往強調的是歷史中的現實力量：一是民族思想文化傳統與封建專制體制合謀而造成的對個性的扼殺，這正是國民精神委頓、淪亡的深刻原因；二是民族兩次奴於異族的歷史。據許壽裳回憶，魯迅在與他討論有關國民性的三個問題時，對於「它的病根何在」這一問題，認為「兩次奴於異族」，

是「最大最深的病根」，[47]1936年，在談到中、日民族性的不同時，還是把中國國民劣根性歸於「曆受遊牧民族之害，歷史上滿是血痕」；[48]三是文化地理原因，早期論文多有表述：「（古代中國）屹然出中央而無校讎，則其益自尊大，寶自有而傲睨萬物，固人情所宜然，亦非甚背於理極者矣。雖然，惟無校讎故，則宴安日久，苶落以胎，迫拶不來，上征亦輟，使人茶，使人屯，其極為見善而不思式」[49]，「發展既央，隳敗隨起，況久席古宗祖之光榮，嘗首出周圍之下國，暮氣之作，每不自知，自用而愚，汙如死海。其煌煌居歷史之首，而終匿形於卷末者，殆以此歟？」[50]魯迅對作為現實力量的歷史原因的強調，說明國民性在他這裏是一個歷史性範疇，它的形成有歷史中的具體原因，也必將在未來被改變，不過這取決於民族中每個個體精神的重新振拔與洋溢。國民性的可改變性基於魯迅對人性的樂觀，成為畢其一生為此奮鬥的最基本信念和精神支柱。但國民性改造的艱難常使魯迅陷入痛苦的矛盾之中，不由產生對國民性是否精神遺傳的恐懼，「難道所謂國民性者，真是這樣地難於改變的麼？倘如此，將來的命運便大略可想了，也還是一句爛熟的話：古已有之」[51]。同時又自我解脫：「幸而誰也不敢十分決定說：國民性是決不會改變的。在這『不可知』中，雖可有破例——即其情形為從來所未有——的滅亡的恐怖，也可以有破例的複生的希望，這或者

---

[47] 許壽裳：《我所認識的魯迅》，第60頁。
[48] 魯迅：《書信・附錄・致尤炳圻》，《魯迅全集》第15卷，第683頁。
[49] 魯迅：《墳・文化偏至論》，《魯迅全集》第1卷，第44頁。
[50] 魯迅：《墳・摩羅詩力說》，《魯迅全集》第1卷，第64頁。
[51] 魯迅：《華蓋集・忽然想到（一至四）》，《魯迅全集》第3卷，第17頁。

可作改革者的一點慰藉罷」，[52]這一哈姆雷特式的矛盾，糾纏了魯迅的一生，並在穿透絕望中內化為其深刻的生命體驗，「彷徨」－「野草」時期的生命哲學，正是在這一艱難過程中孕育形成。

三、

　　九十年代的文化語境中，魯迅的國民性思想受到質疑，其主要代表是馮驥才先生和劉禾女士的兩篇文章。馮文《魯迅的功與過》發表於《收穫》2000年第2期；劉文有兩個版本，一是最早載於《文學史》第一輯（陳平原、陳國球主編，北京大學出版社1993年4月出版）的《一個現代性神話的由來：國民性話語質疑》，一是收入作者著《語際書寫》（上海三聯書店1999年10月出版）一書作為第3章的《國民性理論質疑》，後者是以前者為基礎（刪掉了一些語氣較為激烈的言論），與另一篇文章合併而成。[53]兩位作者來自不同領域，前者是著名作家，八十年代文化熱中，以其「文化小說」頗受讀者歡迎，後者是留美新銳學者，但兩者對魯迅的質疑基本相同：魯迅的國民性思想來自西方傳教士話語──西方中心主義立場對中國的歪曲。馮文指出這一點，但並無怎樣的理論發揮，劉文則有較為顯赫的理論背景──西方後殖民主義理論和愛德華‧薩義德（Edward Said）的「東方學」理論，以及在此基礎上劉禾自己提出的「跨語實踐」理論，在具體論述中還運用了敘事學、巴赫金對話理論等。應該說，九十年

---

[52] 魯迅：《華蓋集‧忽然想到（一至四）》，《魯迅全集》第3卷，第18頁。

[53] 另一篇文章是劉禾用英語寫作的Translating National Character: Lu Xun and Arthur Smith，參見劉禾：《語際書寫》「注釋」，上海三聯書店1999年版（下同），第98頁「注釋」。

代對魯迅的質疑熱中，劉文是比較具有理論素養，挑戰較為有力的一個，發表後引起學界的關注。鑒於魯研界對馮文已有不少應答文章，而對劉文尚未有真正的回應，故在此以劉文為對象，提出對它的「質疑」的質疑，目的是通過商榷把這一對話進一步引向深入。

雖然收入《語際書寫》的文章刪去了載於《文學史》一文中的一些過激言論，但由於它另外結合了其他文章，為全面起見，我還是以此文為對象。從劉禾《語際書寫》一書來看，其「跨語實踐」論的提出，有接著薩義德（Edward Said）東方學理論往下講的意思，其挑戰西方學術權威的勇氣令人敬佩，其理論設計對思想史研究也頗有啟發性。《國民性理論質疑》一文，可以看出是她試驗其「跨語實踐」論的一個精心選擇的案例，也似乎是《語際書寫》中她自認為比較成功的一個案例，但可惜的是，深入劉文的內在理路，卻發現她為了自身理論的有效性而簡化或曲解了作為歷史性觀念和個人性觀念的魯迅「國民性」思想的複雜性和具體性，因而其質疑並不符合魯迅的思想實際。

劉禾首先質疑的是：「『國民性』是一個什麼樣的知識範疇？它的神話在中國的『現代性』理論中負載了怎樣的歷史意義？」[54]接著劉文就給出了一個回答：

「國民性」一詞（譯為民族性或國民的品格等），最早來自日本明治維新時期的現代民族國家理論，是英語national character或national characteristic的日譯，正如現代漢語中的其他許多複合詞來自明治維新之後的日語一樣。十九世紀的歐洲種

---

[54] 劉禾：《語際書寫》，上海三聯書店1999年版，第67-68頁。

族主義國家理論中，國民性的概念一度極為盛行。這個理論的特點是，它把種族和民族國家的範疇作為理解人類差異的首要準則（其影響一直持續到冷戰後的今天），以幫助歐洲建立其種族和文化優勢，為西方征服東方提供了進化論的理論依據，這種做法在一定條件下剝奪了那些被征服者的發言權，使其他的與之不同的世界觀喪失存在的合法性，或根本得不到闡說的機會。（P.68）

　　這一看似精彩的論斷在提出之前，顯然沒有經過劉文的足夠論證，不知道這是作為基於事實的一種歸納呢？還是作為論證出發點的基礎命題呢？但不管怎樣，都需給出它得以成立的證據。可是，劉禾的這一「先驗知識」並不恰切，她看到的只是國民性話語背後西方中心論的話語霸權，卻並未顧及國民性話語作為歷史範疇，曾是十九、二十世紀弱小民族反抗壓迫、爭取獨立和自由的民族國家理論的重要內涵及其歷史作用。也許劉禾把這一論斷當作論點提出，有待後文論證，但從後文看，她確實是把這一論斷作為論證的出發點——基本命題——而提出的。從此命題出發，她非常果斷地把從梁啟超到孫中山等人用來建構中國現代民族國家理論的國民性話語歸結為「不得不屈從於歐洲人本來用來維繫自己種族優勢的話語——國民性理論」[55]，而魯迅的國民性理論來源即是亞瑟・史密斯的《中國人的氣質》（Arthur H・Smith，Chinese Characteristic）——傳教士話語，「在他（魯迅，筆者注）的影響下。將近一世紀的中國知識份子都對國民性問題有一種集體情結」[56]。劉禾顯然覺得在魯迅身上找到了一個有力的證據，所以著重考察了魯迅與史密斯的關係，強調二人的

---

[55] 同上，第69頁。
[56] 同上，第72頁。

思想聯繫，然後只要能證明後者的片面性，前者也就不攻自破了。劉禾認為《中國人的氣質》一書是站在西方中心主義立場對中國的歪曲，為證明這一點，她特以書中關於中國人的睡眠習俗的一段為例，認為史氏對中國人睡眠習慣的描述，「在話語上使用現在的時態和『中國人』這個全稱來表達『真理』，描述中國人與西方人之間的本質差異。睡眠，一個人們共同的生理狀態，在這兒被用來描述文化差異，而其意義早已被西方人優越的前提決定，這兒要緊的，不是描寫錯誤的問題，而是語言所包含的權力問題」[57]。我想，文化的差異總是表現在具體的行為習慣等細節上的，西方人對中國的認識確實往往從細節開始，除非我們絕對懷疑任何抽象和概括的可能性，否則，具體的細節愈多，我們認識的普遍性就愈具有可靠性。但劉禾緊緊抓住她所發現的「語言所包含的權力」──「種族歧視」和「階級差異」，索性把傳教士和侵略中國的列強混為一談：「事實上，他的動詞可以輕易翻譯成帝國主義行動：伸入即侵入，淨化即征服，登上寶座即奪取主權」。[58]

劉文的過激言論不僅僅是發向史密斯本人，其實指向的是整個西方人的中國觀及其Sinology（中國學），其背後是薩義德的理論背景。這裏就涉及到西方人的中國觀的客觀性及其價值問題。自馬可‧波羅以來，西方的中國觀伴其Sinology的發展經歷了幾個世紀，十七、十八世紀，以利瑪竇為代表的歐洲耶穌會傳教士為尋找基督教文化和中國傳統文化的契合點，對中國傳統與現實進行了詳細而深入的觀察和研究，加深了對中國文化理性精神的瞭

---

[57] 同上，第76-77頁。
[58] 同上，第78頁。

解，這一理性精神受到十七、十八世紀歐洲思想家笛卡爾、萊布尼茨、沃爾夫、伏爾泰等的大力推崇並成為他們反神學的武器，使中國文化成為當時歐洲的時尚；隨著來自中國材料的增多，孟德斯鳩、盧梭、亞當‧斯密等近代思想家開始以批評的眼光審視中國，揭示其停滯不前的原因，黑格爾則站在世界精神的高度批評中國。縱觀西方人的中國觀及其Sinology的演進，我們應看到：1、不同文化的相互認識總是難以擺脫自身固有文化眼光的限制，因而認識的不準確是難免的，但如果說西方人是有意歪曲、醜化中國形象，則不盡符合事實，難道他們早期對中國文化的讚賞和推崇也是醜化嗎？歐洲中國觀在十九世紀雖有西方中心主義傾向，這源於他們對西方近代化成功的優越感和德國「日爾曼精神」優越論。但是，總的來說，西方對中國的認識和評價經歷了一個逐漸深入的過程，他們對中國的批評有許多相當準確的地方，值得我們反省；2、平心而淪，西方的中國觀對中國觀察的範圍之廣、層次之多、內容之細、態度之客觀，非同時期中國人對西方的認識可比，看看當時中國人的西方觀，就知道我們恰恰顯露出自我中心、藐視一切的自大毛病；3、西方人認識中國的動機，不能一概歸之於殖民擴張的需要，歷史本身是複雜的，中國文化的魅力及西方人對中國文化的憧憬和求知熱情也是他們走近中國的不必遮蔽的因素。歐洲人中國觀出自殖民擴張需要說，始自蘇聯東方學者對十月革命前中國學的本質界定，現在又在西方後殖民主義理論中得到強化，我們在認識這一論說的合理性同時，也要切忌走向極端，把東、西方文明的交流史看成你死我活的鬥爭史。其實，任何文明都是在與不同文明的交流中成熟的，民族和個人一樣，如果沒有他者的存在，就不可能形成真正的自

我認識。中國以前是在周邊弱小國家環繞中形成自己的「天下」意識的，近代西方的逼近，引起自我認同的危機，新的自我認識在衝突、交融中孕育，在這一過程中，西方的中國觀——尤其是對中國的批評——恰恰啟發了我們的反思並幫助我們調校形成新的自我，因為每個人都是首先通過他人的眼睛看到自己的。西方人的中國觀好比一面鏡子，照一照這鏡子，可以瞭解自我意識之外的人對自己的看法，這會有利於我們在比較中反省和完善自己的民族性，在「爭存天下」的新格局中進行新的自我定位。魯迅對西方人讚賞中國的言論並不表示好感，反而推崇西方人批評中國的言論，正是出於這一動機。所以，在這一問題上，理應採取審慎態度，如一位學者所說：「認識一個民族及其文化是一件複雜而長期的事情。無論是認識者還是被認識的對象，都會受到歷史和現實因素種種制約，且自身也並非一成不變」，[59]但如果一聽到別人的指責就還以指責，只會走向自我封閉的老路。

　　劉禾不否認史密斯筆下的中國，就是薩義德所批評的東方主義所構築的神話，但她還要進一步質問：「但是這樣的分析是不夠的，特別是當我們考慮到中國國民性的理論被翻譯而流傳在中國境內的情形。傳教士話語被翻譯成當地文字且被利用，這種翻譯創造了什麼樣的現實？」[60]這一問題即是其「跨語實踐」理論的運用，駕馭著這一理論快車，劉禾遂順利進入自己的論述軌道：「在跨語實踐的過程中，斯密思傳遞的意義被他意想不到的

---

[59] 黃興濤、楊念群：《「西方視野裏的中國形象」主編前言》，見[英]約·羅伯茨編著《十九世紀西方人眼中的中國》，時事出版社1999年版，第6-7頁。
[60] 劉禾：《語際書寫》，上海三聯書店1999年版，第81頁。

讀者（先是日文讀者，然後是中文讀者）中途攔截，在譯體語言中被重新詮釋和利用。魯迅即屬於第一代這樣的讀者，而且是一個不平常的讀者。他根據斯密思著作的日譯本，將傳教士的中國國民性理論『翻譯』成自己的文學創作，成為現代中國文學最重要的設計師。」[61]

應該說，劉禾的「跨語實踐」理論把關注點放在理論的譯體語言使用者的實踐需要上，充分估計到了思想史上理論旅行過程的複雜性，但是，在魯迅這一個案中，由於她過於注意自己理論設計的有效性和理論運用結果的顛覆效應，而無意於魯迅國民性思想的實際。為了自己的理論需要，她勾畫了這樣一個魯迅形象：

> 從一開始，魯迅就對國民性理論充滿複雜矛盾的情緒。一方面，國民性理論吸引他，因為它似乎幫助他解釋中國自鴉片戰爭（1839-1842）以來的慘痛經驗。但另一方面，西方傳教士觀點對中國人的輕蔑又使作為中國人的魯迅無法認同。[62]

這裏勾畫出一個尷尬的主體：魯迅在國民性問題上存在理論與立場的分裂。分裂的魯迅對於劉文具有一石二鳥的功能：一是避開了對魯迅全盤否定之嫌，二是為自己對國民性的預設提供了一個強有力的證據。但是，這一魯迅形象是否她的想像呢？且看她是如何勾畫的。

---

[61] 同上，第81-82頁。
[62] 同上，第82頁。

　　劉禾主要通過對《吶喊·自序》中「幻燈片事件」和《阿Q正傳》的敘事學分析，有意提煉出一個分裂的敘事人形象。在她看來，「幻燈片事件」的敘事人「既與看客又和被觀看者重合（因為都是中國人），但又拒絕與他們任何一者認同」，處於「兩難處境」。《阿Q正傳》是劉文的分析重點，為了塑造魯迅的分裂主體，她有意把阿Q的重體面與《中國人的氣質》對中國人重體面的描寫區分開，她的理由有二：「首先，魯迅構思阿Q的故事是在他熟稔史密斯的理論之後，因此他的寫作有可能不單單在證實史密斯所言，而是有它意的。第二，史密斯筆下的縣官身著官服，而阿Q穿的是一件『洋布的白背心。』」[63]這裏的第一個理由邏輯上不是必然的，為什麼魯迅寫作阿Q故事是在知悉史密斯理論之後，就必然要避開後者另立它意呢？這一點似乎有待證明。第二個理由借偶然發現的「洋布」立論，劉文似乎頗得意此一「翻天妙手」，故而接連發問：「這兩者之間（指「官服」與「洋布」，筆者注）有何關聯？穿著洋布白背心的阿Q代表的是中國國民性，還是別的什麼？中國國民性的理論是否也如白背心一樣，是洋布編織出來的？」[64]但我要問的是，如果「洋布」不代表什麼怎麼辦呢？把主要論點建立在一個偶然發現的「文眼」之上，雖然顯示了論者的機靈，卻使其論證看起來過於驚險。劉禾又引魯迅《馬上支日記》中的一段話：「他們（指外國人，筆者注）實在是已經早有心得，而且應用了，倘若更加精深圓熟起來，則不但外交上一定勝利，還要取得上等『支那人』

---

[63]　同上，第88頁。
[64]　同上，第88頁。

的好感情。」[65]以此作為論據，她認為：「魯迅此處的諷刺有更深的含義，他準確地指出，上層中國人和帝國主義之間存在某種利益交易，他們對『體面』的研究出於其共同利益者多，為合理解釋中國種族者少。」[66]我不知這是否是劉禾自己的發揮，因為無論從魯迅國民性思想看，還是從該文的語境看，魯迅在這裏表達的意思似乎並不如劉文所言。為了創造魯迅的分裂，劉禾有意強調魯迅與史密斯的距離，而不顧魯迅終其一生對史氏《中國人的氣質》一書的關注與推崇。[67]

再看看劉禾對《阿Q正傳》的敘事分析。她要處理的是「敘事人和阿Q，以及和未莊居民之間的關係是怎樣的」。[68]通過對敘事人的詳細分析，劉禾盡力把敘事人限制在未莊之內——即敘事人並不是未莊的局外人，於是，她就可以質問：「（敘事人）也列身於未莊社會中。要是他完全屬於那個社會，又為何能夠同

---

[65] 同上，第88頁。

[66] 同上，第88頁。

[67] 魯迅在《華蓋集續編·馬上支日記》中曾介紹了安岡秀夫的《從小說看來的支那民族性》和史密斯的《中國人的氣質》兩書，雖指出了前者的缺點，但對史氏是基本肯定的，稱其書中關於中國國民性的話「並不過於刻毒」，感歎中國人對此「卻不大有人留心」。此後，魯迅對這兩本書念念不忘。《二心集·宣傳與做戲》一文中說：日本人「做文章論及中國的國民性的時候，內中往往有一條叫作『善於宣傳』。」魯迅對此作了肯定並加以發揮。在1933年，魯迅在一封信中又提到這兩本書，特別是專門「攻擊中國弱點」的史氏著作，認為「值得譯給中國人一看」（《書信·331027致陶亢德》）。以後，在1936年《且介亭雜文末編「立此存照」（三）》中，又一次提起「我至今還在希望有人翻出史密斯的《支那人氣質》來。看了這些，而自省，分析，明白那幾點說的對，變革，掙扎，自做功夫，卻不求別人的原諒和稱讚，來證明究竟怎樣的是中國人」。這說明雖然時隔十年，但魯迅對史密斯《中國人的氣質》一書的評價是前後一貫的。

[68] 劉禾：《語際書寫》，上海三聯書店1999年版，第95頁。

時置身事外，嘲諷阿Q的愚蠢以及村民的殘忍呢？」[69]劉禾自己的回答是非常巧妙的：「寫作使敘事人獲得權勢，不識字使阿Q喪失地位。」這裏的邏輯是，既然同在未莊，敘事人就應和阿Q相同，而之所以不同，即在於一個識字，一個不識字。圍繞阿Q臨終畫押的典型場景，她作了進一步的發揮：

> 假如阿Q把圈畫圓了，看起來會像英文字母O，離Q不遠。但既然書寫的權力掌握在敘事者手裏，阿Q畫不圓並不奇怪。他只能跪伏在文字面前，在書寫符號所代表的中國文化巨大象徵權威面前顫抖。相對而言，敘事人的文化地位則使他避免作出阿Q的某些劣行，並且佔有阿Q所不能觸及的某些主體位置。敘事人處於與阿Q相反，使我們省悟到橫互在他們各自代表的「上等人」和「下等人」之間的鴻溝。敘事人無論批評、寬容或同情阿Q，前提都是他自己高高在上的作者和知識地位。[70]

劉禾這一「翻天妙手」確實精彩。我們知道，在敘事學中，敘事人雖不同於作者，但直接與「隱含作者」相通，而「隱含作者」即是作者在該小說中的現身側面，因為敘事人在價值立場上最終是來自作者的。在劉禾的策略中，敘事人即是魯迅。在她的揭示下，魯迅的分裂就在於他擁有了知識（當然是指來自西方的）及其知識者身份。不是阿Q，而是魯迅成為尷尬的角色。劉禾由對知識的合法性的懷疑，走向對魯迅式知識者存在本身的

---

[69] 同上，第95-96頁。
[70] 同上，第96-97頁。

懷疑，然而，沒有魯迅式知識者存在的中國近代社會將會是怎樣的呢？

有趣的是劉禾最終還是把顛覆國民性理論的發明權授予魯迅：「《阿Q正傳》呈現的敘述人主體位置出入意料地顛覆了有關中國國民性的理論，那個尤其是史密斯的一網打盡的理論。」「魯迅的小說不僅創造了阿Q，也創造了一個有能力分析批評阿Q的中國敘事人。由於他在敘述中注入這樣的主體意識，作品深刻地超越了史密斯的支那人氣質理論，在中國現代文學中大幅改寫了傳教士話語。」[71]劉禾這樣做似乎是捍衛了魯迅，但她讓魯迅最重要的思想財富在他自己的手裏變成空頭支票，是不是讓魯迅自己打了自己的耳光？

筆者進入劉文的文脈，其目的是把握其論證的內在邏輯，以免惑於理論障。現在可以看到，劉文的寫作有兩個相互聯繫的動機，一是對西方中心主義的強烈反叛，一是為自己的「跨語實踐」理論尋求精彩的個案，因而該文寫作的價值前提首先是確定的，即劉文首先就有國民性是西方中心主義話語的價值預設，其「跨語實踐」理論實際上受到這一價值預設的潛在制約，因而看似客觀的理論就變成一個歷史敘事，魯迅的國民性思想在這一歷史敘事中，被虛構成完全不同的一個「故事」。其實劉文對魯迅的潛在指責無非兩個：一是其國民性概念有本質主義傾向，二是其國民性理論來自西方傳教士話語──西方中心主義對中國的歪曲，總之，是一個內含知識權力的話語。這恰恰有悖於魯迅國民性思想的兩個特徵：一是魯迅國民性概念是一個歷史性範疇，二

---

[71] 同上，第97頁。

是魯迅所「拿來」的國民性話語本來是十九、二十世紀被壓迫民族爭取解放和獨立的民族國家理論的重要部分。劉禾的理論淵源是福柯的知識權力理論，她在運用這一理論指責魯迅國民性的本質主義傾向時，是否也陷入了「知識即權力」的另一本質主義呢？作為一篇精彩的翻案文章，它固然顯示了作者的機智，也頗能發洩國人的民族感情，但由於離開了魯迅的思想實際，就只能說是製造了一個「國民性神話」的神話，離真正的質疑還有距離。

　　毋庸諱言，魯迅的國民性批判是現代中國人的一個沉重包袱，但它曾鞭策了中國人的深刻反省和發奮圖強。在魯迅的信念中，「國民性可改造於將來」，因而他希望自己的思想速朽。然而，拋棄其國民性思想的那一天至少現在還未到來，在仍將謀求現代生存的21世紀中國，魯迅的國民性思想仍然具有不可忽視的價值和意義。

第三章　文學主義與雜文意識

第一節　二十世紀的「文學主義」

一、

　　如果找一些關鍵字來把握波瀾壯闊的中國二十世紀，首先想到的關鍵字也許會有：救亡、啟蒙、革命、解放、改革等等，但我要提醒和強調的，還有一個是「文學」，二十世紀是文學的世紀。五四新文化運動的主要內容，是思想革命和文學革命，而其中最有聲勢最為見效者，為後者；在後來政治革命和社會革命的主潮中，文學或固守自己的方式，或主動、被動地成為政治革命的重要「一翼」，深度介入了整個二十世紀的現代性建構。五四、文研會、創造社、新月社、左聯、京派、延安文藝整風、「十七年」的文藝批判、文革、八十年代文化熱，拉開長時段的視角，不難看出文學在二十世紀中國的重要作用及其與革命、政治之間的複雜糾纏。

　　而聯繫到五四與二十世紀中國的重要影響關係，文學之世紀影響與五四源頭的內在聯繫，也應在情理當中。如前所述，五四提供的一個歷史事實是，文學革命是其最為成功的一役，就白話文革命來說，其成就之速，連當事者胡適都始料未及，五四後新文學之雨後春筍的局面，亦如有神助，令時人不暇應接。五四

的成敗利鈍，頗不易說，但至少可以肯定，文學的五四，是成功的。

我還想在此提出「魯迅文學」這個範疇，這不僅指向魯迅文學本身，而是強調，塵埃落定，而今驀然回首，魯迅文學作為二十世紀中國文學的「傳統」和「範式」的歷史存在，已愈益顯著。日本時期的「幻燈片事件」，由於連接著後來一系列影響深遠的文學行動，已超出其個人事件的範圍，在發生學意義上成為二十世紀中國文學的原點性事件；早期文言論文對「精神」（《文化偏至論》）和「詩」（《摩羅詩力說》）兩個契機的把握，也正昭示了十年後五四思想革命和文學革命的兩個命題，成為了二十世紀中國文學的先聲；魯迅文學以文學參與歷史和干預現實的文學品格，深刻影響了二十世紀文學的存在狀況；魯迅生前和死後都曾糾纏於文學、革命與政治之間，構成了二十世紀文學的一個核心情節，從他二十年代中期後對文學與革命、政治關係的複雜思考，以及晚年遭遇「洋場」後對海上文壇的觀察，可以找到反思二十世紀中國文學複雜性的更豐富的線索。「魯迅文學」起源於文學救亡的動機，但其深度指向，則是國人精神的現代轉型，因而在二十世紀的紛繁語境中，形成了獨具深度的視點。在此意義上，「魯迅文學」，確立了二十世紀中國「嚴肅文學」的

二、

以上就三點提出基本判斷，在此基礎上，本文想就此世紀姻緣及其影響進行更深入的追問，無意於捍衛或挑戰的先在立場，而是力圖深入歷史邏輯展開梳理，並立於當下處境作出反思。

　　說文學的五四，並非試圖以文學概括包羅萬象的五四，而是強調作為載體和方法的文學在五四的神奇功效與顯著影響。後人慣以西方文藝復興或啟蒙運動類比五四，常感歎後者的迅忽與短暫，從另一方面說明了五四思想動員的快捷。一校一刊之碰撞而得以迅即擴散，造成一觸即燃的時代氛圍，文學的作用功不可沒，新思想借助新文字和新文學迅速傳播，而達於新教育體系中的新青年，救亡圖存的情結一旦觸動，遂紛紛走上街頭訴諸行動。翻看1919年大事記，可謂一呼百應，不得不承認五四學生運動對於現代民族動員的示範意義，[1]而這基礎，還在新思想借助新文學的思想動員。反過來，五四學生運動又為新文學的進一步擴大影響打開了新的場面。

　　五四與文學的歷史姻緣，需要從發生學意義上對其歷史邏輯進行梳理，在我看來，五四新文化運動是自晚清以來的思想運動、文學運動和語言運動的合流，正是三者的歷史會合與相互借力，遂使五四迅速蔚為聲勢。在思想運動的軌跡上，由救亡情結所驅動的現代轉型理念，試錯式地經由器物、政制、革命，到民國初年袁氏當國，已陷入停滯和倒退的局面，復辟鬧劇前後，在變革者那裏，越來越多的人開始把思路轉向思想文化層面（胡適曾驚訝於民國初年憲政討論的突然消歇）[2]，與此同時，新文學

---

[1]　五四之後一年全國學生回應的盛況，可參見張允候、張友坤編：《在五四運動爆發的一年裏》，武漢出版社1989年版。

[2]　胡適在《五十年來中國之文學》中說：「民國五年（一九一六年）以後，國中幾乎沒有一個政論機關，也沒有一個政論家；連那些日報上的時評也都退到紙角上去了，或者竟完全取消了。這種政論文學的忽然消滅，我至今還說不出一個所以來來。」胡適：《胡適全集》第2卷，安徽教育出版社2003年版（下同），第308-309頁。

也呼之欲出，黃遠庸的思想懺悔，即伴隨著對新文藝的深情呼喚[3]，從事思想革命的陳獨秀後來與胡適的文學革命一拍即合，也說明文學革命是思想革命題中應有之義。如果以《新青年》發動思想運動的陳獨秀之垂青文學，是思想借助文學，那麼，由胡適一面看來，則是由思想到語言，再由語言到文學，留美時期由政治興趣到文章本業，固有傳統習慣使然，更有借語言改良思想的設計，通過胡適，晚清以來的語言運動——自土話字母翻譯《聖經》，到官話字母「專拼白話」，再到讀音統一會和國語研究會之拼文言——開始與文學運動合流，按胡適的話說，就是借文學造國語。注音字母運動始於《聖經》的翻譯和傳播，而胡適的「一念」來自基督徒鍾文鰲的宗教宣傳的啟發，此中可見胡適之努力與晚清語言運動的邏輯聯繫。[4]語言運動借由文學革命，終於大功告成。文學運動借由陳獨秀的思想運動和胡適的白話文革命，也一戰告捷。其中，胡適的「實驗主義」操作，在方法上是成功地關鍵，在此意義上亦可說，沒有胡適，何來魯迅？

　　無論是陳獨秀以思想借由文學，還是胡適由思想到語言再到文學，五四那代人，都不約而同抓住了思想與文學這兩個變革契機，十年前形成於日本的「第二維新」方案——在某種意義上屬於周樹人、周作人和許壽裳的三人團體，其對「精神」與

---

[3]　語見《甲寅》月刊第1卷第10期（1915年10月）「通信」欄：「愚見以為居今論政，實不知從何說起。……至根本救濟，遠意當從提倡新文學入手，綜之，當使吾輩思潮如何能與現代思潮相接觸，而促其猛醒。而其要義須一般之人，生出交涉。法須以淺近文藝普遍四周。史家以文藝復興為中世改革之根本，足下當能語其消息盈虛之理也。」

[4]　胡適：《中國新文學大系·建設理論集導言》，《胡適全集》第12卷，第263-264頁。

「詩」的雙重把握,其實已開始了五四思想革命與文學革命兩個基本命題,然超前而寂寞的思路,此時正停滯於S會館的絕望中,周樹人對「新青年」們「心有戚戚」而不置可否,正是過來人心態使然。金心異的闖入,方使相隔十年的思路開始合流,周樹人始成為魯迅。

同是徑由思想到文學的路徑,陳、胡、魯在五四走到一起,然三人對文學內涵的具體考量,其實未必相同。確切地說,陳、胡雖垂青於文學的路徑,但對這文學是什麼,可能尚未遐思。胡適的新詩創作,旨在以白話文攻堅文學堡壘的實驗,《嘗試集》誠乃第一部白話詩集,卻證明作者並非詩人,本人後來也敬獻不敏。今人多爭議《芻議》一文是偏重形式還是不忘內容,其實胡適所著眼者,非形式與內容的孰輕孰重,而是實驗的可操作性,故所提「八事」,雖卑之無甚高論,然皆切中肯綮,具體可行。陳氏以革新家之敏銳,為前者搖旗吶喊,其聲援大論,雖振振有詞,極富鼓動,然掇拾西方文學口號,出之以文言對仗,終嫌有名無實,有勇無謀。

三、

相較而言,十年前魯迅對文學的選擇,有著斷念和決斷的深思背景。「幻燈片事件」顯示了以文學改變精神的原初動機。棄醫從文後得以實施的兩件文學方案——一是在《河南》雜誌發表的系列文言論文,一是兄弟二人翻譯出版的《域外小說集》——皆能顯示其對文學的全新想像。系列論文實際上構成了一個初步的思想體系,由對西方進化論、科學史和十九世紀文明史的梳理,及對晚清以來救亡之路的檢討,彰顯了「進化」、「科

學」及整個「十九世紀文明」背後的「人類之能」、「神思」、「精神」、「意力」等的重要，批判了「興業振兵」和「國會立憲」等救亡方案的偏頗，從而提出「首在立人」——「尊個性而張精神」的新救亡方案，而「精神」寓於「心聲」，鑒於國中「心聲」蒙蔽、「詩人絕跡」、「元氣黯濁」的精神狀況，遂大聲疾呼「吾人所待，則有新文化之士人」，[5]冀以剛健有力之「心聲」——「新聲」（「詩」），激起「精神」的振拔，此即其「第二維新之聲」。「精神」與「詩」，誠是系列論文的核心，「詩」指向「精神」的振拔，即作為中國現代轉型基礎的人的精神的變革。

　　《域外小說集》的翻譯，則是向異邦尋求「新聲」的實踐，兄弟二人傾心盡力，「收錄至審慎」，[6]異於此前以林紓為代表的偏重英法美等主流國家及娛樂傾向的晚清翻譯習氣，側重十九世紀後之俄國及北歐短篇小說，故序文不無自信：「異域文術新宗，自此始入華土」。[7]所選俄國及東、北歐小說，一多為被壓迫民族國家的文學，二多為挖掘心靈、具有精神深度的作品，顯示了與時人迥異的眼光和心思。其所寓於文學者，一冀以反抗之聲激起國人之「內曜」，以助邦國的興起，二以文學移入異質之精神，改造固有之國民性，即所謂「性解思維，實寓於

5　魯迅：《墳・摩羅詩力說》，《魯迅全集》第1卷，第100頁。
6　魯迅解釋說「集中所錄，以近世小品為多，後當漸及十九世紀以前作品。又以近世文潮，北歐最盛，故采譯自有偏至。惟累卷既多，則以次及南歐及泰東諸邦，使符域外一言之實。」（魯迅《譯文序跋集・〈域外小說集〉序言》，《魯迅全集》第10卷，第155頁。）
7　魯迅：《譯文序跋集・〈域外小說集〉序言》，《魯迅全集》第10卷，第155頁。

此」，「籀讀其心聲，以相度神思之所在」。[8]在對俄及東、北歐文學的接觸中，二人驚豔於其所顯示人性的新異與深度，發現了以文學「轉移性情，改造社會」的力量。魯迅後來不無偏激的強調「新文藝」是「外來的」，與「古國」無關，[9]大概也就在於這源於異域的文學新質吧。值得一提的是，在五四之前的周氏文學方案中，文言還是白話，並非問題所在，五篇論文，皆出以文言，《域外小說集》在文言追求上，甚至意在與林琴南一比高下，此皆過於聚焦文學思想功能之故，周作人在五四白話文革命告一段落時提醒時人別忘了「思想革命」，亦是此一思路的顯現。[10]

　　異域文學所顯現的精神與人性的異質性，既使魯迅看到精神變革的方向，也使他感到過於隔膜的悲哀。當時曾有一雜誌，也翻譯刊載顯克微支的《樂人楊珂》，卻加標識為「滑稽小說」，對此「誤會」，魯迅深感「空虛的苦痛」。[11]《域外小說集》十年後再版，還不無感慨：「這三十多篇短篇裏，所描寫的

---

[8]　同上。

[9]　魯迅曾經說：「現在的新文藝是外來的新興的潮流，本不是古國的一般人們所能輕易瞭解的，尤其在這特別的中國。」（魯迅《集外集拾遺補編‧關於〈小說世界〉》，《魯迅全集》第8卷第112頁。）「新文學是在外國文學潮流的推動下發生的，從中國古代文學方面，幾乎一點遺產也沒攝取。」（魯迅：《集外集拾遺補編‧「中國傑作小說」小引》，《魯迅全集》第8卷，第399頁。）

[10]　周作人強調思想革命的重要：「表現思想的文字不良，固然足以阻礙文學發發達，若思想本質不良，徒有文字，也有什麼用處呢？……所以我說，文學革命上，文字改革是第一步，思想改革是第二步，卻比第一步更為重要。我們不可對於文字一方面過於樂觀了，閑卻了這一面的重大問題。」（周作人：《談虎集》上海：北新書局，1936年，第5-8頁。）

[11]　魯迅：《譯文序跋集‧〈域外小說集〉序》，《魯迅全集》第10卷，第163頁。

事物，在中國大半免不得很隔膜；至於迦爾洵作中的人物，恐怕幾於極無，所以更不容易理會。」[12]正是苦於知音難覓，八年後，禮拜六作家周瘦鵑翻譯《歐美名家短篇小說叢刊》，下卷專收英美法以外國家如俄、德、匈、丹麥、塞爾亞、芬蘭等國的作品，1917年8月上海中華書局出版，即得到時任教育部通俗教育研究會小說股審校幹事的魯迅的激賞，並以部名義擬褒狀加以推介，譽之為「昏夜之微光，雞群之鳴鶴」。[13]魯迅一生最重翻譯，所選也多在精神深異之作，可謂一以貫之。

由此可見，魯迅文學的原初動機，是救亡圖存的原始情結，而其深度指向，則是人的精神的現代轉型，這就是救亡——精神——文學的轉型理路；這一深度指向一經確立，也就越過民族國家的視域，指向人的精神的提升與溝通。在這兩個層面上，可以說，魯迅文學以其示範效應，開啟了二十世紀中國「嚴肅文學」的范式和傳統。

肇始於周氏兄弟世紀初的想像與實踐，十年後彙入五四文

---

[12] 同上。

[13] 褒獎辭謂：「凡歐美四十七家著作，國別計十有四。其中意、西、瑞典、荷蘭、塞爾維亞，在中國皆屬創見，所選亦多佳作。又每一篇屬著者名氏並附小像略傳，用心頗為懇摯，不僅志在娛悅俗人之耳目，足為近來譯事之光。」「當此淫佚文字充塞坊肆時，得此一書，俾讀者知所謂哀情慘情之外，尚有更純潔之作，則固亦昏夜之微光，雞群之鳴鶴矣。」（1917年11月30日《教育公報》第四卷第十五期。）據周作人回憶：「只有一回見到中華書局送到部裏來請登記還是審定的《歐美小說叢刊》，大為高興。這是周瘦鵑君所譯，共有三冊，裏邊一小部分是英美以外的作品，在那時的確是不易得的，雖然這與《域外小說集》並不完全一致，但他感覺得到一位同調，很是欣慰，特地擬了一個很好的評語，用部的名義發了出去。」（周遐壽：《魯迅的故家》，北京魯迅博物館編《魯迅回憶錄（專著）》中冊，北京出版社1999年版，第1069頁。）魯迅後來的翻譯，一直貫穿著這樣的宗旨。

學革命，與胡適白話文運動結伴而行，修成正果。魯迅文學的彙入，使內蘊不清的陳、胡文學革命方案，加入了深度精神內涵。魯迅的每篇小說，都以「表現的深切」引起同仁擊節稱賞，周作人《人的文學》一出，舉座皆驚，後被胡適推為「當時關於改革文學內容的一篇最重要的宣言」[14]，皆因周氏兄弟實乃淵源有自，有備而來。

在一定程度上，魯迅世紀初的文學想像，通過五四，融入了現實，其所確立的嚴肅文學範式，進入了二十世紀中國文學史。這不僅體現在本人終其一生的文學實踐中，而且體現在五四問題小說對社會和人生問題的關注中，體現在文研會「將文藝當作高興時的遊戲或失意時的消遣的時候，現在已經過去了。我們相信文學是一種工作，而且又是於人生很切要的一種工作」[15]的宣言及其「為人生」文學的創作實踐中，體現在二十世紀文學與革命、政治的複雜糾纏中。拉開二十世紀中國文學的主流線索，可以看到，文學作為一種行動，與啟蒙、革命、政治一道，深刻參與了中國的現代進程。魯迅之後來成為二十世紀中國文學最有代表性的存在，乃有歷史的必然。

四、

然魯迅文學在與二十世紀中國的摩擦、糾纏中，扭曲、變異或被遮蔽的可能，也在所難免。其深度指向，蘊含著尚待挖掘和彰顯的新的文學想像。

---

[14] 胡適：《〈中國新文學大系・建設理論集〉導言》，《胡適全集》第12卷，第296頁。
[15] 周作人起草：《文學研究會宣言》，《小說月報》第12卷第1號。

　　在圍繞「救亡」形成的晚清實學思潮中，周氏兄弟重揭文學大旗，似乎逆潮流而動，然所張主，為文學之新質。既以「精神」訴諸「詩」，故「立人」之外，還當「立詩」，《摩羅詩力說》可謂新語境下之「為詩一辯」，而周作人的《論文章之意義暨其使命》，更為文學之本質在世界語境中窮追猛索。周氏兄弟的文學立論，在世紀初駁雜紛呈的中西語境中展開，其必須面對的文學觀念，一是晚清剛剛傳入的西方純文學觀念，二是中國固有之文學觀，其一為以文學為遊戲、消遣的觀念，晚清結合商業運作，此類文學正方興未艾，與此相關，是文學無用論，其二是「文以載道」、以文章為「經國之大業」的文學功用觀，晚近則是梁啟超對小說與群治關係的揭示，以文學為治化之助。於是三者，周氏皆有不滿，遊戲觀念，自所不齒，載道之言，視為禍始，梁氏之說，直趨實用，西方傳來之近代純文學觀，又過於明哲保身。文學既關乎「救亡」，首先要排斥的，是本土之遊戲、消遣觀，舶來之純文學觀，亦須加修正。文學是有所為的，然其有所為，非傳統之載權威之「道」，經一姓之「國」，亦非直接以助治化，而又要有所不為。要從這有為與無為的悖論夾縫中掙脫而出，需追尋文學更堅實的基座，故二人由此出發，把文學上推，與「精神」、「神思」等原初性存在直接對接。《摩羅詩力說》論文學之「用」，先以「純文學」視角，承認文學「與個人暨邦國之存，無所系屬，實利離盡，究理弗存。」其「為效」，「益智不如史乘，誠人不如格言，致富不如工商，弋功名不如卒業之券。」[16]但否定排除之後強調：「特世有文章，

————————
[16]　魯迅：《墳・摩羅詩力說》，《魯迅全集》第1卷，第71頁。

而人乃以幾於具足。」[17]最後，把這一「不用之用」的原因歸結
為二，一為「以能涵養吾人之神思耳。涵養人之神思，即文章
之職與用也。」[18]二以「冰」為喻，強調文學涵「人生誠理」，
使讀者「與人生即會」的「教示」作用[19]。周作人則廣集西方近
世諸家之說，考索文學要義，最後采美國宏德（Hunt）文論，
歸為「形之墨」、「必非學術」、「人生思想之形現」、「具
神思（ideal）、能感興（impassioned）、有美致（aristic）」「四
義」，[20]於三、四者，尤所置重；論及文學之「使命」，亦采宏
德之說歸為四項：「裁鑄高義鴻思，匯合闡發之」、「闡釋時代
精神，的然無誤也」、「闡釋人情以示世」、「發揚神思，趣人
生以進於高尚也」。[21]篇末，周氏直抒己見：「夫文章者，國民
精神之所寄也。精神而盛，文章即固以發皇，精神而衰，文章亦
足以補救。故文章雖非實用，而有遠功者也。……文章一科，後
當別為孤宗，不為他物所統。」[22]

　　在周氏兄弟的文學想像中，文學與精神、神思等原初性存
在直接相關，二者的直接對接，一方面使它得以超越知識、倫
理、政教等「有形事物」的束縛而獲獨立，「別為孤宗」，另一
方面，它又與政治、倫理、知識等力量一道，對社會、人生發揮
作用和影響。這樣，進者可使文學通過精神輻射萬事萬物，發揮

---

[17]　同上，第71頁。

[18]　同上，第71頁。

[19]　同上，第71-72頁。

[20]　周作人：《論文章之意義暨其使命》，《周作人集外文（上集）》，海
　　　南國際新聞出版中心1995年版，第41-44頁。

[21]　同上，第46-49頁。

[22]　同上，第57-58頁。

其「不用之用」和「遠功」，退者亦可使文學通過回歸精神而獨立，在有為與無為（獨立）之間，文學找到了存在的基點。

　　文學與知識、道德、宗教一道，分享了精神的領地，但文學又自有其超越性在。二人都強調文學與學術等有形之思想形態的不同：「蓋世界大文，無不能啟人生之閟機，而直語其事實法則，為科學所不能言者。……此為誠理，微妙幽玄，不能假口於學子。」[23]「文章猶心靈之學」[24]「高義鴻思之作，自非思入神明，脫絕凡軌，不能有造。凡雲義旨而不自此出，則區區教令之屬，甯得入文章以留後世也……以有此思，而後意象化生，自入虛靈，不滯於物。」[25]文學自由原發、不拘形態，因而在精神領域亦佔據制高點的位置，尤其在王綱解紐、道術廢弛的世紀初語境中，文學更顯出其推陳出新的精神功能。故此，在周氏兄弟那裏，文學，成為精神的發生地和真理的呈現所，它與知識、道德、倫理、政治等的關係，不是後者通過前者發揮作用，而是相反，文學作為精神的發生地，處在比後者更本原的位置，並有可能通過它們發揮作用。

　　這就是周氏兄弟在世紀初駁雜語境中確立的文學本體論，文學本體之確立，在中國文學史上第一次把文學確立在獨立的位置上，而其獨立，不是建立在純文學觀之審美屬性上，而是建立在原創性精神根基上，隨著與精神的直接對接，文學被推上了至高的位置。文學擺脫了歷來作為政教附庸的位置，但並沒有放棄

---

[23] 魯迅：《墳‧摩羅詩力說》，《魯迅全集》第1卷，第71-72頁。
[24] 周作人：《論文章之意義暨其使命》，《周作人集外文（上集）》，海南國際新聞出版中心1995年版，第48頁。
[25] 同上，第49頁。

文學的社會作用，相反，擺脫束縛後的文學以更為原創的力量發揮其影響。文學，既非「官的幫閒」，亦非「商的幫忙」，而是作為獨立的行動，參與到社會與歷史中去。周氏文學本體論的形成，固然來自救亡圖存的動機，然已超越救亡方案的單一層面，成為一個終極性立場。文學不僅在救亡局面中超越了技術、知識、政制等有形事物，甚至在精神領域取代了僵化衰微的宗教、道德、政教、知識等的位置和作用，成為新精神的發生地和突破口。

在這個意義上，稱之為「文學主義」，大概也不為過吧。不難看出，周氏文學主義背後，有著老莊精神哲學、儒家經世傳統、以及西來浪漫主義文學觀的觀念因數，[26]正是遭遇「三千年未有之大變局」，在周氏兄弟那兒，這些中、西觀念才得以相互碰撞並重新啟動成嶄新形態。

周氏兄弟後來以各自的方式對應現實的挑戰，作為積極和消極回應現實的結果，二人的文學實踐，劃出了越來越分離甚至截然不同的軌跡，二十世紀中國的劇烈動盪，由此可見一斑。在某種程度上說，世紀初的這一文學立場，主要是通過魯迅的卓越文學實踐，對世紀文學產生了深遠影響。從這一終極立場出發，魯迅以文學為獨立的行動，積極參與和深度介入了中國的現代轉型，並經歷了多次絕望，切己的是，所有現代參與的不幸，都化為他個體的、心理的精神事件，作為副產品，在這一過程中，他

---

[26] 在老莊那兒，精神與道相通，是遍及客觀與主觀的創始性存在，是一種不拘于形的超越性力量；在西方，通過路德打通的個人與上帝的溝通渠道，浪漫主義文學中的個人凸現出來，作者憑藉靈感，像神靈附體一般，成為最高存在的直接溝通者和表達者。文學，通過天才性的個人，成為精神的發生地和突破口。

以文學的形式表達了堪稱現代中國最深刻的生命體驗，留下了中國近現代文化轉型最深刻的個人心理傳記，這些，都成為了文學家魯迅的底色。

至此，可以把「魯迅文學」的要義歸結為兩點：一、文學是一個終極性的精神立場；二、文學是一個獨立的行動。

五、

作為一種獨立的行動，魯迅文學與啟蒙、革命和政治等二十世紀的重要力量一起，在共同參與二十世紀中國的現代轉型中，曾發生複雜的姻緣和糾纏，這其中，也有著尚待清理和揭示的問題。

以文學啟蒙民眾，轉移性情，改良社會，正是魯迅文學救亡方案的題中應有之義。晚年談到為什麼做起小說，仍然強調：「說起『為什麼』做小說罷，我仍抱著十多年前的『啟蒙主義』，以為必需是『為人生』，而且要改良這人生。」[27]終極性文學立場決定了，文學，既是啟蒙的有效方式，亦是啟蒙的原發性領域，不是文學來自啟蒙，而是啟蒙來自文學，這大概就是竹內好所曾看到的「文學者魯迅無限地生成出啟蒙者魯迅」[28]之意吧。

如何處理在共同參與歷史過程中與革命、政治的現實關係？對此，在二十年代中期革命話語甚囂塵上的紛繁語境中，魯迅曾經歷過並未明言的艱難思考。一方面他懷疑當下所謂革命文

---

[27] 魯迅：《二心集·我怎麼做起小說來》，《魯迅全集》第4卷，第512頁。
[28] 竹內好：《魯迅》，孫歌編：《近代的超克》，北京三聯書店2005年版，第143頁。

學的存在，諷刺那些貌似的革命文學者，同時又把文學與革命放在不滿現狀、要求變革的同一陣營，[29]但他又承認，政治性革命的現實功效，比文學更為快捷。[30]魯迅此時期有關文學與革命的言述，常常欲言又止，話中有話。在《文藝與政治的歧途》中，他把文藝家與政治家分開，因為後者安於現狀，前者永遠不滿現狀，[31]另外，他似乎又對「文藝」和「革命」（政治革命）進

---

29 「文藝和革命原不是相反的，兩者之間，倒有不安於現狀的同一。」（《集外集·文藝與政治的歧途》，《魯迅全集》第7卷，第113頁）；「所謂革命，那不安於現在，不滿意於現狀的都是。文藝催促舊的漸漸消滅的也是革命（舊的消滅，新的才能產生）⋯⋯」（同上，第118-119頁）。

30 「一首詩嚇不走孫傳芳，一炮就把孫傳芳轟走了」（《而已集·革命時代的文學》，《魯迅全集》第3卷，第423頁）；「我是不相信文學有旋乾轉坤的力量的」；（《三閒集·文藝與革命》，《魯迅全集》第4卷，第83頁）；「倘以為文藝可以改變環境，那是『唯心』之談，事實的出現，並不如文學家所豫想。」（同上，第134頁）；「自然也有人以為文學於革命是有偉力的，但我個人總覺得懷疑，文學總是一種餘裕的產物，可以表示一民族的文化，倒是真的。」（《而已集·革命時代的文學》，《魯迅全集》第3卷，第423頁）。

31 「我每每覺到文藝和政治時時在衝突之中；文藝和革命原不是相反的，兩者之間，倒有不安於現狀的同一。惟政治是要維持現狀，自然和不安於現狀的文藝處在不同的方向。不過不滿於現狀的文藝，直到十九世紀以後才興起來，只有一段短短歷史。」（《集外集·文藝與政治的歧途》，《魯迅全集》第7卷，第113頁）；「政治想維繫現狀使它統一，文藝催促社會進化使它漸漸分離；文藝雖使社會分裂，但是社會這樣才進步起來。文藝既然是政治家的眼中釘，那就不免被擠出去。」（同上，第114頁）；「從前文藝家的話，政治革命家原是贊同過；直到革命成功，政治家把從前所反對那些人用過的老法子重新採用起來，在文藝家仍不免於不滿意，又非被排軋出去不可，或是割掉他的頭。」（同上，第118頁）；「而文學家的命運並不因自己參加過革命而有一樣改變，還是處處碰釘子。⋯⋯在革命的時候，文學家都在做一個夢，以為革命成功將有怎樣怎樣一個世界；革命以後，他看看現實全不是那麼一回事，於是他又要吃苦了。」（同上，第119頁）。

行了分別，[32]這不僅在於筆桿和大炮的區別，也在於「政治革命家」最終會成為「政治家」，而「文藝家」終將遭遇現實與理想的衝突，永無滿足之時，[33]文藝——魯迅既不說「文藝革命」，對「革命文藝」也審慎使用——與政治革命，既有方式的不同，還有徹底性的差別。二者同道而驅，然當各以自方為根本，以對方為「一翼」之時，衝突在所難免。

值得追問的是，在魯迅的躲閃其辭中，是否也保留著從未明言的基於前述「文學主義」立場的革命想像？魯迅文學之原初動機固起於救亡，但經由對救亡方案的終極求索，發現並確立了文學的終極立場。在這一終極立場上，文學指向的變革與轉型的深遠願景，救亡遠不能囊括。在這個意義上，魯迅的文學想像，也就是魯迅的革命想像，文學與革命，在這樣的制高點上才能重合。故魯迅對於政治革命，視為同道，當作契機，也應有所保留。羨慕大炮的功效，調侃文學的無用，是在兩次絕望之後，其文學想像，愈到後來，愈益顯現其世紀初所力排的迂闊，後來的人生選擇，已見出文學立場的調整，最終有點「煞風景」的遺言，也透漏了盈虛之消息。但是，文學的終極立場，及其深度指向，應該未被拋棄，而是更深地藏納於內心吧。

---

[32] 「我以為革命並不能和文學連在一塊兒，雖然文學中也有文學革命。」（《集外集‧文藝與政治的歧途》，《魯迅全集》第7卷，第117頁）；「革命文學家和革命家竟可說完全兩件事。」（同上，第119頁）。

[33] 「理想和現實不一致，這是註定的運命；」、「以革命文學自命的，一定不是革命文學，世間哪有滿意現狀的革命文學？」（《集外集‧文藝與政治的歧途》，《魯迅全集》第7卷，第119頁）。

六、

魯迅文學，通過其示範效應，深刻影響了二十世紀中國文學，並和世紀文學一道，形成了二十世紀中國「嚴肅文學」的范式和傳統，表現在以下幾個層面：

1、二十世紀中國文學深度介入了民族國家的救亡與現代轉型，形成了參與歷史和干預現實的積極品格，在某種意義上說，二十世紀中國文學是「民族國家的文學」。

2、文學不再僅僅是政教的附庸或娛樂、消遣的工具，而是一種獨立而深入的精神行動，並在參與歷史和干預現實的過程中，與啟蒙、革命、政治等二十世紀重要力量，發生了複雜的姻緣與糾纏。

3、二十世紀文學與中國現代性的複雜糾纏，使中國現代文學成為二十世紀中國艱難轉型的豐富見證或「痛苦的肉身」，並空前豐富了我們對文學性的理解。

4、文學之終極精神立場的確立，潛移默化地影響了現代中國人文知識份子的文學認知與自我認知，形成了一種批判性的人文立場及其精神傳承。

七、

世紀回首，無庸諱言，魯迅文學及其世紀影響，亦存在值得反思的問題。如：

1、文學與拯救

魯迅文學背後，有著世紀末價值廢墟的背景，十九世紀

末，中、西精神規範普遍遭遇解構，當魯迅以人性的視角發現國民性的危機──這無疑是救亡理念中的一個最深視點──後，如何拯救？他在資源上是無援的。魯迅垂青於文學的精神生髮功能，轉向新精神的生髮地──文學，試圖以文學的精神原創力和感召力振拔沉淪私欲的國民性，在這個意義上，魯迅的文學救亡已深入人性拯救的層面。文學與拯救並置，就會產生一個問題：文學能否承擔人的拯救？「拯救」一詞來自宗教，在宗教中，拯救源自確定性和超越性的至高價值。魯迅文學終極立場的確立，使文學站到了比宗教、道德、知識等更本原的位置，在人性拯救的意義上，取代了宗教、道德的功能，或者說，文學，成為新的宗教和倫理。但是，在魯迅那兒，文學作為精神的發源地，是以非確定形態出現的，其價值就在不斷否定、不斷上征的超越功能，問題是，以非確定的否定性精神作為人性拯救的資源，是否可能？與此相關的是──

2、文學與啓蒙

　　解構啟蒙，已成為當下中國的普遍思潮，這個西方時尚學術話語與中國式世俗聰明的混血兒，正在百年啟蒙的沉重身軀前輕佻地舞蹈。其實，對於二十一世紀的中國，啟蒙遠不是已經過時的話題，而是尚未完成的工程。面對世紀啟蒙的困境，吾人有必要作一番徹底的反思。當下需要追問的，一是我們拿什麼啟蒙？與此相關的是，我們用什麼方式啟蒙？或者借用英文的啟蒙問：enlightenment，但「光源」何在？

　　啟蒙是來自西方的近代觀念，理性，是啟蒙的根本資源和絕對依據，是啟蒙主義的自明的前提。啟蒙者普遍相信，理性是

人的本性，依靠人所共有的普遍理性，就可以擺脫此前的愚昧狀態。康德的《答復這個問題：「什麼是啟蒙運動？」》是對啟蒙的經典闡釋，在他的闡釋中，「理智」、「勇氣」、「自由」是三個關鍵字，「勇氣」和「自由」，是啟蒙的內在和外在條件，而「理智」或「理性」，則是康德啟蒙的真正內核所在，它被預設為人的先驗本性，康德啟蒙要人們回到的自己，是具有自主理性的人。[34]

作為啟蒙依據的理性，並非十七、十八世紀的發明，它的背後，有著源遠流長的西方理性主義傳統。理性的本質是普遍的、超越性的原則和秩序，被認為是人的先驗本性，其實，如其說理性是與生俱來的先驗本性，不如說理性來源於人們對理性的信仰──對宇宙秩序和自身思維秩序存在的相信，有什麼樣的信仰，就有什麼樣的本性，沒有信仰，難以啟蒙。

自然人性論和個人主義，是世紀啟蒙的兩個話語基石，就其內涵作進一步反思、檢討，宜其時矣。此處不贅。

3、文學的歷史參與問題

文學的歷史參與和現實干預，一方面形成了中國二十世紀文學的可貴品格與優秀傳統，豐富了我們對文學的理解，並為現代中國的思想運動和社會運動提供了豐富的想像資源和強大的鼓動力，另一方面，它又帶來了諸多有待反思的問題。在文學自身方面，過強的使命意識和過重的歷史承擔，易使文學淪為時代的弄潮兒或追隨者，少了對自我主體的觀照和自身建設的意識。在

---

[34] 參閱[德]康德：《歷史理性批判文集》，何兆武譯，商務印書館1990年版。

思想影響和社會影響方面，表現為感性過多和理性欠缺。社會變革需要激情和感性，但更需要的是理性、是知識與經驗的積累和操作的審慎。反觀二十世紀中國的現代變革，一方面應看到文學在其中的積極作用，另一方面，從社會變革本身來說，文學參與的尺度，也是一個有待反思的問題。

八、

文學的世紀，已經過去，二十世紀意義上的文學，正陷入四面楚歌的處境中。九十年代經歷了世紀文學的轉型，市場化、世俗化帶來了文學的邊緣化，在政治之外，市場——媒體、暢銷書、收視率等成為影響文學生態的新的強大力量，在某種意義上，中國文學正經歷著空前的轉型，與此相關，「魯迅文學」範式，正面臨著危機。文學何為？已成為擺在我們面前的新的嚴峻問題。值此非常時刻，吾人之反思，在情感上就更為複雜：一方面，反思剛剛開始並有待深入，另一方面，在當下處境追問文學何為，為詩一辯，魯迅文學，無疑又是我們在新語境下追問並確立文學意義和價值的值得呵護的寶貴資源。

魯迅似乎對文學的處境早有預見。在《文藝與政治的歧途》中，魯迅笑談道：「我每每覺到文藝和政治時時在衝突之中；文藝和革命原不是相反的，兩者之間，倒有不安於現狀的同一。惟政治是要維持現狀，自然和不安於現狀的文藝處在不同的方向」、[35]「從前文藝家的話，政治革命家原是贊同過；直到革命成功，政治家把從前所反對那些人用過的老法子重新採用起

---

[35] 魯迅：《集外集·文藝與政治的歧途》，《魯迅全集》第7卷，第113頁。

來，在文藝家仍不免於不滿意，又非被排軋出去不可⋯⋯。」[36]
魯迅又說：「等到有了文學，革命早成功了。革命成功以後，閒
空了一點；有人恭維革命頌揚革命，就是頌揚有權力者，和革命
有什麼關係？」[37]

是否由此可以說：「治世」無文學？

莫非其世不治，其文斐然，世既已治，其文「歇菜」？

《野草》中有一篇《希望》，該篇圍繞「希望」的可能
性，層層設置終極悖論，不斷設置，不斷突圍。借由「我只得由
我來肉薄這空虛中的暗夜了」超越第二個悖論（「我」寄希望於
「身外的青春」，然而「身外的青春」也消逝了）之後，裴多菲
的絕望之詩又把文思退回到前一悖論中，就在這時，第三個也是
最後一個悖論突兀出現：「但暗夜又在那裏呢？⋯⋯而我的面前
又竟至於並且沒有真的暗夜！」[38]對「暗夜」的一筆勾銷，終於
釜底抽薪地取銷了「反抗」的意義。

如果真的「暗夜」都不存在了（是否可能？），「文藝
家」就滅絕了，或者反過來，「文藝家」滅絕了，「暗夜」也就
不存在了。

問題是在何種意義上理解「治世」和「暗夜」？在魯迅那
裏，「文藝家」總是不滿現狀，因而即使在所謂「治世」，「文
藝家」恐怕還是有所不滿，看到「暗夜」。

但若世人皆曰太平，文學該如何自處？

君不見現如今全民娛樂化的國學熱和遊戲文學熱的盛世景

---

[36] 同上，第118頁。
[37] 同上，第118頁。
[38] 魯迅：《野草·希望》，《魯迅全集》第2卷，第178頁。

觀。在新世紀的殷切心態中，以自我批判為內核的現代啟蒙話語，已然不合時宜，解構啟蒙，也已成為學術時尚，現在來談魯迅的國民性批判，不僅不識時務，無人喝彩，甚至會招來口水和笑聲，以批判國民性為內核的魯迅文學，走向末路，勢所必然。

但無論是「官的幫閒」，還是「商的幫忙」，對魯迅來說恐怕都不是真的文學吧。

文學何為？誠是當下處境中需重新追問的問題。

魯迅文學的深度指向，是國人精神的現代轉型。貫穿整個二十世紀的現代轉型，並沒有隨著二十世紀結束，而是正在艱難深入，被魯迅視為現代轉型基礎的國民性，其「暗夜」尚在。故在自我認定的意義上，魯迅文學，無疑仍有其存在的價值。

需進一步追問的是：若天下真的太平了，文學到底還有沒有存在的價值？越過籠罩二十世紀中國文學的民族國家層面，魯迅的「文學主義」立場，是否仍可提供文學合法性的價值資源？

我想在此把「暗夜」作更普泛化地理解。即使不再是批判性立場上的政治的、社會的、國民性的甚至人性的「暗夜」，在人的存在意義上，存在的被遮蔽，也許是人類生存之永恆的「暗夜」吧。語言照亮曖昧的生存，在語言達不到的地方，存在處於晦暗之中。在終極意義上，文學，作為一種非確定的言說方式，是在知識、體制、道德和宗教之外，展現被遮蔽的隱秘存在、使存在的「暗夜」得以敞亮的一種不可或缺的獨特方式。上世紀初魯迅為詩一辯，即把文學確立在獨立性和終極性的精神立場上，《摩羅詩力說》論文學之「為效」，首先將其與知識（「益智」）、道德（「誠人」）和實利（「致富」、

「功名」）等區別開來，強調「特世有文章，而人乃以幾於具足」；[39]又以「冰」為喻，彰顯文學優於知識之所在：「蓋世界大文，無不能啟人生之閟機，而直語其事實法則，為科學所不能言者」。[40]《科學史教篇》篇末，兀然加入一段逸出科學史內容的議論：「顧猶有不可忽者，為當防社會入於偏，日趨而一極，精神漸失，則破滅亦隨之。蓋使舉世惟知識是崇，人生必大歸於枯寂，如是既久，則美善之感情漓，明敏之思想失，所謂科學，亦同趣於無有矣。故人群所當希冀要求者，不惟奈端已也，亦希詩人如狹斯丕爾（Shakespeare）；不惟波爾，亦希畫師如洛菲羅（Raphaelo）；既有康德，亦必有樂人如培得訶芬（Beethoven）；既有達爾文，亦必有文人如嘉來勒（Garlyle）。凡此者，皆所以致人性於全，不使之偏，因以見今日之文明者也。」[41]魯迅的文學立論，固然起於民族救亡的現實動機，但它始終建立在普遍性的人類需要與終極性的精神立場上。穿越民族救亡與現代轉型的世紀圖景，這一終極性「文學主義」立場，亦是吾人於新世紀困境中尋求文學新的合法性的唯一本土資源。

---

[39] 魯迅：《墳·摩羅詩力說》，《魯迅全集》第1卷，第71頁。

[40] 同上，第71-72頁。

[41] 同上，第35頁。

第二節　雜文意識與文學行動

一、魯迅雜文之謎

　　雜文，是魯迅傾力最多的寫作，後期更是以幾乎所有的精力投入；在其一生的創作中，雜文字數占約百分之八十。雜文又是魯迅創作中最受爭議的，對於其成就，肯定者給以很高的評價[42]；否定者也不少，其生前就有論者對雜文是否屬於文學提出質疑，更多人惋惜未能於占儘先機且出手不凡的小說創作竭盡全力。

　　二十世紀中國最重要的文學家百分之八十的創作是雜文，這個事實，使雜文是否文學這個問題，擺在了我們面前。

　　有趣的是，魯迅生前說到雜文，往往語焉未詳，話中有話，使雜文問題平添一種富有魅力的神秘色彩。

　　一方面，對於種種非議，每每在雜文集的序言或後記中提及，並略作辯解。如在其雜文寫作初期的《華蓋集・題記》中說：

　　　　也有人勸我不要做這樣的短評。那好意，我是很感激的，而且也並非不知道創作之可貴。然而要做這樣的東西的時候，恐怕也還要做這樣的東西，我以為如果藝術之宮裏有這麼麻煩的禁令，倒不如不進去；還是站在沙漠上，

---

[42] 李澤厚在《略論魯迅思想的發展》中認為，魯迅文集（其中百分之八十是雜文，筆者注）無愧於「中國近代社會的百科全書」，視之堪與《紅樓夢》並列為百讀不厭的兩部中華散文文學（李澤厚：《中國近代思想史論》，人民出版社1979年版，第439頁）；郭預衡在《魯迅雜文——一代詩史》（《魯迅研究》1981年第2期）譽之為「一代詩史」。

看看飛沙走石，樂則大笑，悲則大叫，憤則大罵，即使被
沙礫打得遍身粗糙，頭破血流，而時時撫摩自己的凝血，
覺得若有花紋，也未必不及跟著中國的文士們去陪莎士比
亞吃黃油麵包之有趣。[43]

　　將雜文稱之為「短評」，並在字面上與「創作」分開。
「創作」所指何為？是一般所說的現代意義上的文藝創作？若果
如此，五四後公認的四大現代文體，為小說、詩歌、散文、戲劇
（話劇），難道「短評」不屬於散文？所謂「短評」者，與「藝
術之宮裏」的散文，差別何在呢？

　　在雜文寫作中期的《三閑集・序言》中，又以「雜感」稱之：

　　　　但粗粗一想，恐怕這「雜感」兩個字，就使志趣高超
　　的作者厭惡，避之惟恐不遠了。有些人們，每當意在奚落
　　我的時候，就往往稱我為「雜感家」，以顯出在高等文人
　　的眼中的鄙視，便是一個證據。……

　　　　「雜感」之於我，有些人固然看作「死症」，我自己
　　確也因此很吃過一點苦，但編集是還想編集的。[44]

　　在後期的《且介亭雜文・序言》中又說：

　　　　近幾年來，所謂「雜文」的產生，比先前多，也比先
　　前更受著攻擊。例如自稱「詩人」邵洵美，前「第三種

---

[43] 魯迅：《華蓋集・題記》，《魯迅全集》第3卷，第4頁。
[44] 魯迅：《三閑集・序言》，《魯迅全集》第4卷，第3頁。

人」施蟄存和杜衡即蘇汶，還不到一知半解程度的大學生林希雋之流，就都和雜文有切骨之仇，給了種種罪狀的。然而沒有效，作者多起來，讀者也多起來了。[45]

　　我們試去查一通美國的「文學概論」或中國什麼大學的講義，的確，總不能發見一種叫作Tsa-wen的東西。這真要使有志於成為偉大的文學家的青年，見雜文而心灰意懶：原來這並不是爬進高尚的文學樓臺去的梯子。托爾斯泰將要動筆時，是否查了美國的「文學概論」或中國什麼大學的講義之後，明白了小說是文學的正宗，這才決心來做《戰爭與和平》似的偉大的創作的呢？我不知道。但我知道中國的這幾年的雜文作者，他的作文，卻沒有一個想到「文學概論」的規定，或者希圖文學史上的位置的，他以為非這樣寫不可，他就這樣寫，因為他只知道這樣的寫起來，於大家有益。[46]以上幾段自述，正好分別處於其雜文創作的早、中、晚期，具有代表性。這些自述有以下幾個特點：一是對傾情所注的對象，命名上一直有些含糊，稱之為「短評」、「雜感」，及後來偶爾直呼其為「雜文」，其中確有個變化的過程；二是自覺將雜文與慣常所界定的「藝術」、「文藝」、「文學」和「創作」拉開距離；三是一再強調「然而要做這樣的東西的時候，恐怕也還要做這樣的東西」、「但編集是還想編集的」，情有獨鍾的態度非常明確，始終如一。

　　另一方面，雜文對於魯迅，又是一個始料未及、不斷發現

---

[45] 魯迅：《且介亭雜文·序言》，《魯迅全集》第6卷，第3頁。
[46] 三篇為《祝福》、《在酒樓上》和《幸福的家庭》。

的過程。《華蓋集‧題記》中說：「在一年的盡頭的深夜裏，整理了這一年所寫的雜感，竟比收在《熱風》裏的整四年所寫的還要多。」《華蓋集續編‧小引》中又說：「還不滿一整年，所寫的雜感的分量，已有去年一年的那麼多了。」在編訂完《且介亭雜文二集》寫的《後記》中，魯迅回顧道：「我從在《新青年》上寫《隨感錄》起，到寫這集子裏的最末一篇止，共曆十八年，單是雜感，約有八十萬字。後九年中的所寫，比前九年多兩倍；而這後九年中，近三年所寫的字數，等於前六年，……。」發現雜文的過程，也是一個發現自我的過程，其與雜文的緣分約定，是一步步確立的，是偶然，似乎也是必然。

可以看到，魯迅言及雜文，大多是在自我辯解的語境中，不能說沒有自信，處境卻相當被動。換言之，他一直是在抵抗中守護他與雜文的緣分約定。所可注意者，魯迅從來不說雜文是什麼，只是強調其與所謂「藝術」、「文藝」、「文學」、「創作」等等不相干。通過否定性的言說來呈現對象，自是佛、道二家之所擅，莫非魯迅繼承了這一傳統言說智慧？還是內有隱衷，難以說出，或說來話長，難以盡述？

大作家如此鍾情執意於區區雜文創作，確乎成為二十世紀中國文學的一個謎，此謎非同小可，不僅關乎對二十世紀中國最有成就的文學家的評價，而且牽連對二十世紀中國文學的本質性理解，彌足重要，而又索解為難。

對魯迅雜文的研究，前賢同仁已做出過傑出的貢獻，對於理解「魯迅雜文」現象，皆收啟蒙發聵之功效。出於善情美意，論者多喜為魯迅雜文之「藝術」的或「文學」的身份「正名」。歷來對其文體特徵的界定，就強調其「文學」和「藝術」的歸屬，

瞿秋白認為雜文是「文藝性的論文」[47]，馮雪峰認為是「詩和政論凝結」[48]，後來研究者則歸之為「側重於議論性的散文」[49]；對於雜文文學特徵的論述，大多聚焦於形象、類型、詩性、想像、情感、修辭、格式和語言等所謂「文學藝術特色」層面。

在接受美學的觀點上，以規範的、普泛的文學和藝術標準來探討魯迅雜文之受普通讀者歡迎的原因，原也無可厚非。然而，以作者意圖視之，本無意於常規的「文學」與「藝術」標準，如何以此類標準視之？更為關鍵的是，從常規文學標準出發，無法歷史地理解魯迅與雜文之間的宿命般的聯繫，進而發現其中可能蘊藏的文學問題。

魯迅雜文之謎，蘊涵著尚待挖掘的資源。值得追問的是，在談到他人對雜文的非議的時候，魯迅多表示對一般「文學理論」和所謂「藝術之宮」的不屑，這一否定之後，究竟潛伏有怎樣的定見？是什麼樣的「文學」觀念使他走向雜文的？雜文對於魯迅，並不是一個預先的設計，而是一個不斷發現自我的過程，那麼，他又是怎樣一步步走向雜文的？其中有什麼必然性？對規範文學標準的拒絕，顯現了什麼樣的「文學性」？魯迅雜文現象，展現了二十世紀中國「文學性」的哪些隱秘特徵？作為文學範式，又是如何影響了二十世紀中國「文學性」的意向性建構？

---

[47] 參見何凝（瞿秋白）：《魯迅雜感選集‧序言》，青光書局（上海北新書局）1933年版。

[48] 參見馮雪峰：《魯迅與中國民族及文學上的魯迅主義》，1940年8月1日《文藝陣地》第5卷第2期。

[49] 參見林非：《中國現代散文史稿》，中國社會科學出版社1981年版。

二、文學的自覺、小說的自覺與雜文的自覺

雜文背後，有全新文學觀念的支持，這就是前述日本時期形成的「文學主義」：一、文學是一個終極性的精神立場；二、文學是一個獨立的行動。需要進一步探究的是，如此至高的精神立場，如何訴諸文學的行動？負載精神使命的文學行動，又是如何真正成為魯迅個人的行動？如果說「棄醫從文」標誌著魯迅的「文學自覺」，那麼，它以什麼樣的文學行動來踐履？又以什麼樣的文體來承擔呢？

日本時期的文學自覺，應該在人生決斷的意義上來理解。對於魯迅，文學是一種行動，既是社會歷史意義上的參與現代變革的獨立行動，同時又是生命意義上的個人存在的抉擇，這一複雜的承擔者，最終找到的可能只有雜文。只有雜文，才能在「倉皇變革」的現代語境中，將個人存在與國族存在緊緊糾纏在一起，並在相互映照中得到最充分的呈現。日本時期的「文學自覺」後，魯迅先後經歷了「小說自覺」與「雜文自覺」，「小說自覺」發生於隱默十年（第一次絕望）之後，其時間在1918-1922年，「雜文自覺」則發生於1923年後，以1923年為標誌的「第二次絕望」是其分水嶺。

《摩羅詩力說》所宣揚的摩羅精神的承擔者，皆是詩人，小說並非關注的對象。[50]初上文學之途的周樹人，所著意者是詩

---

[50] 如在說到摩羅精神的斯拉夫譜系時，作為小說家的「鄂戈理」（果戈理），特強調排除在外：「前二者以詩名世，均受影響于裝倫；惟鄂戈理以描寫社會人生之黑暗著名，與二人異趣，不屬於此焉。」（魯迅：《摩羅詩力說》，《魯迅全集》第1卷，第87頁。）

（文體），詩的主觀性與鼓動性，與其對「個性」與「精神」的高揚正相合拍。「無不剛健不撓，報誠守真；不取媚於群，以隨順舊俗；發為雄聲，以起其國人之新生，而大其國於天下」[51]，這是對摩羅詩人的評價，也正是自我期許吧。蓋棺定論，在二十世紀中國，可以說，魯迅差不多實現了當初的期許，但其「雄聲」，並非詩歌。

完全可以設想，若主、客觀條件適合，青年周樹人完全可能成為一個富有晚清主觀精神、激越氣息與英雄情結的詩人。終於沒有成為「詩人」，詩之「別才」的局限？抑或文體的困境？成為現實的是，作為文學家的魯迅，十年後是憑小說而一炮打響。

魯迅之走向小說，當然可以找到諸多切身的姻緣，如近代對小說社會作用的認識，自小對小說的喜愛，長期以來在古代小說方面的學術積累，日本時期開始的對域外小說的譯介等等，但這些尚不足說明其選擇小說的內在原因。

伊藤虎丸曾以魯迅的「出山」之作《狂人日記》為文本，探討其成為「小說家」背後的秘密，他認為，通過「罪」的自覺，在《狂人日記》中，一種新的「現實主義」的亦即「科學」的態度和方法形成了，小說家的魯迅於是產生，小說家魯迅的產生，也是一個現實主義者甚至科學者的產生。[52]如果這裏所謂小說的態度和方法，指向一種清醒的、客觀的、展示的、批判性的態度，一種訴諸虛構的耐心，那麼可以說，小說的自覺，與日本時期的絕望後現實感與批判意識的上升內在關聯。小說的虛構

---

[51] 魯迅：《摩羅詩力說》，《魯迅全集》第1卷，第99頁。

[52] 參見伊藤虎丸：《魯迅與日本人──亞洲的近代與「個」的思想》，河北教育出版社2001年版。

性，提供了將危機洞察轉化為深刻批判的自由度和總體性要求（概括），同時，又提供了作者隱藏自己的可能。

談到魯迅的文學主義立場，不可離開處於其思想核心的國民性問題。至高精神立場的確立，基於對「淪於私欲」的國人精神狀況的洞察，冀望於文學來振拔國人的精神淪喪。與中國固有的人性論相聯，在魯迅這裏，精神，首先訴諸人性──其近代形態為國民性──的狀況，並要作為「個」的人格來承擔。因此，文學的精神立場，又可轉換為我們所熟知的「立人」與國民性問題。據許壽裳回憶，魯迅留日時期關注三個問題：1、怎樣才是最理想的人性？2、中國國民性中最缺乏的是什麼？3、它的病根何在？[53] 這三個問題，可以視為青年魯迅「立人」工程的兩個層面，1是正面的目標，2、3是反面的批判。

日本時期的文言論文，皆可視為第一個層面對「精神」和「意力」的正面尋找和激越呼喚，雖然這基於對時事和人性的洞察和批判，但後者畢竟還未成為論文的主旋律，指點江山、激揚文字的激情，遮蔽了潛隱而冷靜的洞察。青年人的熱情自信、晚清的激越氛圍，這些相較於「小說」，更接近「詩」。

如果說「怎樣才是理想的人性」是一個理想性的、頌揚性的、詩意的命題，那麼，「中國國民性中最缺乏的是什麼」和「它的病根何在」則需要現實的、批判的、甚至科學的態度去面對。正是對國民劣根性的認識，一種批判的使命感的產生，使魯迅由一個詩性青年，變成一個冷靜的中年小說家。國民性批判，確乎成為魯迅終其一生的使命。

---

[53] 許壽裳：《我所認識的魯迅》，人民文學出版社1952年版，第59頁。

　　這一轉換源於文學志業的一系列挫折，形成於十年隱默的第一次絕望。

　　「棄醫從文」的文學計畫剛剛展開，就接連遭遇挫折——「於浩歌狂熱之際中寒」。[54]「我決不是一個振臂一呼應者雲集的英雄」，[55]不過是對年輕人自我期許的打擊，而後來經歷的每況愈下的社會亂象，則使魯迅逐漸陷入一種隱默和沉潛狀態，前後近十年時間，[56]這就是魯迅的第一次絕望，S會館的六年，是其頂點，也是其標誌。會館的不動聲色中，洞察的冷眼看得更深，紛紛亂象展現的，是近代危機進一步深入和危機癥結進一步暴露的過程，並印證了他對國民性問題的思考，如果說日本時期國民性的問題框架沒有改變，那麼，他所關注的中心，應不再是第一個問題，而是國民性的弊端和根源。隱默的十年，對於魯迅，是危機意識與批判意識不斷上升的過程。不在沉默中爆發，就在沉默中滅亡，錢玄同的到來，終於引發《狂人日記》，小說家的魯迅正式產生。

　　被視為魯迅的，也是二十世紀中國的第一篇現代小說的《狂人日記》，是魯迅危機意識的總爆發，並通過「吃人」這樣極為直觀的概括，對中國危機的本質及其根源做出了空前宏深的總體性揭示和批判。所謂「表現的深切」與「格式的特別」，互為因果，隱默十年後的第一聲「吶喊」，積蓄著十年中的深切體驗與思考，必須通過特定的格式才能表達出來。空前宏深的洞察

---

[54] 魯迅：《野草·墓碣文》，《魯迅全集》第2卷，第202頁。
[55] 魯迅：《〈吶喊〉自序》，《魯迅全集》第1卷，第419頁。
[56] 魯迅後來回憶：「見過辛亥革命，見過二次革命，見過袁世凱稱帝，張勳復辟，看來看去，就看得懷疑起來，於是失望，頹唐得很了。」（魯迅：《〈自選集〉自序》，《魯迅全集》第4卷，第455頁。）

與批判，訴諸一種極為「深文周納」的小說構型，狂語被放置在「假作真時真亦假」的語境中，極盡曲折地表達出來。

《狂人日記》的複雜構型為作者展示世界提供了充分自由，使短短篇幅濃縮了巨大的概括性和批判性，同時又具備複雜的隱藏功能。小說構型使「吶喊」的聲音突出出來，而「吶喊」者自己是模糊的。文言的「識」有意突出「余」作為日記發現者的身份，從而與聲音保持充分的距離。隱藏自己，正是魯迅五四時期的自我願望。深深的絕望如一根伏線，潛藏於出擊身影的背後，站在邊緣「吶喊幾聲」，正是近乎折衷的姿態。

《吶喊》就在揭露與隱藏、批判與掩飾之間曲折前行，不久，小說批判就開始難以為繼，啟蒙主題逐漸受到本來試圖壓抑下去的個人意識的質疑。《阿Q正傳》之後，魯迅明顯加快了《吶喊》創作的進度，似乎想儘快結束《吶喊》的創作。

1920年《新青年》團體解散，魯迅「又經驗了一回同一戰陣中的夥伴還是會這麼變化」[57]，1922年12月深夜，作《〈吶喊〉自序》，在深深的絕望感中第一次以文字回顧失敗的經歷，1923年，魯迅又一次陷入了沉默。[58]這是兩個創作高峰間的沉默的一年，這之前，是五四高潮時期的「一發而不可收」的《吶喊》的創作，其後，開始了《彷徨》和《野草》的創作。兩個寫作高峰

---

[57] 魯迅：《南腔北調集·〈自選集〉自序》，《魯迅全集》第4卷，第456頁。

[58] 除了沒有間斷的日記，1923年所能見到的作品，是收入《魯迅全集》中的《關於〈小說世界〉》和《看了魏建功君的〈不敢盲從〉以後的幾句聲明》兩篇，以及致蔡元培、許壽裳和孫伏園三位熟人的四封信，前者收入他去世後輯錄的《集外集拾遺補編》，後者收入「書信」集，皆為其生平所未親自收集者。

正好襯托出這一年黑洞般的沉默。

1923年，發生了對於魯迅的人生有著決定性影響的兩件事。一是周氏兄弟失和；二是同月接到北京女子高等師範學校的聘書。如果說兄弟失和讓其前期的家庭生活告一段落，那麼，接受聘書，因為涉及女師大事件及許廣平的到來，拉開了此後新的人生大幕。兄弟分裂，發生於第一次絕望和《新青年》解體之後，幾乎葬送了最後的意義寄託。1923年的沉默，是第二次絕望的標誌。[59]

和第一次絕望一樣，魯迅最終走了出來，1924年2月，開始《彷徨》的寫作，該月一連寫了三篇，在9月一個無人的「秋夜」，又走進《野草》。

《彷徨》和《野草》既標誌著魯迅打破了一年的沉默，又記錄著走出絕望的心路歷程。《彷徨》和《野草》一樣，是一次自我療傷的過程。在《彷徨》中，魯迅寄託了個人在絕望中的自我情緒，進行了深刻的自我反思，通過對自我結局的悲觀預測，試圖向舊我告別。正如《野草》的寫作只能有一次一樣，《彷徨》也是一次性的，此後，小說難以為繼。

雜文的自覺，於「第二次絕望」後正式發生。如果說，小說的自覺依賴於現實感和批判意識的產生，那麼，雜文的自覺，則依賴於對自我與時代的進一步發現，這一發現過程，就在後來寫的《彷徨》，尤其是《野草》中。在《野草》中，魯迅將糾纏自身的矛盾全部袒露出來，通過穿越死亡，終於獲得新生。

---

[59] 有關魯迅「第二次絕望」的論述，詳見本書第一章第二節。

三、魯迅雜文：自我與時代的雙重發現

《野草》追問的結果，是對自我與時代的雙重發現。這就在最後寫的《題辭》中：

> 過去的生命已經死亡。我對於這死亡有大歡喜，因為我借此知道它曾經存活。死亡的生命已經朽腐。我對於這朽腐有大歡喜，因為我借此知道它還非空虛。
>
> 生命的泥委棄在地面上，不生喬木，只生野草，這是我的罪過。
>
> ……
>
> 但我坦然，欣然。我將大笑，我將歌唱。
>
> ……
>
> ……我以這一叢野草，在明與暗，生與死，過去與未來之際，獻於友與仇，人與獸，愛者與不愛者之前作證。
>
> 為我自己，為友與仇，人與獸，愛者與不愛者，我希望這野草的死亡與朽腐，火速到來。要不然，我先就未曾生存，這實在比死亡與朽腐更其不幸。[60]

生與死的辨證，意味著面向死亡的追問，終於參透了生的真諦，企圖發現的矛盾背後的真正自我，原來並不存在。生命具神性，生存在現實，首先要獲得生存，在這生死不明的時代，緊緊抓住即使並不顯赫的當下生存。

---

[60] 魯迅：《野草・題辭》，《魯迅全集》第2卷，第159、160頁。

　　最終確認的自我，就是當下的反抗式生存，這是自我與時代的雙重發現，是自我與時代關係的重新確認。所謂當下性，已不同於前述「小說自覺」賴以產生的現實感，現實感是打破自我想像之後一種危機意識的形成，一種面向現實的態度，而當下性，則是對現實本質的進一步確認，是對二十世紀中國變亂與轉型的「大時代」性的發現，這就是「明與暗，生與死，過去與未來之際」，是所謂「方生方死，方死方生」，是「可以由此得生，而也可以由此得死」的「大時代」[61]。「大時代」處在生死未明的轉換中，由每一個轉換中的「當下」組成，大時代之生與死，取決於每一個當下的抉擇。大時代中的自我，與時代共存亡，只有投入對每個當下生存的爭奪——反抗，才有個人與時代的未來。

　　反抗意識也不同於「小說自覺」賴以產生的批判意識。批判意識固然具備嚴峻的使命感，但尚未達到使命感與個體存在的真正融合；作為個人存在的決斷，經過《野草》確立的無條件的絕對反抗，既是一種參與歷史、投身現實的行動，也是一種在生命體驗與生存哲學層面上經得起拷問的生命姿態。在絕對的反抗中，長期困擾魯迅的「人道主義」與「個人主義」的內在矛盾，才得以解決，個人與時代顯得過於緊張的關係，也開始和解。從此，自我無需隱藏於虛構之後，完全可以直接袒露出來，以真實的身份投入到文學與時代的互動。

　　確實能把捉到魯迅自我意識逐漸凸現的過程。五四時期，「站在邊緣吶喊幾聲」和「聽將令」的姿態，使他沒有和盤托出自己的態度和主張，這表現在《吶喊》中，也表現在同時期的

————————
[61] 魯迅：《而已集・〈塵影〉題辭》，《魯迅全集》第3卷，第547頁。

「隨感錄」中。寫於五四時期的雜感，是廣泛的「社會批評」和「文明批評」，採取聲援《新青年》的邊緣姿態，屬五四道德革命的範圍，雖厚積薄發，論理透徹，但還沒有找到真正屬於自己的抗擊目標，投入個人的人格力量，顯得散兵遊勇，不在狀態。

第二次絕望，使魯迅失去所寄託的一切，只剩下孤獨的個人，擺脫了啟蒙的外在重負，心態反而較為自由。魯迅與五四主將胡適的關係，可作為考察的憑藉，二人之間的通信一直保持到1924年，也就在這一年結束。在複出後的演講中，魯迅開始公開對胡適的批評，[62]若在五四時期，這些都是不可能的吧。空前自由的心態使魯迅迎來了又一個更加多產的創作高峰，並開始以自由個人的身份，展開與楊蔭榆、章士釗和現代評論派的論戰，論戰中的思想和文章，開始淬發出真正屬於自己的光彩。

《野草》追問的終點，就是雜文自覺的起點。《野草·題辭》，說的是《野草》，同時也就是雜文，它是不堪回首的《野草》的結束，同時也是魯迅雜文時代真正來臨的宣言！

二十年代中期，在內向型《彷徨》和《野草》寫作的同時，一種新的外向型寫作已悄然開始，於是出現了兩個不同文本中的魯迅，一是《彷徨》、《野草》中自我掙扎、自我療傷的魯迅，一是《華蓋集》中叱吒風雲、所向披靡的魯迅。如果說《彷徨》尤其是《野草》的自我拷問和自我掙扎，標誌著魯迅通過對

62　在複出後的演講中，魯迅開始公開對胡適的批評，1923年12月的《娜拉走後怎樣》對胡適五四時期所翻譯易卜生名劇《玩偶之家》的主題作了顛覆式的重估，已透露此中消息；1924年1月的演講《未有天才之前》又將胡適幾年前的「整理國故」的主張列為「一面固然要求天才，一面卻要他滅亡，連預備的土也想掃盡」的幾種「論調」之首提出批評。

舊的自我的總結和清算，終於走出了第二次絕望，那麼，在論戰的文字中，一個行動者、反抗者和雜文家的魯迅，已經產生。

　　小說創作逐漸減少背後，是虛構熱情和耐心的消失。第一次絕望後催生小說的危機意識，基於對現狀的洞察，指向對真相的揭示，因而垂青於「虛構」所提供的文本世界的總體性。「雜文自覺」基於對當下性的發現，及由此催生的自我行動（生存）的迫切感，產生時不我待，直接訴諸行動的自我欲望，失去虛構的耐心。時代就是文本，寫作就是行動，變亂中國的現實，比虛構更具有寫作的意義，現實完全可以取代虛構，直接成為寫作的對象。[63]在《且介亭雜文·附記》中，魯迅最後意味深長地說：「我們活在這樣的地方，我們活在這樣的時代。」[64]

　　魯迅雜文的開始編集，始於1925年，該年編有《熱風》和《華蓋集》，兩篇相隔不到一個月的「題記」，情感態度頗值得比較玩味，《熱風》收的主要是五四時期的隨感錄，《華蓋集》則是1925年一年雜感的結集，《熱風·題記》有一種事不關己、立此存照式的淡定，《華蓋集·題記》的感覺就大為不同，情有獨鍾，敝帚自珍，並在自我否定與辯解中，曲折地透露了雜文的自覺意識：

---

[63]　魯迅曾說：「中國現在的事，即使如實描寫，在別國的人們，或將來的好中國的人們看來，也都會覺得grotesk。我常常假想一件事，自以為這是想得太奇怪了；但倘遇到相類的事實，卻往往更奇怪。在這事實發生以前，以我的淺見寡識，是萬萬想不到的。」（魯迅：《華蓋集續編·〈阿Q正傳〉的成因》，《魯迅全集》第3卷，第380，381頁。）「假如有一個天才，真感著時代的心搏，在十一月二十二日發表出記敘這樣情景的小說來，我想，許多讀者一定以為是說著包龍圖爺爺時代的事，在西曆十一世紀，和我們相差將有九百年。」（同上，第382頁。）

[64]　魯迅：《且介亭雜文·附記》，《魯迅全集》第6卷，第213頁。

　　在一年的盡頭的深夜中，整理了這一年所寫的雜感，竟比收在《熱風》裏的整四年中所寫的還要多。意見大部分還是那樣，而態度卻沒有那麼質直了，措辭也時常彎彎曲曲，議論又往往執滯在幾件小事情上，很足以貽笑於大方之家。然而那又有什麼法子呢。我今年偏遇到這些小事情，而偏有執滯於小事情的脾氣。正如沾水小蜂，只在泥土上爬來爬去，萬不敢比附洋樓中的通人，但也自有悲苦憤激，決非洋樓中的通人所能領會。

　　這病痛的根柢就在我活在人間，又是一個常人，能夠交著「華蓋運」。

　　……

　　然而只恨我的眼界小，單是中國，這一年的大事件也可以算是很多的了，我竟往往沒有論及，似乎無所感觸。……

　　現在是一年的盡頭的深夜，深得這夜將盡了，我的生命，至少是一部分的生命，已經耗費在寫這些無聊的東西中，而我所獲得的，乃是我自己的靈魂的荒涼和粗糙。但是我並不懼憚這些，也不想遮蓋這些，而且實在有些愛他們了，因為這是我轉輾而生活於風沙中的瘢痕。凡有自己也覺得在風沙中轉輾而生活著的，會知道這意思。[65]

「華蓋運」、「小事情」、「執滯」、「耗費」、「無聊」、「靈魂的荒涼和粗糙」，諸多說辭背後，皆有反面的對

---

[65] 魯迅：《華蓋集‧題記》，《魯迅全集》第3卷，第3、4、5頁。

應，潛藏雜文自覺的密碼：一、「小事情」，是個體存在與時代
命運的扭結，是小自我與大時代的直接碰撞，是當下發生的歷
史。「大事件」歷來是正史敘述的對象，而「小事情」才是親身
見證的「野史」，以小見大，「小事情」更能揭示時代的真相。
這裏所說的「小事情」，是因女師大風潮引起的與楊蔭榆、章士
釗、陳西瀅等的一系列筆戰，魯迅的雜文由此開始與實際的人事
產生關聯，這些筆墨官司，看似糾纏於個人恩怨，不足掛齒，但
對於魯迅自己卻有重要的意義，在筆戰中，開始以真實的自我出
擊，並以整個人格來承擔。自我的突出，使魯迅雜文真正變成一
種行動，一種自我存在的方式。二、「執滯」於「小事情」，正
是一種直面現實、不放過每一個當下的雜文態度，一種「糾纏如
毒蛇，執著如怨鬼」[66]的韌性，一種「所遇常抗，所向必動」[67]
的早年「摩羅詩人」理想的踐履。三、「耗費」。從這時起，
魯迅雜文集的題記、引言或後記中，經常出現對生命消逝的感
歎，這既有正言若反的時光虛擲的感喟，同時也說明，雜文寫
作正是有限生命對於「大時代」的全身心投入。四、「無聊」、
「荒涼和粗糙」。這是雜文寫作作為絕望的反抗的題中應有之
義。魯迅曾以「與黑暗搗亂」[68]來形容他的反抗，業已放棄一
切前提的為反抗而反抗的反抗，就像西緒弗斯推石上山，未免
「無聊」、「荒涼和粗糙」，但卻是別無選擇的當下生命的最真
實狀態。

---

[66] 魯迅：《華蓋集・雜感》，《魯迅全集》第3卷，49頁。

[67] 魯迅：《墳・摩羅詩力說》，《魯迅全集》第1卷，第81頁。

[68] 魯迅：《兩地書・二四》：「你的反抗，是為了希望光明的到來吧，我
想，一定時如此的。但我的反抗，卻不過是與黑暗搗亂。」（《魯迅全
集》第11卷，第79頁。）

《華蓋集》成為魯迅「雜文自覺」的標誌。「華蓋運」，不幸？還是有幸？

四、魯迅雜文與二十世紀中國的「文學性」

二十世紀中國最傑出的文學家的創作主要是雜文，使我們無法迴避這樣的問題：雜文是否文學？雜文的「文學性」何在？

「文學性」（literariness），是二十世紀上旬西方文學研究領域的核心問題，九十年代又成為我國文學研究界的熱議話題。二十年代，「文學性」由俄國形式主義批評家、結構主義語言學家羅曼·雅柯布森提出，意指「那種使特定作品成為文學作品的東西」[69]，即文學的本質特徵和屬性。文學性是一個試圖拿來代替文學從而方便給文學本質加以界定的概念，歷來就此問題的爭議，無論是本質主義傾向的分析與界定，還是具有解構傾向的歷史主義描述，都深入並豐富了我們對文學的理解。對於眾說紛紜的「文學性」問題，我們需要確立一些基本態度：一是，人們無法窮盡對某一本質的追問，但本質追問又是理解的必然路徑。可以談論的本質，並非一種絕對的存在，而是人類的一種可貴的（並非謬誤）認識模式，試圖抵達文學本質的文學性，是一種意向性的存在，存在於我們對於文學的意向性建構中。二是，文學的本質規定性，是在與他者的區別和關係中建立起來的，在不同的歷史語境中有不同的顯現，所謂本質必須放在歷史語境和與他者的關係中來理解。三是，文學是一種社會性的話語實踐，文學性是在實踐活動中呈現或者被指認出來的，文學的歷史實踐構成了文學性

---

[69] 轉引自周小儀：《文學性》，《文藝學新週刊》2006年第13期。

的要素，當下的文學實踐又不斷地改變並且開拓文學性的構成。

魯迅不是從某一既定的「文學性」出發，走向文學的。文學對於魯迅，始終是一種行動，是參與民族國家現代轉型的行動，同時也是個人存在的選擇。「棄醫從文」，是「志業」的選擇，文學，並非藉以謀生的職業和社會身份的寄託，而是深度介入近代危機、促進現代轉型的精神行動；文學，也不是坐在象牙塔中進行從容虛構的藝術品，而是與現實進行直接搏擊的行動本身。對於生存的可能性、價值和意義來說，所謂文學性等等，都並不重要。

作為歷史行動與個人存在方式的文學，不是規範文學性的產物，相反，文學性才是真誠的、原創的文學行動的產物。魯迅一路走來，以其真誠、原創的文學實踐，衝擊並改變著固有的文學規則和秩序，同時帶來並確立了新的文學性質素，豐富並深刻影響了現代中國的文學性建構。

在現代文學的文類秩序中，雜文只能勉強地被安放在較為邊緣的「散文」裏，它與想像性、創造性、情感性、形象性、總體性的現代文學性要求可能相距最遠，但就是在這一邊緣地帶，雜文卻構成了對固有文學秩序的最大挑戰。通過對規範文學性的拒絕，雜文在更為闊大的版圖上顯現了文學性的要求，並彰顯了二十世紀中國現代文學性的新質。

雜文的文學性，難以把它作為既有的、具有自然本質的中性客體，從對象性的觀察與分析中提取出來。只有從文學行動入手，雜文作為一個整體的文學性才得以呈現。

在魯迅自己的表述中，我們現在所言的雜文，一般稱之為「雜感」或「短評」，這一稱呼一直延續到30年代。在《寫在

〈墳〉後面》裏，魯迅第一次提到「雜文」，但卻把「雜文」與「雜感」明確分開，這裏的雜文，指收在《墳》中跨度達二十年的「體式上截然不同的」文章的總稱[70]，而「雜感」，應是有感而發，隨感隨寫的短文。到後期，魯迅才漸漸將「雜感」與「雜文」稱謂合一。

在晚年所寫的《且介亭雜文‧序言》中，才道出「雜文」的原委：

> 其實「雜文」也不是現在的新貨色，是「古已有之」的，凡有文章，倘若分類，都有類可歸，如果編年，那就只按作成的年月，不管文體，各種都夾在一處，於是成了「雜」。分類有益於揣摩文章，編年有利於明白時勢，倘要知人論世，是非看編年的文集不可的，……況且現在是多麼切迫的時候，作者的任務，是在對於有害的事物，立刻給以反響或抗爭，是感應的神經，是攻守的手足。[71]

從最傳統的編年法中，一種全新的現代文學意義呈現出來。編年意義上的「雜文」，不在於藝術性的「揣摩文章」，而

---

[70] 魯迅：《寫在〈墳〉後面》：「所以幾年以來，有人希望我動動筆的，只要意見不很相反，我的力量能夠支撐，就總要勉力寫幾句東西，給來者一些極微末的歡喜。人生多苦辛，而人們有時卻極容易得到安慰，又何必惜一點筆墨，給多嘗些孤獨的悲哀呢？於是除小說雜感之外，逐漸又有了長長短短的雜文十多篇。其間自然也有為賣錢而作的。這回就都混在一處。」（《魯迅全集》第1卷，第282、283頁。）

[71] 魯迅：《且介亭雜文‧序言》，《魯迅全集》第6卷，第3頁。

在於「知人論世」和「明白時勢」，「文章」──文學藝術不是最終寄託，而是讓編年的「雜文」成為個人與民族的歷史寫照。編年，正是展現文學行動的最合適方式，如果說每一篇「雜感」是「攻守」當下、「感應」現實的「神經」和「手足」，作為整體的「雜文」，則展現為人生的歷史和行動的軌跡，是讓當下變為歷史，與現實一道成長的力量，雜文寫作，是於轉型時代讓每個有意義當下成為現代史的行動。魯迅以雜文為武器，最充分地發揮了文學參與歷史和干預現實的功能，展現了其個人存在與中國二十世紀歷史的複雜糾纏，魯迅雜文，不僅成為其本人最出色的個人傳記，也是二十世紀中國的一份「野史」，成為中國現代性的豐富見證。以雜文為核心的魯迅文學，以其示範效應，深刻影響了二十世紀中國文學，並和世紀文學一道，形成了二十世紀中國「嚴肅文學」的范式和傳統，從而豐富了我們對文學的理解。

對於文學性問題，魯迅並非全無考量。日本時期文學自覺之初，在追問「文章」（文學）之價值時，就曾直言：「由純文學上言之，則以一切美術之本質，皆在使觀聽之人，為之興感怡悅。文章為美術之一，質當亦然，與個人暨邦國之存，無所系屬，實利離盡，究理弗存。」[72]在「純文學」立場上，通過一系列否定，將文學之「用」，寄託於價值中性的「興感怡悅」上。相對於一切有形之「實利」與「究理」，「興感怡悅」不指向某一具體目標，它是一個否定性的「不是」，同時也是一個具有更大可能性的「是」，最終收穫的是文學的「不用之用」。吾

---

[72] 魯迅：《墳・摩羅詩力說》，《魯迅全集》第1卷，第71頁。

人皆知，魯迅之追問，其實正是試圖將文學與「個人暨邦國之存」的救亡使命聯繫起來，但這一聯繫，不是二者之間的直接對接，而是以原發的、創造性的、具有無窮可能性的精神世界為仲介，故將文學價值歸結為——「涵養人之神思，即文章之職與用也。」[73]

「興感怡悅」只是沒有能指的所指，為何「興感」？為何「怡悅」？「興感」什麼？「怡悅」什麼？仍是需要進一步落實的問題。魯迅不可能滿足於文學內涵的空洞狀態，更不可能滿足於為「皇帝鬼神」而「興感」，為「才子佳人」而「怡悅」。文以載道、遊戲消遣、為藝術而藝術，皆非魯迅文學的最終目的地，文學必然要面向人生，有所關懷，「興感怡悅」必然要被填以更具價值的內涵，指向更高更廣的精神空間。

如果非要追問「文學性」何在，則慣常所想像的「文學性」似乎都被「蔓延」了。文學性是審美？則從藝術到日常生活，審美無處不在；文學性是虛構和形象性？則影視劇目、電腦遊戲等等皆具此特徵；文學性是喬納森・卡勒（Jonathan Culler）所謂的「語言的突出」？則無處不在的廣告語未嘗不擅此道；文學性是創造性？則這一浪漫主義時期的文學優越感，現如今已經不為文學所獨具。文學，我們需要尋找它得以存在的更為堅實的基座。

俄國形式主義曾將文學的本質歸結為語言的陌生化，落腳點依然是語言本身。對語言的關注顯示了形式化的傾向，也難免走向能指的遊戲。筆者以為，語言即存在的符號化，若要打開文

---

[73] 同上，第71頁。

學面向眾生的懷抱，則不如說，文學的本質是「存在」的陌生化。在終極意義上，文學，作為一種非確定的話語方式，是在知識、體制、道德和宗教之外，展現被遮蔽的存在，通過揭示存在使存在陌生化，使存在的可能性得以展現的一種不可或缺的獨特力量。真正的文學，始終面向人生，揭示存在的真實，「官的幫閒」和「商的幫忙」的文學則只會為了某種利益去重複人生、簡化生命和粉飾現實。

存在最終是精神性的，文學揭示的存在，本質上是精神存在。面向人生、揭示存在的文學，不可能滿足於物質世界的展示，無疑要進入更高的精神空間，反過來，如果沒有更高的精神存在，如何面向和揭示人生？

「三千年未有之大變局」的二十世紀中國的現代轉型，將現代民族國家的命運與現代文學的命運緊緊聯繫在一起，現代中國文學積極參與了民族國家的現代轉型。在二十世紀中國艱難轉型的歷史語境和精神場域中，現代轉型最深處的國人精神的轉型，無疑是從族、國、家、到個人的存在的最核心所在。魯迅文學，以其對現代國人魂靈的深刻洞察，以終其一生的國民性批判，擊中了現代中國文學的精神命脈，無論是小說、《野草》還是雜文，皆是對他人與自我內在真實（精神存在）的深度揭示。放棄虛構、直面現實的雜感，所指摘的一人一事，並不局限於人、事本身，無不上升到精神的反思，一篇篇雜感，就是一個個精神現場，這些雜感合在一起——雜文，更是以整體的方式，展現了二十世紀中國的精神生態，揭示了中國現代生存中被遮蔽的精神難題。魯迅雜文每能於平常中見真相，於現象中見本質，不斷刷新我們對現實與自我的認知，使沉溺於傳統慣性的存在變為

陌生，同時展開現代生存的新的可能性。無論是就現代文學使命，還是在所謂文學性本身，以雜文為代表的魯迅文學，都是二十世紀中國文學中最有深度、最具代表性的所在。

五、魯迅雜文的「文學性」與「文章性」

　　魯迅雜文的文學性，還有一個他本人並未明言或並未意識的來源，就是中國的「文章」傳統，由於一直將雜文放在「現代」範疇進行考察，這一來源對於我們更為隱秘。在中國古代，「文學」是一切文獻之學的總稱，而與現代的「文學」概念較為接近的，則是「文章」，所謂「文章」，即有文采的文字的集合體，其核心是文字。古來「文章」與西來「文學」的差別，源於漢字的獨特性：一、古代漢字以單字為獨立的聲音和意義單元，作為聲音和意義的獨立單元，漢字形成了講究對仗與平仄的基本屬性；二、漢字又是一種獨特的象形和表意文字，作為表意符號，與拼音文字的抽象意義與感性符號、所指與能指可以獨立分開不同，漢字符號本身的象形、音韻等感性因素，與所要表達的意義融為一體，能指與所指難以截然兩分，表現在「文章」中，本來作為能指符號的漢字，不僅是單純指稱意義的工具性符號，也成為意義的載體及意義生髮的源頭。與西文直接訴諸邏輯與意義的精確不同，漢語文章的寫作與閱讀更易發生一種「滯留」現象，即流連於漢字感性符號本身的意味。文字是「文章」的最基本意義單位，以文字為起點，漢語文章的寫作，相比較純粹意義的表達，更講究文字符號本身的組織，這就是對字法、句法與章法的經營，不僅表現在對仗與平仄上，也表現在用字、造語、修辭和行文的追求古奧與新異上。古人品評文章，常將文章作為一

個由文字組成的具有物質性的有機體，講氣、韻、味等等，皆源於漢字符號系統的物質性與感性。

　　我們在論述魯迅雜文的「文學」性時，常常從來自西方的文學規範出發，將焦點集中在對其形象性和情感性的挖掘上，雖然可以在一定程度說明魯迅雜文的文學性所在，然圓鑿方枘，終覺不適。魯迅以最為傳統的文章編輯法來說明雜文之「雜」，也提示我們雜文與傳統文章或多或少的聯繫，雜文不是詩歌，不是小說，不是戲劇，也難以把它安放到藝術性的現代散文裏，「四不像」而以漢字為基本單元的雜文，也許還是與傳統的文章特性最近，在以形象性、情感性等標準來說明魯迅雜文「文學性」的同時，也要進入傳統文章的評價系統中，更貼切地探討魯迅雜文的「文章性」。

　　從魯迅的文言寫作中，可以看出其對於字法與句法的追求，早期翻譯在用字造語方面欲求古奧，意在與林琴南一比高下，五四時期雖已轉向白話，從善如流，但在與好友錢玄同的私信中，亦常玩弄古字，聊作笑談，畢竟，二人都曾拜師於古文字家章太炎，深諳文字之道。其經常談及的魏晉文章與晚唐小品，對其雜文的影響亦尚待挖掘。

　　字法體現在用字的貼切、巧妙、簡約、新異、古奧，以及音韻的和諧等等，句法體現在造語的對仗、平仄，以及修辭與用典的古奧與新異等等；對仗與平仄是漢字的基本屬性，它不僅體現在字法和句法上，也體現在章法上，作為韻文的詩詞和駢文在篇章結構上對對仗與平仄的依賴不用說，其實非韻文的散文文章的章法也是以此為基礎。被視為「陳詞濫調」的八股文，其實就是中國文章形式化與功用化的產物，舊時文章章法的毛病與特

點，在八股文上有明顯的體現，啟功解釋八股文之「八股」，就指出在「破承起講」後，為論述主題，「把那個主題從上下、前後、正反、左右，講得面面俱到，常常要說好多條，但常用八條。由於每條怕單說不夠，常變換地，相對地配上一條陪襯，用以輔助加強前面那個論點，使它不致孤立。既配上了一條，便成了一副對聯，一篇中便有四聯。」[74]由此可見古代文章在字法、句法與章法上的統一性。

姚鼐於《古文辭類纂》總結為文之法：「所以為文者八，曰：神、理、氣、味、格、律、聲、色。神、理、氣、味者，文之精也；格、律、聲、色者，文之粗也。」林紓在論文章的《應知八冊》中，列意境、識度、氣勢、聲調、筋脈、風趣、情韻、神味為作文之「八冊」，[75]（林紓曾經是魯迅的批評對象，但其有關古文的論點，卻對理解魯迅雜文有所幫助，林紓與魯迅，代表不同的文學時代，卻更能說明問題。）這些為文之要，亦可視為文章評價的標準。當面對魯迅雜文，感到所謂形象性、情感性等現代文學標準未免圓鑿方枘時，回頭一想，似乎古文評價的標準對魯迅雜文更為合適。古文評價是將「文章」作為以漢字為基本單位的有機體，從漢字的特性出發來整體把握「文章性」，魯迅雜文基於漢語寫作的「文章」特性，在這一傳統評價機制中才能顯現出來，原來很難放到「文學性」中進行評價的魯迅雜文的邏輯力量，放到文章學的整體評價中，則成為「文章性」的核心

---

[74] 啟功：《論八股》，《啟功叢稿・論文卷》，中華書局1999年版，第337頁。

[75] 林紓：《畏廬論文》，《畏廬論文等三種》，臺北文津出版社1978年版，第21-32頁。

部分，滲透在神、理、氣、勢、味、韻、筋、脈的方方面面，在這一評價系統中，魯迅雜文的繼承性與創造性才可以體現，可以說，傳統漢語文章的起承轉合，在魯迅雜文的謀篇佈局及現代邏輯技巧中，發揮到出神入化的地步。其他如用字、造語方面的匠心，如不識對仗、平仄、「單句行義，雙句行氣」等漢語文章要義，以及由此上升到對文章整體的體會，對於魯迅雜文作為漢語文章的魅力，殊難心領神會。

在隱意識層面，魯迅雜文的文學性，與源遠流長的中國文章傳統息息相關，將其放在中國文章固有的評價系統中來把握，通過基於漢字基本屬性的「文章性」來認識魯迅雜文的文學性，或許是一條曲徑通幽之道。

第四章　魯迅的兩次絕望

第一節　S會館的魯迅

一、

　　1909年，魯迅提前中斷了留學生活回國，廣采博收、激揚文字的日本時期結束了。從是年回國到他發表《狂人日記》的1918年，約十年時間，魯迅在國內輾轉於杭州、紹興、南京和北京，經歷了從教員、中學堂監督到教育部官員的頻繁轉換的生涯，其間1912至1918六年，魯迅隻身寄居於北京的紹興會館。這就是我們所熟知的「寂寞」的S會館時期。這十年，與他頻繁轉換的生活軌跡相比，筆述生涯則暫顯停頓，比較於其前的慷慨激昂的日本時期和其後的「一發而不可收」的五四時期，顯然獨自構成了一個「心聲」隱默的十年。《魯迅全集》所收這期間魯迅所著文字，僅見1912年的《〈越鐸〉出世辭》、《辛亥遊錄》、《懷舊》、1913年的《儗播布美術意見書》，1915年一篇、1916年一篇、1917年四篇、1918年兩篇（據手稿編入，寫作時間不詳，權且算上），除了1916年者為文牘「簽注」，其他皆為據手稿編入的短篇金石、文獻考訂手記。通觀這些文字，1915至1918年者多為學術箚記，是作者思想論戰和文學創作之外的學術研究及個人愛好的文字遺留；1913年的一篇為發表於教育部部刊的帶有行政

呈文性質的文章；1912年之《辛亥遊錄》是日記性質的生物考察的記錄，署名「會稽周建人喬峰」，《〈越鐸〉出世辭》為《越鐸日報》創刊緒言，《懷舊》為文言小說。顯然，這些大約都不能算是所謂「迫切而不能已於言的」[1]主動積極的文字。因而可以說，無論從文章篇數還是性質上，言說者魯迅的確進入了一個沉默時期。細加辨別，其中較能見出思想狀態及其價值的文章主要為1912年的《〈越鐸〉出世辭》、《懷舊》和1913年的《儗播布美術意見書》，不過，整個看來，1912至1918年，此類文章呈逐年減少趨勢。文章的減少與事務的繁忙確有常見的關聯，但對於以「心聲」為「志業」的魯迅，「心聲」之消失該與心情（「內曜」之狀況）有關。

　　無論對於人生還是社會來說，十年都不算短，揪心於中國之命運的魯迅，即使在隱默狀態中，也應有伴隨近代中國的「倉惶變革」而波動的心情和思想的曲線。就是說，所謂隱默，對於魯迅並非完全靜止狀態，也經歷了一個過程。這十年，是急劇變革的十年，中國經歷了辛亥革命、中華民國建立、袁世凱篡權、護法運動、二次革命及其失敗、袁世凱稱帝及其失敗以及圍繞它的種種鬧劇、北洋軍閥統治和張勳復辟等一系列大事，應該說是歷史上的中國近代變革達到它的最高峰又開始急劇回落的關鍵時期。辛亥革命爆發並迅速勝利的1911年，魯迅剛辭去在紹興府中學堂的教職，此時的魯迅已三十一歲，是他回國的第三年。魯迅對辛亥革命的態度應該是複雜的。通過前文對魯迅五篇文言論文的分析，我們知道，日本時期的青年魯迅，對於民族救亡已經形

---

[1]　魯迅：《〈吶喊〉自序》，《魯迅全集》第1卷，第419頁。

成了自己的「立人」思路，同時，在日本經歷了他人生中的第一
次絕望，這在後來寫的《〈吶喊〉自序》中，被描述成《新生》
事件的挫折，這一事件是對魯迅精心選擇的文學道路的一次重大
打擊。「立人」思路形成於圍繞中國之前途而激烈紛爭的言論背
景──主要是反清革命派和立憲保皇派之間的論戰，在現實的政
治立場上，應該說魯迅偏向於前者，這從魯迅與章太炎及同鄉革
命党的關係可以看出，但是，青年魯迅的「立人」主張，在對洋
務派和立憲派進行批判的同時，其「重個人」而「張精神」的思
路，對於當時注重行動而忽視思想啟蒙的革命派也應是一個批判
性的超越。因而，由革命派領導的辛亥革命的成功，對於魯迅其
含義是複雜的：一者，從他的「立人」設計看，辛亥革命大概不
是他理想中的革命；二者，辛亥革命顛覆滿清的實際成效，對於
「立人」設計陷入困境中的魯迅來說，無疑也是一次社會變革的
巨大契機。因此，身在紹興的魯迅，聽到辛亥革命成功的消息，
反應還是頗為積極的。

　　魯迅此時期的文字，較能見出其思想狀況者，為《〈越
鐸〉出世辭》[2]。《越鐸》創辦於1912年1月3日，為辛亥革命後
創辦的先進報紙，受到革命後接管紹興的都督王金髮的資助，得
到魯迅的大力協助，此篇為應邀而寫的創刊詞。既為《越鐸》立
辭，自然立足於紹興，而視野則在整個民族的興衰。開篇從紹興
歷史人文入手，讚頌「於越」自古地靈人傑，這和早期五篇論文
一樣，注重人文傳統的梳理。然而，「世俗遞降，精氣播遷，則
漸專實利而輕思理，樂安謐而遠武術，鷙夷乘之，爰忽顛隕，全

---

[2]　魯迅：《集外集拾遺補編・〈越鐸〉出世辭》，《魯迅全集》第8卷，第
　　39頁。

246

發之士，系踵蹈淵，而黃神嘯吟，民不再振。辮髮胡服之虜，觖裘引弓之民，翔步於無餘之舊疆者二百餘年矣。」文言語式，直接承接了日本時期的文風，「黃神嘯吟」一語，早見於1903年之《中國地質略論》和1908年之《破惡聲論》，「實利」和「思理」（「神思」、「精神」等）的對舉，亦承接了五篇文言論文的思路。顯然，「鷙夷」、「辮髮胡服之虜，觖裘引弓之民」和「索虜」皆指辛亥革命推翻的滿清，魯迅的表述說明，對於對辛亥革命推翻滿清統治，他是大快於心的，這也符合魯迅青年時期強烈的民族情結。文章申發創刊原委：「共和之治，人仔於肩，同為主人，有殊台隸。」「爰立斯報，就商同胞，舉文宣意，以翼治化。紓自由之言議，盡個人之天權，促共和之進行，尺政治之得失，發社會之蒙覆，振勇毅之精神。……而吾人公民之責，亦藉以盡其什一。」[3]值得注意的是，這段話中的「自由」、「共和」、「天權」及「公民」等等，都屬十九世紀的政治理念，曾經是魯迅站在十九世紀末個人主義立場試圖加以超越的對象，但在這裏，成為其直接倡導的關鍵語詞，個中原因可能在於：其一，魯迅起初並非完全站在這些理念的對立面，當年對這些理念的批判，更多出於對現實的針貶；其二，這些都是辛亥革命的現實目標，魯迅的運用是對這些觀念的實踐層面的肯定。但不管怎麼說，魯迅在實踐層面對辛亥革命諸觀念的呼應，並沒有觸及他心中對中國革命的真正設想。如果是這樣，則辛亥革命對於魯迅，是他在理念上並非完全認同但卻因帶來巨大的實際成效而被視為中國變革巨大契機的一次革命，因而，他在現實行動

---

[3]　魯迅：《集外集拾遺補編・〈越鐸〉出世辭》，《魯迅全集》第8卷，第39-40頁。

中充分認同的同時，在心中一定有著距離感吧。

魯迅一生對民國有著很深的感情，並實際參與了辛亥革命勝利後的建國實踐。1912年2月，受時任民國教育部總長的同鄉蔡元培之邀，赴南京任職於新建立的臨時政府教育部，5月初又隨部北遷至北京。魯迅從南京到北京的為宦歷程，正伴隨著辛亥革命的成果一步步被侵蝕的過程，親眼目睹了一次轟轟烈烈的革命如何漸漸被蠶食的經過——袁世凱稱帝、護法運動失敗、二次革命失敗、軍閥篡權、張勳復辟……，身為袁氏政府的一名職員，這些幾乎是發生在魯迅身邊的事情，但是，在他當時的文字中，很難找到對這些事件的記錄，僅在1916年6月28日袁世凱出殯日，日記中記下：「袁項城出殯，停止辦事」[4]。魯迅不作文字記錄，一方面是因為當時暫停了筆述的事業，另一方面伴隨著的應是內心中深深的失望，一場他雖不完全認同但曾經寄予很大希望的革命，終於在他的身邊流產了。隨著這些事件的逐一發生，魯迅的內心肯定經歷了一個逐漸冷卻的過程，如他後來回憶的：「經過辛亥革命、袁世凱稱帝、二次革命、張勳復辟，看著看著，逐漸消沉、頹唐的得很了。」[5]這段時期，正是魯迅寄居北京紹興會館的隱默的六年（1912-1918）。

二、

魯迅蟄居紹興會館陷入隱默的幾年，對於魯迅到底意味著什麼？這本身就是一個謎一般的問題，歷來研究者有種種說法。

---

[4]　魯迅：《魯迅全集・日記》第14卷，第224頁。
[5]　魯迅：《南腔北調集・〈自選集〉自序》，《魯迅全集》第4卷，第455頁。

竹內好發現，這是魯迅生平中「最不清楚的部分」[6]，並認為在這一時期中孕含著可稱之為文學家魯迅的基點的東西，竹內稱之為「無」。竹內直觀式的描述帶有日本式的幽玄，其意不過是說，誕生於1918年的文學家魯迅，就孕育於紹興會館時期，而所謂「無」即來自於對政治革命的絕望而產生的自覺。通過分析《狂人日記》，他認為：「由於這種稚拙的作品表現了某種根本的態度而有其價值。」[7]聲言在《狂人日記》背後，發現了魯迅「文學上的自覺」，亦即「罪的自覺」，在這「無」的絕望之中，文學家的魯迅才得以產生。伊藤虎丸的魯迅研究在竹內魯迅的思路中進一步延伸，伊藤同樣重視會館時期魯迅的意義，強調在會館時期形成的文學自覺，但對這一自覺的內涵，有新的發揮。他委婉地批評了竹內的文學──政治對立觀[8]，認為魯迅並非因為對政治絕望才回到文學，通過解讀，他認為《狂人日記》是「作者的告別青春，獲得自我的記錄」[9]，是「個的自覺」，即「確立了『真正的個人主義』」，也是「科學者的自覺（即現實主義小說家的誕生）」[10]。總之，落實在S會館這個焦點，竹內和伊藤都試圖在這一隱默時期發現魯迅之成為魯迅的秘密，把文學家魯迅出現之前的會館時期看作真正的魯迅得以形成的「原點」，充分估量了紹興會館時期對於魯迅的意義。但如若把這一次絕望絕對化，就會遇到一些難題，一是必須突出這次轉變在魯

---

[6]　[日]竹內好：《魯迅》著，李心峰譯，浙江文藝出版社1986年版，第44頁。
[7]　[日]竹內好：《魯迅》著，李心峰譯，浙江文藝出版社1986年版，第48頁。
[8]　[日]伊藤虎丸：《魯迅與日本人：亞洲的近代與「個」的思想》，李冬木譯，河北教育出版社2000年版，第104-105頁。
[9]　同上，第120-121頁。
[10]　同上，第122-123頁。

迅人生中的唯一性。「竹內魯迅」為了突出、強調魯迅的文學自
覺就是源於此時，不得不努力壓低日本時期「棄醫從文」的重要
性，並著重對「幻燈片事件」進行解構，以強調魯迅這時並未形
成真正的文學自覺；面對魯迅後來在自述性文章中不斷回顧、強
調「幻燈片事件」的事實，又不得不花大量篇幅去淡化這些強調
的意義。二是務必使魯迅五四時期的「吶喊」成為他完全主動的
行為。其實，魯迅五四時期的「出山」，起初並非他主動的出
擊，而是在錢玄同勸說下的權宜之舉。如果過於放大會館時期的
轉變，則可能遮蔽前此的日本時期和後此的其他重要時期在魯迅
人生和思想轉換中的意義。

　　1922年12月的一個深夜，魯迅編定完自己的第一本小說集，
取名《吶喊》，並作《〈吶喊〉自序》。在這篇名文中，魯迅通
過回顧小說創作的由來，把筆觸延伸至從未觸及過的紹興會館時
期，使該篇成為魯迅惟一一篇披露隱默十年的心路歷程的珍貴資
料。研究者對魯迅紹興會館時期的種種猜測，大多以此為主要依
據，因此，我們也應回到這一文本中來具體考察。有趣的是，當
魯迅開始回顧自己的第一次絕望時，已陷入第二次絕望的時期，
魯迅對第一次絕望的敘述，無疑疊印了第二次絕望的色彩。這是
一篇糅合了魯迅第一次絕望和第二次絕望的絕妙文本。

　　開篇申言，《吶喊》的創作來自於「不能忘卻」的過去的
「寂寞」，接著，作者回顧了自己從家道中落到南京求學、赴日
留學、S會館時期的經歷。回憶是片斷性的，所擇取並詳加敘述
者應該為作者印象中最深的事。正是在這裏，作者第一次提到
了著名的「幻燈片事件」、《新生》的流產和S會館中的對話。
「幻燈片事件」的敘述放在學醫和「從文」之間，是其中的轉捩

點。竹內好為了突出後來S會館時期六年對魯迅的原點意義，懷疑「幻燈片事件」的真實性，日本學者也因沒有發現所敘述的幻燈片而傾向支援竹內的懷疑，其實，沒有找到並不能就推出其不存在，何況在日俄戰爭時期的日本，報刊雜誌上也不難發現同類的照片。在魯迅的敘述中，從這一事件的刺激到棄醫從文的決定，其間的推理層層明晰，無論怎麼說，這都應是魯迅在理性上作出的一個決定，而且，對這一過程的敘述也在後來的自述性文章經常重複。一個人可能一次「虛構」，不可能一輩子「虛構」，完全有理由相信，「幻燈片事件」是真實發生過的。

《新生》的創刊是棄醫從文決定的具體實施，但結果中途夭折。有意克制而冷靜地敘述，使《新生》事件蒙上淡淡的悲哀，並自此轉向對「無聊」和「寂寞」的描述：

> 我感到未嘗經驗的無聊，是自此以後的事。我當初是不知其所以然的；後來想，凡有一人的主張，得了贊和，是促其前進的，得了反對，是促其奮鬥的，獨有叫喊於生人中，而生人並無反應，既非贊同，也無反對，如置身毫無邊際的荒原，無可措手的了，這是怎樣的悲哀呵，我於是以我所感到者為寂寞。[11]

「寂寞」在該篇的後半部分成為關鍵字。因為對「寂寞」的描述緊接著《新生》事件之後，研究者多把《新生》的夭折看

---

[11] 魯迅：《〈吶喊〉自序》，《魯迅全集》第1卷，第417頁。

成魯迅「寂寞」的直接或唯一的原因，而忽略了作者敘述的跳躍帶來的對其間重要情節的遺漏。作者對《新生》的耿耿於懷固然說明了這一事件對他的影響，但「寂寞」的產生，還有其他因素在。因為，《新生》失敗後，魯迅並沒有馬上陷入「無聊」，《新生》之後，作為補償，魯迅又有其他的計畫，這就是《域外小說集》的翻譯和出版，以及《河南》雜誌上長篇系列論文的發表。應該說，這兩大工程都是極為可觀的，前者由周氏兄弟共同完成，從當時所撰《序言》看，魯迅對此頗為躊躇滿志，實際上，《域外小說集》確實是中國近代文學翻譯史上的里程碑之作；《河南》雜誌的文章，可以視為魯迅、周作人和許壽裳三人思想團體的集體行為的一部分，其思想價值已不用多說。但是，兩件事的結局對魯迅而言同樣是失敗，精心製作的《域外小說集》（上冊）結果只售出二十本，洞幽燭微、高瞻遠矚的五篇文言論文似乎沒有受到任何人的注意，這樣的結局，大概更使魯迅感到「寂寞」和「悲哀」吧。因此，「我感到未嘗經驗的無聊，是自此以後的事」這句頗為模糊的話中的「以後」，就可以理解為「無聊」並非《新生》事件以後就發生，而是經過《新生》事件以後的一系列事件以後才發生的。

> 然而我雖然自有無端的悲哀，卻也並不憤懣，因為這經驗使我反省，看見自己了：就是我決不是一個振臂一呼應者雲集的英雄。[12]

---

[12] 魯迅：《〈吶喊〉自序》，《魯迅全集》第1卷，第417-418頁。

　　日本時期的魯迅曾以自己所稱頌呼籲的「精神界戰士」和「獨具我見之士」自許，但《新生》事件以後的「反省」使他首先對自身能力產生了懷疑，其實這一懷疑同時指向了兩個方面，一是自身行動能力的有限性，另一方面是啟蒙對象的不可改變性，而後者，可能是魯迅「反省」背後的真正潛臺詞。因此可以說，魯迅的啟蒙在日本時期已經面臨著危機，這一危機源於對民眾的可啟蒙性及中國變革之可能性的絕望。這就是終其一生在反抗絕望的魯迅的第一次絕望，在魯迅不長的著述生涯中，竟然達到了十年。

三、

　　驅除寂寞的正途是寄望於民眾的「內曜」而達到與先覺之士「心聲」的共振，而「寂寞」的不可驅除說明了絕望的事實。在S會館，魯迅白天赴教育部坐班，晚上回來抄古書、校古碑，在外在行止上，就是一個典型的舊式官吏，他掩藏起內心世界，像影一般地生活著。錢玄同的到來成為打破這一狀態的契機，在他的一再追問下，魯迅終於說出了自己的「鐵屋子」理論：

　　　　假如一間『鐵屋子』，是絕無窗戶而萬難破毀的，裏面有許多熟睡的人們，不久都要悶死了，然而是從昏睡入死滅，並不感到就死的悲哀。現在你大嚷起來，驚起了較為清醒的幾個人，使這不幸的少數者來受無可挽救的臨終的苦楚，你倒以為對得起他們麼？[13]

---

[13] 魯迅：《〈吶喊〉自序》，《魯迅全集》第1卷，第419頁。

「鐵屋子」理論的推理建立在「鐵屋子」「萬難破毀」的
大前提之下，傳達的無非是中國已不可救藥的絕望認識及其痛苦
體驗。「鐵屋子」之「萬難破毀」，是因為「鐵屋」本身的牢不
可破，還是因為「鐵屋」中人的無法喚醒，魯迅沒有指明，但
是，相對於喚醒者之主觀性，這兩者都構成了絕望的客觀存在。
然而，好辯的錢玄同回了一句其實極普通的話：

> 然而幾個人既已起來，你不能說決沒有毀壞這鐵屋的
> 希望。[14]

這近似抬杠的一句話，卻使魯迅頓悟般地轉換了立場：

> 是的，我雖然自有我的確信，然而說到希望，卻是不
> 能抹殺的，因為希望是在於將來，決不能以我之必無的證
> 明，來折服了他的可有，於是我終於答復他做文章了，這
> 便是最初的一篇《狂人日記》。[15]

「我之確信」無疑指自己所體驗「希望」之「必無」，這
是「我」的經驗所「證明」了的，自己的經驗雖然確鑿，但無法
完全否定「希望」，因為「希望」在「將來」。「鐵屋」「萬難
破毀」的大前提，是由過去的經驗歸納出的，而屬於將來的「希
望」，勿寧是面對未來的一種價值態度。前者是經驗理性，後者
是信念。所謂信念，應是一種確定不疑的態度，不過在魯迅這

---

[14] 同上，第419頁。
[15] 同上，第419頁。

裏，此一信念經過了經驗理性的處理，由必然性降為可能性。本來，「鐵屋」的「萬難破毀」已涵蓋著即使有「較為清醒的幾個人」起來，由於大多數的註定不能被喚醒，就仍然沒有破毀鐵屋的希望的意思，這正是前述覺醒了的魯迅又不得不「麻醉」自己的原因。也就是說，錢玄同所說的可能性，本來已然在否定之列。而魯迅之所以終於答應了錢玄同，是因為真正觸動魯迅的，恰恰是錢氏提到的「希望」。錢氏的「希望」說，並非魯迅因聞所未聞而使他茅塞頓開，而是本來就交戰於他心中的另一種聲音，只不過通過錢玄同的強調，魯迅由第一次絕望的確定狀態，重又站向了希望一邊。「希望」對於魯迅，確乎是一種信念式的存在。

　　然而魯迅又說：「在我自己，本以為現在是已經並非一個切迫而不能已於言的人了，但或者也還未能忘懷於當日自己的寂寞的悲哀罷，所以有時候仍不免吶喊幾聲，聊以慰籍那在寂寞裏賓士的猛士，使他們不憚於前驅。」[16]這裏強調「在我自己」，就是說在自己的意願中，寫作的第一個直接動機是作為外在因素的同情，而本來應作為內在動因和行動前提的所謂啟蒙主義的希望，卻是作為由「同情」的外在因素所催生的行動的可能性結果，放到了行動之後。魯迅在說到自己小說中的「曲筆」時，指出有兩個原因，一是「須聽將令」，二是「至於自己，卻也並不願意將自以為苦的寂寞，再傳染給也如我那年青時候似的正做著好夢的青年。」都是為了他人。所謂「曲筆」，在魯迅的意思是不如實去寫，也就是說，「寂寞」是真實的，「好夢」是虛幻

---

[16] 同上，第419頁。

的，那麼，魯迅對真實的保留，其目的就是不喚醒他們，免得遭受「寂寞」之苦，這似乎又回到「鐵屋」理論中的立場，同是不喚醒，「鐵屋」理論指的是不把人從「昏睡」中喚醒，這裏指的是不把人從「好夢」中喚醒，兩者都肯定了絕望的事實。看來，這是一次勉為其難的出行。

通過解讀，我們可以看到，在《新生》事件等一系列文學啟蒙的挫折中，魯迅產生了他的第一次絕望。絕望首先源自對自身能力的懷疑及其孤獨體驗，以及對民眾可啟蒙性的絕望，這就是「荒原」、「寂寞」和「無聊」感。隨著國內政相的惡化，這一絕望愈加嚴重。錢玄同的出現成為一個契機，通過看似平靜的一次心靈撞擊，魯迅終於把希望放到未來的「可有」之上，暫時中止了這次絕望，開始了第二次的啟蒙行動，雖然這是一次有保留的行動。

那麼，S會館時期寂寞的魯迅，到底想了些什麼？有什麼新的覺悟？因為在隱默十年中找不到佐證的資料，研究者只能從後來的創作中尋找可能的資訊。作為魯迅隱默十年後寫出的第一篇白話小說，《狂人日記》中應藏有第一次絕望中的諸多資訊。包括竹內和伊藤在內，對《狂人日記》的解讀，可謂多矣，並新見迭出，但我認為，「吃人」和「救救孩子」，仍然是該篇不可動搖的思想主題。《狂人日記》剛發表，許壽裳來信探問小說的真正作者，魯迅在回信中談到了該篇創作的具體思想動機：「後以偶閱《通鑒》，乃悟中國人尚是食人民族，因此成篇。此種發現，關係亦甚大，而知者尚寥寥也。」[17]對中國人「尚是食人民

---

[17] 魯迅：《書信‧180820致許壽裳》，《魯迅全集》第11卷，第353頁。

族」的新發現，無疑把中國的危機放到了進化論的視野中來，進化視野的介入，突出的是中國在世界範圍內的人類進化過程中被淘汰的危機及其緊迫性。《狂人日記》渲染了一個整體性的「吃人」氛圍，在其中，人和人處在「吃人」和「被吃」的非人關係中，「狂人」所恐懼的，不僅是自己的可能「被吃」，更怕的是「我是吃人的人的兄弟」以及「我未必無意之中，不吃了我妹子的幾片肉」，由此「狂人」一再呼告：「你們要曉得將來容不得吃人的人，活在世上。」這是「吃人」者必將被消滅的緊急呼號。只要與「吃人」有關，就不配活在這個世界上，「我」如果於「無意之中」吃了人，甚至只不過是「吃人的人的兄弟」，那都與「吃人」脫不了干係，即使僥倖不被人吃，也最終逃脫不了被淘汰的命運──這是一個民族整體的命運。在這裏，「吃人」被描述成這個民族的原罪，因而也註定了這個民族的宿命。可以看到，「狂人」對「吃人的人」被淘汰的憂心，遠遠大於自身被吃的恐懼，這第一聲「吶喊」，並非個人的抒憤懣之作，而是發向民族的呼籲。由此也可以看到，魯迅的第一次絕望，與第二次絕望不同，它不是源於個人生命層面的意義虛空，而主要是源於對民族危亡的憂心。

　　我感到，所謂第一聲的「吶喊」，其實並沒有完全喊出來。吶喊者最好直接喊出自己的聲音，但魯迅卻採取了一個非直接的表達方式，這從《狂人日記》的小說形式即可看出：一、小說採取了象徵主義的格式，通過「狂人」對外在客觀世界的變形與扭曲，試圖通向隱藏在「狂人」內心的真實。「象徵」，本質上是以此物指彼物，本身就是非直接的表達方式。二、《狂人日記》和一般象徵小說不同的是，提供變形的「狂人日記」本身，

又是我們這個客觀世界中可能真實存在的，它首先隸屬於外在真實世界，如果讀者以為這是真的瘋子的日記，小說的象徵世界就無法達成，而且，魯迅有意在文言小引中申述其存在的真實性，無疑又給小說蓋上了一個確鑿的現實之章。這樣看來，魯迅的第一聲吶喊確實是隱晦曲折，吞吐再三。十年隱默中的沉思與洞察，使他發現了幾千年的大秘密，那就是「吃人」二字，隱藏在溫情脈脈的倫理秩序中的「吃人」事實，如果說出來，受害者也難以相信，而且反說你是瘋子，只有首先佯裝瘋子，才能說出真實。魯迅常引莊子之言：「察見淵魚者不詳」，又常言他的話往往沒有說盡。「吃人」直指中國文化的內在玄機和中國人的現實生存狀態，但魯迅並沒有和盤托出，他所能夠說的，只是後果的嚴重性──「給真的人除滅了」！最後的「救救孩子」，無異於救命的呼聲。

危機意識和緊迫感確是魯迅複出後文章的中心意識。在1918年8月20日給老友許壽裳的信中，魯迅表白道：「曆觀國內無一佳象，而仆則思想頗變遷，毫不悲觀。蓋國之觀念，其愚亦與省界相類。若以人類為著眼點，則中國若改良，固足為人類進步之驗（以如此國而尚能改良故）；若其滅亡，亦是人類向上之驗，緣如此國人竟不能生存，正是人類進步之故也。大約將來人道主義終當勝利，中國雖不改進，欲為奴隸，而他人更不欲用奴隸；則雖渴想請安，亦是不得主顧，止能侘傺而死。如是數代，則請安磕頭之癮漸淡，終必難免於進步矣。此仆之所為樂也。」[18]在1919年1月16日給許的信中又一次說：「仆年來仍事嬉遊，一無

---

[18] 魯迅：《書信‧180820致許壽裳》，《魯迅全集》第11卷，第354頁。

善狀，但思想似頗變遷。」[19]可以看到，絕望的事實沒有改變，改變的是面對它的態度，但無論如何，這都是魯迅的一次自我調整。把中國的滅亡放到生物進化論的大視野中，似乎使他暫時自我解脫地超越了此前絕望悲觀的心態，其實，進化論視野中對中國滅亡的曠達只是表像，在同時期寫的《熱風·三十六》中魯迅說：

> 現在許多人有大恐懼；我也有大恐懼。
> 許多人所怕的，是「中國人」這名目要消滅；我所怕的，是「中國人」要從「世界人」中擠出。[20]

生物進化論在此時提供給他的，是中國人的「生命」及其「生存」的真理性和緊迫性，因此不難理解，「生命」和「生存」，成為魯迅五四時期言說的一個主題。

第二節　1923年的魯迅

一、

竹內好在一九四〇年代寫的《魯迅》一書中，通過對魯迅生平的考查，發現了魯迅生平中的一個「最不清楚的部分」[21]，

---

[19] 魯迅：《書信·190116致許壽裳》，《魯迅全集》第11卷，第358頁。
[20] 魯迅：《熱風·三十六》《魯迅全集》第1卷，第307頁。
[21] [日]竹內好著：《魯迅》，李心峰譯，第44頁、第46頁，浙江文藝出版社1986年版。

即「蟄居」紹興會館的時期。這一時期，正是周樹人成為魯迅之前的長達六年的沉默時期，因而成為竹內的關注點，並試圖在其中發現文學家魯迅誕生的秘密。由於魯迅這時期個人文本資料的欠缺，竹內以打破沉默後的第一篇小說《狂人日記》以及後來的《〈吶喊〉自序》作為主要分析對象，來推知魯迅會館時期的所思所想。在近乎直觀式的揣測和文學性的描述中，竹內敏銳地發現，魯迅在這一時期形成了「罪的自覺」，並對政治產生了絕望，前者指向自身，後者指向中國近代變革的方式，這大概就是他所說的作為魯迅文學基礎的「無」吧，在此基礎上，竹內斷定，文學家魯迅產生於沉默的S會館時期，它孕育形成了魯迅之成為魯迅的東西。竹內天才式的闡釋其實確立了日本魯迅研究的範式，其後的日本魯迅研究者多以極大的興趣關注這一時期對於魯迅的意義，並作出了種種新的闡釋，如伊藤虎丸和木山英雄等的傑出研究。也就是說，不管他們的研究結論有何分歧，但試圖在神秘的S會館時期發現魯迅的「原點」，則是他們的共同興趣所在。[22]筆者以為，由竹內奠基的日本魯迅研究的這一範式，確實對魯迅世界有著燭幽洞微的發現，並具備一定的說服力，但把魯迅的「秘密」集中於某一時期的做法，則容易在放大某一時期的同時，而忽略了其他時期的重要性，在論述中也不免陷入自圓其說的困境，如竹內為了突出、強調魯迅的文學自覺就是源於此

---

[22] 有關論述參閱（日）竹內好著，李心峰譯《魯迅》（浙江文藝出版社1986年版）、[日]伊藤虎丸著，李冬木譯《魯迅與日本人——亞洲的近代與「個」的思想》（河北教育出版社2000年版）、伊藤虎丸著，孫猛等譯《魯迅、創造社與日本文學》（北京大學出版1995年版）以及[日]木山英雄著，趙京華譯《〈野草〉的詩與「哲學」》，北京魯迅博物館主辦《魯迅研究月刊》1999年第9、10、11期。

時，他不得不壓低日本時期魯迅棄醫從文的重要性，因而著重對
「幻燈片事件」進行解構，以強調魯迅這時並未形成真正的文學
自覺；面對魯迅後來在自述性的文章中不斷回顧、強調「幻燈片
事件」的事實，他又不得不化大量篇幅去、淡化這一回顧的意
義。[23]我覺得，魯迅強烈的自我意識，使他的一生實際上經歷了
一個不斷反思、掙扎、調整和轉化的過程，其中某些時期確實具
有決定性的意義，但決不能只看到某一個時期。竹內注意到S會
館六年沉默對於文學家魯迅產生的意義，在此，我願意剔出1923
這一年，試圖發掘它在魯迅自我形成過程中的重要意義。如果說
魯迅存在以留日歸國後十年隱默為標誌的絕望，那麼在我看來，
1923年是魯迅陷入第二次絕望的標誌，魯迅人生與文學的真正成
型，或者說魯迅在人生與文學上最終作出最終的抉擇，不是在打
破第一次絕望，而是在打破第二次絕望之後。

二、

　　1923年，是魯迅兩個創作高峰間的沉默的一年。在這之前，
是「五四」高潮時期的「一發而不可收」的《吶喊》的創作，
其後，開始了《彷徨》和《野草》的創作，而在這一年，魯迅
卻幾乎停止了創作，除了沒有間斷的日記，現在所能見到的作
品，是收入《魯迅全集》中的《關於〈小說世界〉》（1月11
日）、《看了魏建功君的〈不敢盲從〉以後的幾句聲明》（1月
13日）、《「兩個桃子殺了三個讀書人」》（該文發表於1923年
9月14日的《晨報副刊》，署名「雪之」。）和《宋民間之所謂

---

[23] 參見[日]竹內好《魯迅》。

小說及其後來》（1923年11月）四篇，並撰《明以來小說年表》
（據北京魯迅博物館魯迅研究室編《魯迅年譜》，手稿現存，未
印），前二者是兩篇聲明性質的短文，後二者是學術性質的。此
外還有致周建人、許壽裳、蔡元培、孫伏園、胡適、馬幼魚、
錢稻孫、李茂如、孫福熙幾位熟人的信（1981年版《魯迅全集》
收入致許壽裳、蔡元培、孫伏園的四封信）。以上所列諸篇，除
《宋民間之所謂小說及其後來》，皆為其生平所未親自收集者。
在翻譯上，該年5月之前還翻譯了愛羅先珂的三篇作品。[24]

　　除此之外，不應忽略魯迅還可能花費精力對將於該年12月
及次年6月由北京新潮社出版的《中國小說史略》上、下冊進行
編訂。《中國小說史略》基於之前在北京大學、北京高等師範學
校等校講授小說史的講義，先後有油印本和鉛印本，前者可能
自1921年起多次油印。據李雪考證，單演義藏油印本《小說史大
略》約成於1922年初，許壽裳藏鉛印本《中國小說史大略》印成
於1923年6月初。[25]《小說史大略》與《中國小說史大略》之間，
「鉛印稿是在油印稿的基礎上重新編寫修訂的，從內容到形式
都作了較大的修改和增補。」[26]「改動處甚多，遠不只是篇幅的
大小論述的詳略」[27]，說明在油印稿基礎上編訂《中國小說史大

---

[24] 分別為可能譯於1月1-2日的《觀北京大學學生演劇和燕京女校學生演劇的記》、3月10日發表於《小說月報》的短篇小說《愛字的瘡》以及譯於4月21日的短篇小說《紅的花》。

[25] 李雪：《魯迅〈小說史大略〉等五種的完成或改定時間》，《魯迅研究月刊》20011年第11期。

[26] 北京魯迅博物館魯迅研究室編：《魯迅研究資料》第17輯，天津人民出版社1986年版，第3頁。

[27] 陳平原：《小說史：理論與實踐》，北京大學出版社1993年版，第208頁。

略》，會花去一定精力和時間[28]。而鉛印本《中國小說史大略》與新潮社版《中國小說史略》之間改動不大，後者比前者增二篇，一為「史家對於小說之著錄及論述」（但該部分在最早的油印本《小說史大略》中已有雛形「史家對於小說之論錄」），二是將「明之神魔小說」由鉛印稿的上、下兩編增至正式出版本的上、中、下三編，兩相對照，「全書的敘述和對一些問題的評價的觀點是一致的，但內容有增加，文字有修改。」[29]所增加者，也僅限於個別段落，說明《中國小說史略》就是以《中國小說史大略》為藍本的，由《中國小說史大略》到《中國小說史略》，不會花多大精力。魯迅1923年日記有三次寄送許壽裳小說史講義的記錄，最遲在6月6日「午後寄季市《小說史》三篇」[30]，可能據此，李雪認為許壽裳藏尚未裝訂的鉛印本《中國小說史大略》印成於1923年6月初，如果情況屬實，則可以說6月前魯迅已基本完成編訂工作。但此一判斷可能有誤。《中國小說史大略》不是一次印成，而是分篇印刷，隨課程進度以散葉發

---

[28] 由《小說史大略》到《中國小說史大略》變動較大，由原來的17篇，擴至26篇，具體為：新增第九篇「唐之傳奇集及雜俎」、第十二篇「宋元之擬話本」、第十九篇「明之擬宋市人小說及後來選本」、第二十篇「清之擬晉唐小說及其支流」、第二十三篇「清之以小說見才學者」，《大略》之十一「元明傳來之歷史演義」擴為《史略》之第十三篇「元明傳來之講史」和第十四篇「明之講史」兩篇，《大略》之十二「明之歷史的神異小說」擴為《史略》第十五、十六篇「明之神魔小說（上）、（下）」兩篇，《大略》之十三「明之人情小說」擴為《史略》第十七、十八篇「明之人情小說（上）、（下）」兩篇，《大略》之十七「清之譴責小說」擴為《史略》第二十一篇「清之諷刺小說」和第二十六篇「清末之譴責小說」兩篇。材料與論述也有調整。

[29] 路工《訪書見聞錄》，上海古籍出版社1985年版，第214頁。

[30] 魯迅：《日記》，《魯迅全集》第14卷，人民文學出版社1981年版，第456頁。

給學生的，魯迅寄送許壽裳，就是分成幾次。魯迅的編訂工作，一直持續到年底，可能6月以後編訂告一段落，直到10月8日和23日，日記才又提到寄小說史稿給孫伏園[31]，此稿當為交付孫伏園付印的《中國小說史略》上冊部分。12月10日給許壽裳的信中，魯迅寫道：「附上講稿一卷，明已完，此後僅清代七篇矣。然上卷已附排印，下卷則起草將完，擬以明年二月間出。此初稿頗有誤，本可不復呈，但先已俱呈，故不中止耳。已印出者日內可裝成，其時寄上。」[32] 這裏說的內容，日記未載，所寄許壽裳的「講稿」，應該還是《中國小說史大略》鉛印本後一部分，而不是12月新潮社出版的《中國小說史略》上冊，所謂「先已俱呈」，指的就是以前陸續寄的鉛印稿（即信中所言「此初稿」），據魯迅日記，恰巧在寫這封信的第二天，他下午剛寄出給許壽裳的書和信，才收到孫伏園寄來的新出版的《中國小說史略》上冊。[33] 到12月20日，日記中記下「夜草《小說史》下卷畢。」說明《中國小說史略》下冊基本寫好，至1924年3月4日日記「夜校《小說史》下卷訖」，下卷始告完成，於8日寄孫伏園付印。由以上梳理可知，魯迅於1923年確實在從事小說史的編訂工作。

小說史的編訂固然費時費力，但若將魯迅停止創作的原因完全歸於此，則未免放大。何況小說史的修訂，也許在1923年之前已經開始，魯迅1922年日記散佚，散失了其中證據，但見1921

---

[31] 10月8日日記：「以《中國小說史略》稿上卷寄孫伏園」，23日日記：「寄孫伏園小說史稿一束」。（魯迅：《日記》，《魯迅全集》第14卷，第468、469頁。）

[32] 魯迅：《書信·231210致許壽裳》，《魯迅全集》第11卷，第420頁。

[33] 魯迅日記1923年12月11日記有：「下午寄寄市信並講義一帖。孫伏園寄來《小說史略》印本二百冊」。

年日記書賬，魯迅於宋人說部類書籍多有搜購，與往年不同，聯繫後來的鉛印本《中國小說史大略》比油印本《小說史大略》增添部分主要有「第十二篇宋元之擬話本」，則魯迅1922年左右即開始編定小說史的可能性也很大。但即使算上小說史的修訂，魯迅1923年的文字，與1918年後的任何一年相比也都少得多，小說與散文創作，則全部停止。所謂沉默者，當指表達性質的創作的停止，如果說魯迅在這一年幾乎陷入沉默，大概也不為過吧。具有象徵意味的是，恰在1923年的「前夜」——1922年12月3日夜，魯迅編定自己的前期最重要的成果——小說集《吶喊》，並作了著名的《〈吶喊〉自序》；走出1923年的1924年2月7日，魯迅開始了《彷徨》的第一篇小說《祝福》的創作，2月一個月就寫了三篇[34]，又一發而不可收。年前的總結和年終的發言，正好襯托出這一年中黑洞般的沉默。

　　1923年，也是魯迅的前期成果開始收穫的一年。1923年6月，他與周作人合譯的《現代日本小說集》由商務印書館出版；8月，他的第一本小說集《吶喊》由北京新潮社出版；12月，所編講義《中國小說史略》（上冊）由北京新潮社出版，同時，其下冊也已編定。這些成果，包括小說創作、翻譯和學術研究，幾乎囊括了他走出會館以後各方面所有的成果。諸多收成在同一年獲得，如果從象徵意義來看，大概意味著他前一時期工作的告一段落吧。

　　1923年，發生了對於魯迅的人生有著決定性影響的事件。1923年7月19日，魯迅接到周作人親手遞給他的一封絕交信，曾

---

[34] 三篇為《祝福》、《在酒樓上》和《幸福的家庭》。

經誓言永不分離的周氏兄弟突然失和，8月2日，魯迅搬出八道灣十一號；同在7月，魯迅因許壽裳的關係，受聘為北京女子高等師範學校講師，並於十月十三日開始授課。如果說兄弟二人的分裂讓魯迅與前期的家庭生活告一段落，那麼，接受北京女子師範學校的聘書，因為涉及女師大事件及許廣平的「闖入」，拉開了魯迅此後新的人生的大幕。應該說，這兩個偶然發生於同月的事件，恰恰在魯迅的人生中取到了決定性的承前啟後的作用。

以上事實至少象徵性地說明，1923，對於魯迅是一個頗有意味的一年，問題是，1923對於魯迅到底意味著什麼？和竹內對魯迅迷人的沉默尤感興趣一樣，我想瞭解的是，這一年的沉默對於魯迅意味著什麼？在一年的沉默中，魯迅又孕育了什麼新的東西？

沉默之後留下的只有行為，我們先看魯迅在這一年除了上述象徵性事件外，主要做了些什麼。

要探尋魯迅的日常行止，他自己的日記是他最好的傳記，我們還是以他的日記為文本。在魯迅日記中，我們可以看到，1923年所記，大多是與以前日記相似的日常瑣事，但如果細加分辨，則可以發現，7月19日兄弟失和之前魯迅的日常行止，和以前的日記所記載同，如書刊信件的寄收、老友學生的造訪、同友人在外餐飯、「往大學講」、「遊小市」、「購書」、「夜修補古書」等日常瑣事，所不同者，這年的日記中少了前此時期（「五四」時期）常見的對夜間創作的記載，這本來是魯迅的習慣，有所創作一般都在日記中留下。如果不計較這一跡象，這一年的日記大概也和他以前任何一年的日記沒有什麼區別吧。但是，7月兄弟失和以後，日記中出現了此前包括以後都沒有出

現過的內容，並成了日記的主要內容——對搬家、尋屋、購房和裝修的大量記載。7月19日二人失和，26日「上午往磚塔胡同看屋。下午收書籍入箱。」29日「終日收書冊入箱，夜畢。」30日「上午以書籍、法帖等大小十二箱寄存教育部。」31日「上午訪裴子元，同去看屋。……下午收拾行李。」8月1日「午後收拾行李。」2日「下午攜婦遷居磚塔胡同六十一號。」[35]一系列緊鑼密鼓的行動，說明魯迅在7月19日對周作人「後邀欲問之，不至」後的絕望、憤怒與果決。磚塔胡同是臨時租住，為了買到可以長期居住的住房，此後，魯迅轉入頻繁的看屋行動中。從8月16日「午後李茂如、崔月川來，即同往鳳梨倉一帶看屋」始，至10月30日買定阜成門內三條胡同二十一號舊屋六間，魯迅在這短短的兩個多月共出門看屋二十多次，此後，又多次出門辦理房屋過戶手續，其間，9月24日「咳嗽，似中寒」，魯迅因兄弟失和的打擊及連日的操勞，生了一場病，其後有多次服藥和上山本醫院就醫的記載，直至11月8日，始記下「夜飲汾酒，始費粥進飯，距始病時三十九日矣。」病始初步痊癒。但即使在臥病期間，魯迅還堅持親自看房、辦理房屋過戶手續、裝修房屋等。這一年對於魯迅，確實是瑣事纏身的一年。

這些瑣事都產生於兄弟的失和，由此可見這一事件對魯迅生活的影響，但這事件對魯迅內心的衝擊，應該說是更大吧。我覺得，在魯迅拼命忙碌的背後，該是一顆試圖極力掩藏起來的流血的心。周氏兄弟失和的原因，由於已無法找到實證，至今仍象謎一樣吸引著人們的猜測，即使現在我們不能確認是什麼原因導

---

[35] 魯迅日記皆引自《魯迅全集》第14卷，人民文學出版社1981年版，下所引日記同。

致這一對兄弟二人都影響至大的事件，但可以肯定，這件事來得太突然，且兄弟二人對原因都諱莫如深。在事情發生的十幾天前的七月三日，日記中還有「與二弟至東安市場，又至東交民巷書店，又至山本照相館買雲岡石窟佛像寫真十四枚，又正定木佛像寫真三枚，共泉六元八角」的記載，當周作人十多天後突然拿來絕交信的時候，至少魯迅是始料未及的吧；如果真如傳言所說，周作人的理由是認為大哥對弟媳的非禮，則無論是真是假，這樣的失和對於雙方都是象吃了蒼蠅一樣噁心的事。在日常生活中，兄弟之間的失和也是不少見的，但這件事發生在周氏兄弟之間，其影響非同尋常，這是由二人後來的人生所證明了的，尤其是對於魯迅，其強烈的自我意識及精神氣質，使幾乎每一件事都成為其精神世界中的精神事件，兄弟失和亦應作如是觀。充分估量這一精神事件對魯迅自我的影響，尚需進入魯迅當時的精神世界，以發現這一事件在魯迅當時的精神世界中的位置及其作用，也就是說，我們還得先瞭解走進1923年時魯迅的心態。

走進1923年的魯迅雖然還沒有開始《彷徨》的創作，其實其心境早已進入了「彷徨」時期。1921年胡適寫信給《新青年》的各位編輯，徵求刊物以後的改變方向，標誌著《新青年》團體開始解體。雖然魯迅在代周作人給胡適的回信中，語氣顯得頗為豁達，但其實他知道，他曾默默寄予希望的思想陣地又將散失了。這一事件的打擊，在《新青年》的同仁中，恐怕誰也沒有對於魯迅的大。我們知道，當《新青年》在北大漸成聲勢時，魯迅

對它卻並沒有表示怎樣的看好，[36]他並不是不知道，這是一班和自己年青時一樣頗有抱負的青年，但日本時期的絕望經歷，使他覺得這必將是又一次徒勞無功的行動，因而對它表現的態度是「隱默」；魯迅的加入《新青年》，是在錢玄同的勸說下，因在理性上不能否認希望之「可有」而加入的，換言之，是他對《新青年》在未來的希望的可能性的期許，使他在絕望之後又一次勉為其難地啟動了啟蒙的行動，這同時也就意味著，《新青年》的失敗將給他帶來又一次的絕望，這一次絕望將連僅有的一點希望的可能性也勾銷了，只剩下徹底的絕望。因此，魯迅雖不是《新青年》的編輯，但其解體，在他內心中是一次毀滅性的打擊，他只是在後來才描述了當時的境況：「後來《新青年》的團體散掉了，有的高升，有的退隱，有的前進，我又經驗了一回同一戰陣中的夥伴還是會這麼變化，並且落得一個『作家』的頭銜，依然在沙漠中走來走去，不過已經逃不出在散漫的刊物上做文字，教作隨便談談。」[37]值得一提的是，《新青年》的解體，對周氏兄弟的打擊似乎都是毀滅性的，周作人1921年的一場大病，應是與這一事件直接相關，其後的思想和人生道路的轉折，也自此拉開了序幕。對於魯迅來說，如果說他在日本時期經歷了第一次絕望，那麼，以《新青年》的解體為標誌，魯迅由此進入了第二次絕望，而且是一次不可救藥的絕望。

---

[36] 周作人回憶說：「在與金心異談論之前，魯迅早知道《新青年》的了，可是並不怎麼看得它起。」「總結的說一句，對於《新青年》總是態度很冷淡的。」（周遐壽《魯迅的故家》，北京魯迅博物館編《魯迅回憶錄（專著中冊）》第1067頁，北京出版社1999年版。）

[37] 魯迅：《南腔北調集·〈自選集〉自序》，《魯迅全集》第4卷，第456頁。

　　其實，魯迅雖然加入了《新青年》，他仍然是有保留的，這就是他之所謂「我自有我的確信」[38]。深深的絕望如一根伏線，潛藏於其出擊身影的背後，站在邊緣「吶喊幾聲」，正是他近乎折衷的姿態。早就在寫於1920年10月的《頭髮的故事》中，他就借阿爾志跋綏夫的話對「黃金世界」的希望提出了不合時宜的質疑，而在此之前，他已對這位俄國的「個人的無治主義」者產生了強烈的個人興趣，[39]並開始了阿氏小說的熱情翻譯的工作，我猜測，魯迅二十年代對阿爾志跋綏夫的翻譯介紹，除了他一貫堅持的文化引進的啟蒙動機，應該有正是在阿氏著作那裏找到了可以交心的知音的內在因素。《新青年》的解體只不過使他又一次確證了「絕望」的發生，1921年1月，魯迅作《故鄉》，在這篇感傷小說的結尾，魯迅忽然提到了希望，在「希望本無所謂有，本無所謂無」的自我解脫式的解釋中，明顯透露了魯迅面對希望的無奈。《故鄉》之後，魯迅隔了將近一年時間沒有創作，直到這一年的12月，魯迅又拿起了筆，開始創作《阿Q正傳》，在這篇被視為其啟蒙文學的代表作中，魯迅卻拿出了一個可悲又可笑的「國民靈魂」。這一「國民靈魂」的展示，與《狂人日記》裏對「沒有吃過人的孩子」的嚴峻追索，已拉開了距離，同時，充滿戲謔和雜語的語體，也與啟蒙文學的嚴肅性有一定差距，所以我覺得，這篇代表作恰恰透露了魯迅第二次啟蒙的危機。《阿Q正傳》後，魯迅明顯加快了《吶喊》創作的進度，

---

[38]　魯迅：《吶喊‧〈吶喊〉自序》，《魯迅全集》第1卷，第419頁。

[39]　魯迅在《譯了〈工人綏惠略夫〉之後》中稱阿爾志跋綏夫小說中的賽林和綏惠略夫的形象表現了「無治的個人主義」或「個人的無治主義」。（《魯迅全集》第10卷，第166頁。）

以前是三年寫了八篇小說，而在1922年6月，魯迅完成了《端午節》和《白光》兩篇，10月，又接連創作了《兔和貓》、《鴨的喜劇》和《社戲》三篇，11月，作最後一篇《不周山》。1922年的一年之內就完成了剩下的六篇，從小說題材看，大多是身邊生活的速寫，沒有此前小說對主題及題材的精心設計，最後一篇是歷史題材的小說，屬於後來的「故事新編」的題材範圍。這些似乎表明，魯迅想匆忙結束《吶喊》的創作。

三、

　　1922年12月3日，魯迅終於編訂完《吶喊》，並作了著名的《〈吶喊〉自序》。我們知道，這篇名文其實是他對「吶喊」時期的一個自我總結和反省，作為他第一篇真誠披露心跡的文字，對於瞭解其前期的生活和思想具有重要的文獻價值。我所感興趣的是，魯迅在給《吶喊》作序的時候，他在心境上已經進入了「彷徨」時期，那麼，對「吶喊」的敘述疊印了多少「彷徨」的底色？《〈吶喊〉自序》恰恰寫於魯迅走進1923之前的最後一月，該隱含有多少魯迅走進1923時的心態密碼？

　　《自序》首先從「夢」談起：

　　　　我在年青的時候也曾經做過許多夢，後來大半忘卻了，但自己也並不以為可惜。所謂回憶者，雖說可以使人歡欣，有時也不免使人寂寞，使精神的絲縷還牽著已逝的寂寞的時光，又有什麼意味呢，而我偏苦於不能全忘卻，這不能忘卻的一部分，到現在便成了《吶喊》的由來。

　　首段無疑想首先點明《吶喊》創作的「由來」，但行文卻極盡吞吐曲折，第一句話中的「夢」、「忘卻」、「並不以為可惜」之間，就經過了兩重轉折，「也曾經做過許多夢」中的「也」也頗有意味，「也」所指的「他者」是誰？但話題接著由「夢」突然轉到「回憶」，由「回憶」牽連到「寂寞」，由「寂寞」又轉到「苦於不能忘卻」，中間又經歷了幾層轉折；有意思的是，經過作者這幾次迷宮式的轉彎，當他最後告知「這不能忘卻的一部分，到現在便成了《吶喊》的由來」時，我甚至難以判斷，「這不能忘卻的」是指這一句話中的主題語「回憶」呢？還是指前一句中的「夢」？因為，就整個意思來說，應該指「夢」，但在第二句的具體語境中，應該指向「回憶」。

　　作者並不多加解釋，便轉入對往事的回顧。回顧頗為跳躍省淨，對以往經歷中的重要片段進行了電影鏡頭般的閃回，其中包括父親的病、到南京求學、日本仙台的幻燈事件、棄醫從文籌辦《新生》及其失敗後的「寂寞」和S會館的對話，這大概是魯迅第一次集中披露自己的經歷，這些片段後來在他自述式的《朝花夕拾》中都有更詳細的重複敘述，說明確實是塑造了他的決定性人生事件。與《朝花夕拾》平靜舒緩的單純敘述格調不同，我覺得，《〈吶喊〉自序》的回顧是在頗為複雜的敘述格調中進行的。表面上頗為平靜流暢，即使在敘及《新生》失敗後深深的「寂寞」時，也盡量保持著頗為客觀的語調，給人一種往事如煙的超脫感，同時，在平靜的敘述背後，又能感到彌散著一種「濛濛如煙然」的悲哀，形成了難以言傳的克制和張力。

　　在敘及《新生》的夭折後，魯迅提到了成為研究者關注焦點的「寂寞」：

　　我感到未嘗經驗的無聊，是自此以後的事。我當初是不知其所以然的；後來想，凡有一人的主張，得了贊和，是促其前進的，得了反對，是促其奮鬥的，獨有叫喊於生人中，而生人並無反應，既非贊同，也無反對，如置身毫無邊際的荒原，無可措手的了，這是怎樣的悲哀呵，我於是以我所感到者為寂寞。

　　這寂寞又一天一天的長大起來，如大毒蛇，纏住了我的靈魂了。

　　由於「寂寞」的描述緊接《新生》事件之後，研究者多把後者看成前者的原因，而忽視了《新生》計畫失敗後魯迅尚有《域外小說集》的翻譯出版和《河南》雜誌上系列長篇論文的發表，尤其是後者，系統地提出了魯迅對於中國擺脫近代危機的主張，頗為「慷慨激昂」。如果魯迅在《新生》事件後就落入「寂寞」的心態的話，大概難有其後的兩個更大的舉動吧。但是，這兩次努力的結局同樣是失敗，《域外小說集》（上冊）雖然出版了，結果只賣出了二十本，深思暇矚的「立人」主張，在發表後並沒有得到任何反響，最後一篇《破惡聲論》未完而終，我想，魯迅在這時，大概更能體會「叫喊於生人中，而生人並無反應，既非贊同，也無反對，如置身毫無邊際的荒原」。因此，「我感到未嘗經驗的無聊，是自此以後的事」，如果解釋成為自《新生》事件始的一系列文學啟蒙努力失敗以後的事，就更加合理吧。

　　魯迅的描述說明，所謂「寂寞」、「無聊」、「悲哀」，

首先是作為啟蒙者的魯迅對啟蒙對象的可啟蒙性的絕望，「荒原」感是其最形象的表達。但魯迅強烈的自我意識使他又馬上由此轉入對自身的反省：「我決不是一個振臂一呼應者雲集的英雄。」又把絕望指向了自身的行為能力。這就是魯迅日本時期經歷的第一次的絕望。「絕望」對於魯迅來說其實是一種「絕望感」，因而它帶來的只能是「痛苦」，正是因為「太痛苦」，S會館時期的魯迅不得不扼殺產生絕望感的覺醒意識，以達到真正徹底的絕望，這就是他所說的通過「鈔古碑」等方法「麻醉」自己，使自己沉入於「國民」與「古代」中去。錢玄同的到來打破了S會館的平靜，在他的一再追問下，魯迅終於說出了自己的「鐵屋」理論：

> 假如一間鐵屋子，是絕無窗戶而萬難破毀的，裏面有許多熟睡的人們，不久都要悶死了，然而是從昏睡入死滅，並不感到就死的悲哀。現在你大嚷起來，驚起了較為清醒的幾個人，使這不幸的少數者來受無可挽救的臨終的苦楚，你倒以為對得起他們麼？

「鐵屋」理論所表達的無非是絕望，對啟蒙有效性的絕望。「鐵屋」與前文所說的「荒原」同，不過，這一次採取了徹底放棄的姿態。然而，錢玄同隨口說出一句其實是極普通的話：

> 然而幾個人既然起來，你不能說決沒有毀壞這鐵屋的希望。

　　這由好辯的錢玄同隨口說出的話，卻使魯迅馬上改變了立場，並意識到自己的問題所在：

　　　　是的，我雖然自有我的確信，然而說到希望，卻是不能抹殺的，因為希望是在於將來，決不能以我之必無的證明，來折服了他之所謂可有，於是我終於答應他也做文章了，這便是最初的一篇《狂人日記》。

　　「我之確信」無疑指自己所體驗的絕望，對絕望的「證明」是過去的經驗，而所謂「希望」，卻指向「將來」，「過去」無法否定「將來」，因而「希望」也不能被「絕望」所否定。這是理性的推理，本來，「希望」如其說是存在，不如說是一種信念，相信它，就要以它為未來的必然性，但是，在魯迅這裏，作為信念的希望被進行了理性的處理，它以「可有」為希望的維繫。錢玄同的話其實卑之無甚高論，它之所以對魯迅產生頓悟效應的原因，恐怕還在魯迅自己，即希望對他信念般的召喚，換言之，魯、錢的對話其實早已在魯迅心裏，只不過這一次通過他者口中說出，因而產生了偏斜效應，使魯迅確認了另一方。然而，信念和理性之間的搖擺，使魯迅確認的「可有」岌岌可危，很難經得住現實的考驗。

　　這樣看來，似乎「希望之可有」成為此次寫作行為的動機，然而魯迅又強調：

　　　　在我自己，本以為現在是已經並非一個切迫而不能已於言的人了，但或者也還未能忘懷於當日自己的寂寞的悲

　　哀罷，所以有時候仍不免吶喊幾聲，聊以慰籍那在寂寞裏
賓士的猛士，使他們不憚於前驅。

　　「在我自己」的強調，無非是說，同意出來寫文章的直接
動機並非上面所說的希望，而是對「如我那年青時候似的正做著
好夢的青年」的「同情」，而本來應作為文學啟蒙的首要動機的
所謂啟蒙主義希望，這次被放到了第二位，更準確地說，是作為
由外在「同情」所啟動的行為的可能性結果而出現的。無論如
何，魯迅承認了，外在因素是這次寫作行為的主要動機，本來是
內在動因及行動前提的「希望」，被置於行動之後，即位於將來
的「可有」，在這個意義上，魯迅無異承認了「吶喊」並不是完
全發自自己的內心。魯迅在說到自己小說中的「曲筆」時，指出
有兩個原因，一是「須聽將令」，二是「至於自己，卻也並不願
意將自以為苦的寂寞，再傳染給也如我那年青時候似的正做著好
夢的青年。」都是為了他人。所謂「曲筆」，在魯迅的意思是不
如實去寫，也就是說，「寂寞」是真實的，「好夢」是虛幻的，
那麼，魯迅對真實的保留，其目的就是不喚醒他們，免得遭受
「寂寞」之苦，這似乎又回到「鐵屋」理論中的立場，同是不喚
醒，「鐵屋」理論指的是不把人從「昏睡」中喚醒，這裏指的是
不把人從「好夢」中喚醒，兩者都肯定了絕望的事實。

　　通觀《〈吶喊〉自序》，有兩點值得注意，一是「寂
寞」、「無聊」、「悲哀」等關鍵字，表達了魯迅深深的絕望情
緒，一是魯迅公開表白，他的「吶喊」是有所保留的，《吶喊》
並不是真正發自內心的「吶喊」。試想，如果《〈吶喊〉自序》
寫於「五四」高潮時期，這些都是不便於直說的吧。確實，魯迅

於「彷徨」時期給《吶喊》作序，給《吶喊》打上了「彷徨」的色彩，當魯迅在文章中渲染「寂寞」的時候，他自己正處在「兩間餘一卒，荷戟獨彷徨」的空前寂寞的處境中，所以，魯迅對「寂寞」、「無聊」、「悲哀」、「荒原」感等體驗的表達，一定同時揉進了此時此刻的絕望感受，反過來，通過《〈吶喊〉自序》，正可以體味魯迅當時的絕望處境；同時，孤獨、寂寞的處境使魯迅獲得前所未有的內心自由，使得他終於可以無拘無束地披露《吶喊》創作的真相。在這個意義上，《〈吶喊〉自序》是揉合進了魯迅的第一次絕望和第二次絕望的有趣文本。

四、

　　《〈吶喊〉自序》以自我回顧的形式讓過去告一段落，同時又借此傾訴了此時此刻的絕望。這篇名文其實標誌著，魯迅陷入了其啟蒙事業的第二次絕望。經過《〈吶喊〉自序》的自我清理之後，進入1923年的魯迅停止了幾乎所有文章的寫作，他似乎散失了一切生存的意義。人是一個有意義的存在，魯迅，作為近、現代中國的知識份子，「志於道」的傳統使命意識及民族危機的現實，使他首先把對人生意義的尋求，放在為民族振興而啟蒙的事業上；當然，除此之外，他應還有中國人所普遍具有的人倫意義的寄託，在這一層面上，家道的中衰和婚姻的不幸使他把對此一意義的尋求集中在對母親的孝順及對兄弟手足之情的珍惜上，尤其二弟周作人，因年齡的接近和魯迅對他才華的欣賞，兄弟二人情同手足，曾立誓終生相守，魯迅對他愛護有加，從南京到日本到北京，都是魯迅去在前，周作人緊隨其後，在一起並肩創業。可以想像，當魯迅進入如前所述的第二次絕望時，周作人

的存在，對於魯迅，既是《新青年》解體後身邊最後一個戰友，又是人倫生活中的莫大寄託，如果說，周作人是此時魯迅的人生意義的最後寄託，恐怕並不過分。巧合的是，周氏兄弟的分裂恰恰發生在魯迅陷入第二次絕望的1923年，而且，這一分裂是出於令人尷尬的猜測和無法溝通的誤解，揭示了二人內心已經形成的可怕裂痕。周氏兄弟的分裂，對於魯迅是致命的，它葬送了魯迅心中最後的意義寄託，至此，魯迅丟失了曾經支撐他前期生存的全部意義，只剩下黑暗中赤條條的自己。魯迅一生經歷了兩個人生的低點，一是我們都熟知的S會館時期，一個就是1923年，亦即兩次絕望的時期，但我覺得，如果說會館時期的第一次絕望還留有餘地，其現實生存尚有整個家庭的寄託，那麼，1923年的第二次絕望是致命的，並且連現實生存的寄託也沒有了。1923年，應是魯迅人生的最低點。

生存到絕境大概只剩下沉默吧，和S會館時期魯迅以「抄古碑」打發寂寞一樣，這時期的魯迅投入到沒完沒了的瑣事當中。我們現在無法知道，在魯迅的繁忙和疾病背後，他到底想了些什麼，但可以肯定的是，魯迅的自覺意識並沒有停止。陷入絕境的人，其結果無非兩種可能，一是走不出絕境，一是走出絕境，我們現在知道，和第一次絕望期一樣，魯迅最終走了出來，不過，他這次並沒有花費多少時間。這一年的年末（1923年12月26日），魯迅前往北京女子高等師範學校，作了著名的《娜拉走後怎樣》的演講，標誌他再次由「沉默」轉向「開口」，第二年的1月，又赴北京師範大學附中演講《未有天才之前》，2月7日，開始了《彷徨》的第一篇小說《祝福》的創作，在2月一口氣寫了四篇，3月又有一篇，在9月的一個無人的秋夜，他開始了《野

草》的寫作。那麼，必然要問的問題是，既然第二次絕望比第一次絕望更嚴重，魯迅為何這麼快就打破了沉默？

　　但問題是魯迅打破沉默的秘密正在其沉默之中，要想知道其中的秘密，又何其難也。我在這裏首先要說明的是，魯迅如此快地打破沉默，大概有兩個心態上的因素，其一，是與魯迅既已走上言說的道路，不得不言說下去的習慣有關。魯迅後來回憶這一時期時說：「後來《新青年》的團體散掉了，有的高升，有的退隱，有的前進，我又經驗了一回同一戰陣中的夥伴還是會這麼變化，並且落得一個『作家』的頭銜，依然在沙漠中走來走去，不過已經逃不出在散漫的刊物上做文字，叫做隨便談談。」[40]魯迅又拿起筆，不管是為了賣錢養家，還是為了個人抒憤懣，這已是他的職業習慣，也是他在團體離散後的唯一可以寄託的本業，這一心態在當時同陷於絕境的周氏兄弟那裏是相同的。周作人在《新青年》解散後把自己的本業定位在文學上，認為「治文學的人也當以這事為他終身的事業，正如勞農一樣」[41]，他自己也於二十年代初去種他的「自己的園地」去了。「逃不出在散漫的刊物上做文字」，完全可以在《新青年》解體後魯迅小說發表的刊物可以看到，1921年1月的《故鄉》之後，魯迅小說發表的刊物不再是以前集中於《新青年》、《新潮》等雜誌，而是分散於北京《晨報副刊》、《民國日報副刊》、《語絲》週刊、《莽原》半月刊和上海，《小說月報》、《東方雜誌》、《婦女雜誌》等

---

[40]　魯迅：《南腔北調集·〈自選集〉自序》，《魯迅全集》第4卷，第456頁。
[41]　《文學研究會宣言》（此文為周作人所作），轉引自《文學研究會資料》，湖南人民出版社1985年版，第1頁。

各種雜誌，由此可知他此時的「遊勇」狀態。其二是，魯迅在第二次絕望後，反而獲得了一個充分自由的心態，可以不受約束地從事文學創作。第一次絕望後和《新青年》的合作中，「聽將令」的姿態使他並沒有和盤托出自己的態度和主張，這一點表現在《吶喊》和同時期的隨感錄的創作中，木山英雄就敏銳地看到魯迅「五四」時期文章的略顯空洞的地方：

> 他相繼把中國人的國粹主義、迷信、祖先崇拜、野蠻、折衷主義、雙重思想、非個人的群體的自大意識之類，紛紛舉到鋒利的批判槍口上，但並未提示任何取而代之的東西或者改革的具體方案，只是一意催促思想的覺醒和改革的決心。作為『新文化』的實績，陳獨秀曾積極地打出各種口號，周作人在『人的文學』的名目下倡導個人主義的人道主義，胡適則提出『國語的文學，文學的國語』，顯示了改革方案的具體性。與這些論客為伍的魯迅似乎也以『人』、『進化』、『世界』、『科學』、『愛』等語詞闡述著自己的新思想，當然，僅用這些新的語詞便能使青年感奮，正是所謂的『五四文學革命』這一時代的特色。但總之，魯迅並沒有給這些語詞注入應有的內容而予以充分的闡釋，則是不爭的事實，在魯迅來說，這些詞語只不過是在與之正相反的中國現狀中被逆向性的規定了的，專為否定用的相反概念而已。[42]

---

[42] [日]木山英雄著，趙京華譯：《〈野草〉的詩與「哲學」（上）》，北京魯迅博物館編《魯迅研究月刊》1999年第9期。

　　由此可以看出，魯迅在那時並未完全獲得自己。而當前徹底的絕望，使魯迅失去了以前所寄託的一切，只剩下孤獨的一人，這樣的處境反而使他擺脫了不必要的束縛，真正地獲得了自己。這從魯迅複出後的演講中對胡適的評述可以看出，作為《新青年》時期的同仁，魯迅和胡適之間的關係是較為融洽的，胡適是《新青年》團體的主將，在思想立場上，魯迅即使在具體問題上有所保留，「聽將令」的他也要與胡保持著同一陣營應有的同一步調，同時，在學術領域，他們之間也曾有較為密切的學術來往，從魯迅書信可以看到，二人之間的學術來往一直保持到1924年，1924年8月後，通信便中斷了。在複出後的演講中，魯迅開始對胡適公開提出批評，1923年12月的《娜拉走後怎樣》對胡適「五四」時期所翻譯易卜生名劇《玩偶之家》的主題作了顛覆式的重估，已透露此中消息，接著，1924年1月的演講《未有天才之前》就對胡適幾年前提出的「整理國故」的主張提出批評，把它列為社會上「一面固然要求天才，一面卻要他滅亡，連預備的土也想掃盡」的幾種「論調」之首，[43] 試想，如果在《新青年》時期，這是不可能說出的，如果沒有魯迅此時期的自由心態，他也不可能發表真正屬於他自己的言論，因此可以說，1924年的演講標誌著魯迅在言論上離開了《新青年》時期的曖昧局面，真正獲得了自己。空前自由的心態使魯迅獲得了自我表達的自由，正是在這一角度上，我們可以理解，魯迅迎來了又一個更加多產的創作高峰，並在二十年代以自由個人的身份展開了與章士釗和現代評論派的著名論爭，在論爭中使自己的思想和文章開始淬發出

---

[43] 魯迅：《墳・未有天才之前》，《魯迅全集》第1卷，第167頁。

真正屬於魯迅的光彩，由此初步奠定了作為傑出雜文家和戰士的名聲和地位。必須指出的是，二十年代中期的魯迅在出擊奮戰的躍動身姿的背後，隱藏著內心的尚未癒合的傷口，因此出現了兩個不同文本中的魯迅，一是中期雜文中手拿「投槍」的叱吒風雲、所向披靡的戰士魯迅，一是《彷徨》、《野草》。中手拿解剖刀進行嚴酷的自我拷問和自我掙扎的魯迅，當我們把寫於1925年6月18日的《忽然想到（十一）》與寫於1925年6月17日的《墓碣文》，以及寫於1925年11月18日的《十四年的「讀經」》及《評心雕龍》，與分別寫於1925年10月17日和21日的《孤獨者》和《傷逝》，放到一起，大概很難判斷是出於同一時期的同一人之手。如果說論戰的文字確立了魯迅雜文家和戰士的形象，那麼，《彷徨》尤其是《野草》的自我拷問和自我掙扎，則標誌著魯迅通過對舊的自我的總結和清算，終於走出了第二次絕望，迎來了真正的新生。出擊奮戰既伴隨著這一艱難的自我反思的過程，也可以說是這一自我反思過程的成果。

五、

正如竹內好所敏銳發現的，魯迅在作品中「所描寫的自己可以說是過去的自己，而不是現在的自己」[44]，就是說，其作品所表達大都的是過去體驗、思考的結果，如同研究者在《狂人日記》中探尋S會館時期魯迅內心的隱秘世界一樣，我們當然也可以在魯迅後來的「開口」中尋找他走出絕望的秘密。1924年2月，魯迅開始寫《彷徨》，9月，又開始《野草》的寫作，《彷

---

[44] [日]竹內好著，李心峰譯：《魯迅》，浙江文藝出版社1986年版，第28頁。

徨》和《野草》既標誌著打破一年的沉默，又記錄著走出絕望的心路歷程。《彷徨》是一次夢魘式的寫作，將作者自我人生悲劇的可能性寫了下來，如《在酒樓上》、《孤獨者》、《傷逝》諸篇，「夢魘模式」的存在，是絕望體驗的心理反映，也是面臨人生重大轉折時的自我總結和自我清算，通過呂緯甫的潦倒和魏連殳的死，魯迅開始向悲劇舊我告別[45]，通過與子君的愛情悲劇，涓生在深深懺悔中開始尋覓「新的生路」。《野草》，作為一種更為內在的寫作，是魯迅沖決其第二次絕望的過程，一個生命的行動，可以說，正是借《野草》的寫作，魯迅走出了第二次絕望。經過《野草》中的生命歷險，魯迅終於確證了「反抗絕望」——「絕望的抗戰」的人生哲學，從而解決了自我的危機。

　　《野草》的最後一篇《一覺》完成於1926年4月10日，《彷徨》的最後一篇《離·婚》完成於1926年11月6日，1926年11月11日夜，在廈門的深夜寂靜中，魯迅將其此前時期的「雜文」合集命名為「墳」，寫下《寫在〈墳〉後面》。在「淡淡的哀愁」中，魯迅寫下這樣的文字：

---

[45] 《在酒樓上》與《孤獨者》的結尾都安排了敘事者「我」向悲劇主人公告別的結局。《在酒樓上》的結尾是：「我們一同走出店門，他所住的旅館和我的方向正相反，就在門口分別了。我獨自向著自己的旅館走，寒風和雪片撲在臉上，倒覺得很爽快。」（魯迅《彷徨·在酒樓上》，《魯迅全集》第2卷，第34頁。）《孤獨者》的結尾是：「敲釘的聲音一響，哭聲也同時迸出來。這哭聲使我不能聽完，只好退到院子裏；順腳一走，不覺出了大門了。／潮濕的路及其分明，仰看太空，濃雲已經散去，掛著一輪圓月，散出冷靜的光輝。／我快步走者，彷彿要從一種沉重的東西中沖出，但是不能夠。……我的心地就輕鬆起來，坦然的在潮濕的石路上走，月光底下。」（魯迅《彷徨·在酒樓上》，《魯迅全集》第2卷，第107-108頁。）

我的生命的一部分，就這樣地用去了，也就是做了這樣的工作。然而我至今終於不明白我一向是在做什麼。比方做土工的罷，做著做著，而不明白是在築台呢還在掘坑。所知道的是即使是築台，也無非要將自己從那上面跌下來或者顯示老死；倘是掘坑，那就當然不過是埋掉自己。總之：逝去，逝去，一切一切，和光陰一同早逝去，在逝去，要逝去了。──不過如此，但也為我所十分甘願的。[46]

……

以為一切事物，在轉變中，是總有多少中間物的。動植之間，無脊椎和脊椎動物之間，都有中間物；或者簡直可以說，在進化的鏈子上，一切都是中間物。[47]

……

惟願偏愛我的作品的讀者也不過將這當作一種紀念，知道這小小的丘隴中，無非埋著曾經活過的軀殼。待再經若干歲月，又當化為煙埃，並紀念也從人間消去，而我的事也就完畢了。[48]

淡淡的哀愁中，呈現的是少有的澄明與幽靜，一種時過境遷的懷念，一種參透生死的達觀。

1927年4月26日，在《野草》完成的一年之後，時在廣州的魯迅準備將其結集出版，寫下一篇《題辭》。像一個重獲新生的人，發出生的歡快的吶喊：

---

[46] 魯迅：《墳·寫在〈墳〉後面》，《魯迅全集》第1卷，第283頁。
[47] 魯迅：《墳·寫在〈墳〉後面》，《魯迅全集》第1卷，第285-286頁。
[48] 魯迅：《墳·寫在〈墳〉後面》，《魯迅全集》第1卷，第287頁。

　　過去的生命已經死亡。我對於這死亡有大歡喜，因為
我借此知道它曾經存活。死亡的生命已經朽腐。我對於這
朽腐有大歡喜，因為我借此知道它還非空虛。

　　生命的泥委棄在地面上，不生喬木，只生野草，這是
我的罪過。

　　……

　　但我坦然，欣然。我將大笑，我將歌唱。

　　……

　　……我以這一叢野草，在明與暗，生與死，過去與未
來之際，獻於友與仇，人與獸，愛者與不愛者之前作證。

　　為我自己，為友與仇，人與獸，愛者與不愛者，我希
望這野草的死亡與朽腐，火速到來。要不然，我先就未曾
生存，這實在比死亡與朽腐更其不幸。[49]

　　經過《野草》中的生命歷險，魯迅終於確證了「反抗絕
望」──「絕望的抗戰」的人生哲學，從而解決了自我的難題，
走出了自我的困境。重回矛盾叢生的現實，在這生死不明的轉型
時代，緊緊抓住即使並不顯赫的當下生存。可以說，《野草》的
寫作伴隨著他同時期的內心探索，但同時我們也不能否認，《野
草》也就是魯迅1923年自己走出困境的心路歷程的反映，否則，
1923年走出自我困境的魯迅之謎就難以真正得到解釋。換言之，
1923年，不僅是魯迅陷入第二次絕望的最低點，同時，也就在

---

[49] 魯迅：《野草·題辭》，《魯迅全集》第2卷，第159、160頁。

這一年的沉默中，他的內心深處經歷了一次驚心動魄的自我掙扎和自我轉換的歷程，這在後來寫的《野草》中才得以充分展現出來。

　　《野草》，處在魯迅由中期到後期的關節點上，是其人生的重要分水嶺。我注意到，1923年的轉折意義，反映在魯迅的書帳中：1923年之前，他雖然已經購買了大量外文書籍及譯著，但在書帳中從未記錄，所記者僅限於中國古籍；從1924年開始，書帳中開始記錄外文書籍及譯著，並自此逐漸增多，成為書帳中的絕大部分，這看似瑣末的習慣變動，大概也能說明一些問題吧。正是以《野草》為界，在前段人生的意義寄託幾乎全盤落空後，魯迅開始了此後的人生，不僅開始公開站出以個人身份展開文壇的論爭，也終於在個人生活上做出決斷，南下廈門、廣州和上海，最後在現實政治上立場作出了抉擇。從1924年開始，隨著現實的出擊，魯迅雜文創作愈來愈多，並愈來愈烽發出屬於自己的光彩。其實，《野草·題辭》在突破絕望之後，開始宣告雜文式生存的開始，而《華蓋集·題記》，則標誌著雜文意識的真正形成。經過第二次絕望與《野草》的沖決，魯迅在日本時期的「文學自覺」和五四時期的「小說自覺」後，終於形成了「雜文自覺」，找到了真正適合自己的文學行動──雜文。其實，經過這一發生在二十年代中期──以1923年為標誌──的艱難自我轉換，後期的魯迅，是以更為明確、寬廣的心態和更加堅實、從容的姿態跨入了現實生存的魯迅，從他「神寒氣靜」[50]的臉上，我

<hr>

50　徐梵澄形容魯迅語，見徐梵澄：《星花舊影──對魯迅先生的一些回憶》，北京魯迅博物館編《魯迅回憶錄·散編下冊》，北京出版社1999年版，第1329頁。

們能感到，曾經經歷而終於平息的那場心靈的風暴，已經內化為
他卓絕生命的一部分，並最終凝定入「民族魂」的偉大形象中。
在這個意義上，我們可以說，真正的魯迅，不是在第一次絕望
（S會館時期）之後，而是在第二次絕望（1923年）之後，才得
以誕生。

第五章　生命深淵的詩與思

第一節　《野草》：衝決絕望的行動

一、該擁有怎樣的「詩心」，才能與《野草》對話？

　　《野草》，在魯迅的文本中，是一個特異的存在。在二十世紀中國文學中，大概也還沒有比《野草》更為幽深詭麗的文本。對《野草》的解讀，研究界的前輩與同仁已做出過相當傑出的研究，無論是注疏的還是闡釋的、實證的還是象徵的、現實的還是哲學的，這些解讀，都為我們走近《野草》鋪設了道路。實證的史料爬梳、象徵的意象闡釋、玄學的哲理思辯，似已各展其能，但隱隱的不滿依然存在：諸種闡釋與《野草》的「詩心」，還有距離。似乎無法首先從方法入手進入這一問題，這不是方法的選擇，只是感到：歷史參與的絕望化為了魯迅的「詩」，面對這一叢《野草》，我們該擁有怎樣的「詩心」，才能與它真正對話？

　　《野草》之為「詩」，不是文體學上的概念，以「散文詩」等來界定《野草》，太偏重文體的界定及文學史的意義。諸篇的形成，固然或多或少皆可找到一點外在的因由，最直接的，如《〈野草〉英文譯本序》「因……作……」式的自我解釋，但即使是最明白的起因，也只能是外在的參考材料，而不

能成為《野草》「詩」的主體。對於《野草》，任何外在事件，都是作為一種精神事件，是這些精神事件，而不是外在的某個「本事」，才可能是構成《野草》「詩」的「材料」，起因只是起因，它不能代替《野草》自身的動力，所謂「不能直說」，大概也不能只從外在現實環境找原因，而應進一步在《野草》的精神困境中來理解。實證主義的生平或文本材料的爬梳，是《野草》解讀的必由之路，然僅止於此，似終有隔。象徵主義的意象闡釋，拿來瞭解詩的工具，這一方法的啟用，使《野草》的闡釋文學化或詩化，但僅僅意象加實證的結合，其意義闡釋還是源於外在的世界，沒有進入《野草》自身的意義系統，而且，零散化的意象闡釋，如何面對《野草》精神的與藝術的「整體」？長期以來，我們對《野草》內容研究，局限於將作品進行分類化處理，[1]經過分類化處理，不僅《野草》整體被分解了，而且「詩」意頓失。哲學的解讀，充分估量和展示了《野草》的形上旨趣，然而，如果首先從所謂存在、自由、虛無、絕望、選擇、決斷等生命哲學或存在主義的先在理念出發，作對照式闡釋，而不能意識到，《野草》自身就是一個自發的意義場域、一

---

[1]　自馮雪峰的《論〈野草〉》始，對《野草》內容的把握，就是採取分類法。馮雪峰把《野草》分成三類：一、積極、健康、戰鬥的抒情作品；二、尖銳諷刺的作品；三、明顯地反映空虛和失望情緒及思想上的深刻矛盾的作品。（馮雪峰：《論〈野草〉》，《文藝報》1955年第19、20期。）思基從戰鬥精神上分為四類組詩：一、抒寫彷徨、悲觀、絕望而又堅持要掙紮前進的情緒；二、對反抗戰鬥精神的歌頌；三、對黑暗統治的暴露和市儈主義的批判；四、抒寫對新生活的嚮往和渴望自由的情緒。（思基：《談魯迅的散文詩〈野草〉》，1956年10月《文學月刊》）孫玉石先生延續了分類法，將其分為三類：一、韌性戰鬥精神的頌歌；二、心靈自我解剖的記錄；三、針砭社會固弊的投槍。（孫玉石：《〈野草〉研究》，中國社會科學出版社1982年版。）

個自成體系的精神系統和表達系統，則再精妙的哲學解讀，也就不過證明了，《野草》也達到了西方生命哲學或存在主義哲學的高度，但《野草》自身的意義和價值，又在哪裡呢？至於近年出現的近於「索引式」的解讀，在《野草》中搜尋魯迅的性愛潛意識，也許被視為研究困境中新的「生長點」吧，不過，以完全「形而下」的心態面對《野草》，不僅與《野草》的「詩心」無緣，也與《野草》研究所追求的「客觀」無關。

前文已經對以1923年的沉默為標誌的魯迅第二次絕望進行了揭示，其實，1923年的沉默及其標誌的第二次絕望，就是我們走進《野草》、抵達其「詩心」的切入點。

《野草》，與其說是一個寫作的文本，或者說是心靈的記錄，不如說是陷入第二次絕望的魯迅生命追問的一個過程，是穿越致命絕望的一次生命的行動，它伴隨著情感、思想和人格的驚心動魄的掙扎和轉換的過程，是一個由哀傷、絕望、掙扎、解脫、歡欣等等組成的複雜的情思世界，又是一個由矛盾、終極悖論、反思、懷疑、解剖、追問、頓悟等等組成的極為沉潛的哲思世界，還有它獨特的語言與形式的世界，它不是抒情詩，也不是哲學，而是由思、情、言、行、形等結合在一起的精神的和藝術的總體。作為最後絕望中個人危機和個人能量的總爆發，《野草》展現了一個人在斷念與決斷關頭最豐富、最複雜的心理狀態，魯迅的諸多精神奧秘，蘊於其中。《野草》，是我們走近魯迅的一條捷徑，但恐怕也是最難走的一條道路。

作為生命追問的一個過程，一次穿越絕望的行動，《野草》並非一般意義上的單篇的合集，而是一個整體，《野草》中，存在一個自成系統的精神世界和藝術世界。

讀《野草》，需要詩的敏感、哲學的思辯和藝術的鑒賞力，需要調動、傾注解讀者自身的所有生命體驗──體貼的同情。但《野草》研究絕不是主觀任意的，作為研究對象，《野草》自有它的客觀性，這個客觀性，不僅來自本事或文本的實證、索引或意象闡釋，也不僅來自文本與周圍現實的聯繫，及《野草》文本與作者其他文本的聯繫，而且更存在於魯迅走進《野草》時的生命狀態，以及《野草》自足的精神系統和文本系統中，因此，只有充分瞭解、同情魯迅當時的生命狀態，並把握了作為整體的《野草》的精神系統和文本系統，具體的闡釋才具備客觀的背景和座標。解讀《野草》，必須進入作者深層的內在生命中去，進入這個以語言建構起來的自成系統的文本世界中去。

二、自厭與自虐

首先值得一問的是：走近《野草》時的魯迅，究竟處在什麼樣的自我狀態中？

《野草》寫作時期，與《彷徨》、《兩地書》（北京時期）大致相同，從同時期的作品可以看到，此時期的魯迅，已然陷入強烈的自厭情結中，並由此形成了一種潛在而強烈的自虐意識。自厭與自虐，是魯迅第二次沉默中的一個強烈的心理意識，也成為他走向《野草》的一個主要創作動機。

自我厭棄，是啟蒙者魯迅屢次遭遇絕望的產物，在信念式的希望和事實性的絕望之間，強烈的反思意識，使其懷疑和絕望，首先是「內向」的──指向自身。日本時期的第一次絕望，曾導致難以救藥的自我懷疑，這懷疑指向的是青年魯迅的自我期

許——「我並非一個振臂一呼應者雲集的英雄」。[2]十年後在錢
玄同的勸說下走出S會館，雖然絕望像一根伏線，仍潛藏在出擊
身姿的背後，但他對《新青年》群體，畢竟賦予了莫大的希望，
因此，《新青年》的解體和五四的退潮，又一次把他推入絕望之
中。人不能經受兩次絕望，從此，內向的懷疑和絕望，以一種極
端的形式出現了：一是對「庸眾」的懷疑、絕望和憤怒；二是可
怕的自我厭棄，進而形成潛在而強烈的自虐意向。對「庸眾」的
絕望和對自身的絕望，是內向性絕望的連鎖反應，而自厭和自
虐，也正是自我懷疑的惡性發展。

　　《孤獨者》中，魏連殳之死與一個非常關鍵的精神事件有
關，這就是「進化論」信念的最後的倒塌。「我」與他爭論「孩
子為什麼變壞」，連殳在論辯中失敗，小說雖沒有渲染信念支柱
倒塌的轟響，但這對於他的滅亡，無疑是決定的一擊，因此，我
們吃驚地看到，曾經以「孩子」為信念支柱的魏連殳，開始要他
們下跪！《野草》中，絕望魯迅的最複雜的感情，投向了「孩
子」和「庸眾」。面對孩子們的「求乞」，「我」拒絕「施與」
（《求乞者》）；最小的孩子最後一聲的「殺」，終於使老女人
徹底絕望，決然「遺棄」了他們的遺棄（《頹敗線的顫動》）；
兩篇《復仇》，是最為典型的刻畫這一複雜情感的詩篇。第一篇
以調戲式的反「看」，來使「看客」（庸眾）們的「看」同樣轉
為虛空，第二篇通過對十字架上耶穌的複雜心理的展示，極寫了
對於「庸眾」的複雜心理，近乎綏惠略夫轉而向民眾開槍的憤
激。向民眾復仇，是第二次絕望的魯迅內向性絕望的表現，是向

---

[2]　魯迅：《〈吶喊〉‧自序》，《魯迅全集》第1卷，第417-418頁。

自身復仇──自厭和自虐的第一步。

　　長期在痛苦中煎熬而又無望的狀態，最後的結果，往往使痛苦的主體對自身產生懷疑以至厭棄，形成自我的危機。《鑄劍》中，「黑色人」即突兀地說：「我的魂靈上是有這麼多的，人我所加的傷，我已經憎惡了我自己！」[3]「過客」也說：「因為我就應該得到咒詛。」[4]這種無處不在的自厭感，彌漫於《彷徨》中。《在酒樓上》、《孤獨者》和《傷逝》，是《彷徨》的主幹作品，它們的存在，使《彷徨》顯出了強烈的「自我」色彩。《在酒樓上》中，人生失意、百無聊賴的呂緯甫一個人回到了闊別多年的故鄉，這次回鄉，為的是兩件事，一是給小兄弟遷墳，一是順便給鄰家姑娘順姑帶朵剪絨花，兩件事，皆是奉母親之命，而且這對於一個啟蒙者來說，似乎都是不足掛齒的吧。然而，就連這兩件事，也沒辦好：小兄弟的墳終於打開了，卻發現連最難爛的頭髮也沒有了──「蹤影全無」！順姑曾給呂緯甫留下過美好的印象，所以特意輾轉周折買了兩朵，但送去方知，斯人已逝。兩件不足掛齒的「小事」的沒辦成，加重了緯甫失意人生的「無聊」。這次還鄉，所可注意者有二，一是，他強調這兩件事是母親叫他回來辦的，說明這兩件事出自母親的意志，這非出於自我意志的「小事」，對於啟蒙者呂緯甫來說，應近乎「無聊」；二是這兩件事雖不是出於自己的意志，但畢竟也投入了相當多的個人情感。故鄉、故去的親人、舊日鄰家姑娘，這也許是一個男人心中最後的溫暖，因此，這兩件小事，其實又很大，這也許是最後的回鄉之旅，也是失意人生僅存的意義所在，沒辦成

3　魯迅：《故事新編·鑄劍》，《魯迅全集》第2卷，第426頁。
4　魯迅：《野草·過客》，《魯迅全集》第2卷，第192頁。

導致的絕望後的絕望，也就更顯其「無聊」。母親的意志和暗藏的自我意義的寄託，看似矛盾，也許恰恰說明，母親的存在，對於業已喪失自我意志的呂緯甫來說，其實是生存意義的最後維繫，因而兩件事的失敗，也就透露了不祥的消息。《在酒樓上》寫出了一個失敗之人瀕臨崩潰的前夜。

既然母親成了呂緯甫生存意義的最後維繫，接著的問題就是，倘若這個母親不在了，其結局會怎樣？《孤獨者》的寫作雖距《在酒樓上》相隔一年零八個月，但堪稱姊妹篇，因為，《在酒樓上》提出的問題，《孤獨者》中有了答案。小說以送葬始，送葬終，剛開頭，魏連殳在這世界上的最後一個親人——並無血緣關係的祖母去世了，他在送葬時突然迸發的一聲嚎哭，既是為祖母，也是為了自己，因而他後來意味深長地說：

我雖然沒有分得她的血液，卻也許會繼承她的運命。然而這也沒有什麼要緊，我早已豫先一起哭過了。

祖母之死，敲響了連殳的喪鐘，自此後，他正式開始了自己的死亡過程，在某種程度上說，整篇小說，寫的就是他的死亡過程。自厭的極端便是自殺，果然，連殳自取滅亡。小說所展示的連殳寫給「我」的唯一的也是最後一封信，讀之幽寒徹骨！

《兩地書》中的通信，始於學生向老師求教擺脫人生痛苦的方法，其時，許廣平陷入個人的困境，而魯迅，正處於第二次絕望的無言的痛苦中。魯迅馬上認真地回了信，從此你來我往，每信必複。如此投入，當初固是為了回答學生的提問，但也不排除當時確實需要一個傾訴的對象。因此，面對「害馬」，一貫城府頗深的魯迅，變得少有的坦率和傾心，借勸說對方，對自己作了較為徹底的反思。書信的坦誠之言，顯露了魯迅此時矛盾纏

身、積重難返的生存狀態及由此而生的自厭心理：

你好像常在看我的作品，但我的作品，太黑暗了，因為我
常覺得惟「黑暗和虛無」乃是『實有』，卻偏要向這些作絕望的
抗戰，所以很多著偏激的聲音。[5]

我所說的話，常與所想的不同，至於何以如此，則我已在
《吶喊》的序上說過：不願將自己的思想，傳染給別人。何以不
願，則因為我的思想太黑暗，而自己終不能確知是否正確之故。
至於「還要反抗」，倒是真的，但我知道這「所以反抗之故」，
與小鬼截然不同。你的反抗，是為了希望光明的到來罷？我想，
一定是如此的。但我的反抗，卻不過是與黑暗搗亂。[6]

　　所以我忽而愛人，忽而憎人；做事的時候，有時確為
別人，有時確為自己玩玩，有時則竟因為希望生命從速消
磨，所以故意拼命的做。……總而言之，我為自己和為別
人的設想，是兩樣的。所以者何，就因為我的思想太黑
暗，但究竟是否真確，又不得而知，所以只能在自身試
驗，不敢邀請別人。[7]

在面對許廣平的愛情呼喚，魯迅一直處於被動退守的狀態，時
時生怕「太將人當作犧牲」，到廣州之前，二人還在圍繞「犧牲」
問題爭論不休。面對愛情時的自卑意識，正是自厭情結的顯現。
作為自厭發展的極端，一種潛隱而強烈的自虐傾向，也從

---

[5]　魯迅：《兩地書・四》，《魯迅全集》第11卷，第20-21頁。
[6]　魯迅：《兩地書・二四》，《魯迅全集》第11卷，第79頁。
[7]　魯迅：《兩地書・二四》，《魯迅全集》第11卷，第79-80頁。

該時期的文章中破土而出。百無聊賴的呂緯甫面對小兄弟的墳，突然有一種強烈的願望：「我當時忽而很高興，願意掘一回墳，願意一見我那曾經和我很親睦的小兄弟的骨殖」，他站在雪地中對土工們說「掘開來！」，自認為這是「一生中最為偉大的命令」。掘「和我很親睦的小兄弟」的墳，執意要親眼看他的「骨殖」，似乎隱隱透著自虐的意向。魏連殳對死亡的選擇，則顯現了一種複雜的死亡邏輯，不是立即自殺，而是「躬行我以前所憎惡、所反對的一切」——在精神上殺死自己，讓無意義的肉體暫時存活下來——這無異於選擇了一種「生存的死亡方式」。為什麼要如此延長自己的死亡過程？推測起來無非有三：一是，由對生存的珍視而產生的對死亡的珍視——要死得有所作為，這就是他說的「偏要為不願意我活下去的人們而活下去」；二是，自我的生存已陷入了無意義，無意義的自己只配生存於這無意義的世界；最後，我想指出的是，連殳延緩死亡的過程，讓一個清醒的自我看著另一個自我慢慢走向滅亡，其實更接近自殘與自虐！

　　自虐意向，也潛藏於《野草》中。兩篇《復仇》，就無意中流露了作者的自虐意識。《復仇（其二）》進入耶穌的心理，有意拉長了耶穌被釘殺的過程。耶穌拒絕喝「那用沒藥調和的酒」，是為了「要分明地玩味以色列人怎樣對付他們的神之子，而且要永久地悲憫他們的前途，然而仇恨他們的現在。」釘尖在穿透他的手足，釘碎了他的骨頭，而文章的描述是：「使他痛得柔和」、「使他痛得舒服」、「突然間，碎骨的大痛楚透到心髓了，他即沉酣於大歡喜和大悲憫中」。對痛苦的渲染，也許說明了，中國啟蒙者的最後收穫，只能是「痛苦」，但對「痛苦」的承擔異化成了「享受」，卻透露了一定的受虐意向。六百字出頭

的《復仇》，卻首先以兩整段的較大篇幅，詳細展示、描寫「桃紅色的，菲薄的皮膚」，皮膚下的「鮮紅的熱血」，「利刃」擊穿皮膚後熱血的飛迸，被刺者在熱血飛迸中「得到生命的飛揚的極致的大歡喜」。兩段描寫，固然是給裸露站立的男女的未來行動「蓄勢」，但這極富感染力的描寫，卻也透露出對肉體痛苦的的享受意向。

「唯黑暗和虛無乃是實有」，魯迅在中國的啟蒙人生，最後獲得也只能是自身豐富的痛苦，誰也不堪痛苦，才有對痛苦自我的厭棄，當痛苦成為生存本身，則易走向自虐，即由對痛苦的承擔，轉向對痛苦的「享受」——這本身就是糾纏不清的悖論。現在的問題是，魯迅既已厭棄並試圖擺脫這種矛盾狀態，無論是生存還是滅亡，勢必要做出新的抉擇。這抉擇，就在《野草》中，魯迅沒有回避矛盾，而是直面矛盾和死亡，把纏繞自身的矛盾一一打開，進而推向極端，置之死地而後快。

三、矛盾的漩渦

自厭與自虐，源於自我的矛盾和分裂。新的自我對原來的自我產生了厭棄，陷入了分裂（矛盾）之中，而原來的自我之所以被厭棄，正是因為它已矛盾纏身。這意味著，對於陷入第二次絕望的魯迅，他所面臨的首先要解決的問題，已不是啟蒙的可能性的外在的問題，而就是自我的危機——生命成了問題！或者直面並解決這一危機，或者如呂緯甫企圖回避這一危機，或者如魏連殳因徹底絕望而加劇這一危機。雖然在小說中寫出了悲觀的預測，但現實生存中的魯迅，選擇的是直面危機，他已然厭棄了在重重矛盾中難以抉擇的非生存狀態，希望來一次最終的解決，不

管其結局是生還是死，否則，首先就未曾生存。

魯迅直面矛盾的方式近乎慘烈，他以特有的執拗切入自我矛盾的深層，像一個人拿著解剖刀打開自己的身體，並親自凝視自身的奧秘。《野草》就是這樣一個自我解剖的手術臺，通過它，作者對糾纏自身的諸多矛盾，進行了一次徹底的展示和清理。於是，《野草》成了矛盾的漩渦，生命中的各種矛盾環繞紛呈，連單個語詞的表述都是矛盾形態的，而且，諸多矛盾推向極處，形成無法解決的終極悖論，一個漩渦套著一個漩渦，讓人無法自拔。

從《野草》文本的表面，首先就可以直觀到諸多矛盾的存在：

光明與黑暗、求乞與佈施、擁抱與殺戮、看與被看、先驅者和庸眾、痛楚與舒服、悲哀與歡喜、仇恨與悲憫、希望與絕望、雨與雪、寬恕與忘卻、說與不說、狂熱與中寒、天上與深淵、無所希望與得救、眷念與決絕、愛撫與復仇、養育與殲除、祝福與咒詛、沉默與開口、充實與空虛、死亡與存活、朽腐與非空虛、明與暗、生與死、過去與未來、友與仇、人與獸、愛者與不愛者……

還有那隨處可見的悖論式的表達：「無地」、「不知道時候的時候」、「用無所為和沉默求乞」、「他們倆將要擁抱，將要殺戮」、「這使他痛得舒服」、「用那希望的盾，抗拒那空虛中的暗夜的襲來，雖然盾後面也依然是空虛中的暗夜」、「死火」、「無詞的言語」……

《野草》矛盾雜遝紛呈，纏繞糾結，一時頗難識別。但深入分析可以發現，「希望」──「絕望」這一對矛盾，作為諸多矛盾的糾結所在，處於《野草》的核心。希望與絕望的糾纏，在

《希望》一篇中有極盡曲折的集中展示：圍繞希望與絕望，《希望》接連設置了三層悖論，但層層設置，層層突圍，層層剝筍地敞開真正的內核。第一個悖論（「希望，希望，用這希望的盾，抗拒那空虛中的暗夜襲來，雖然盾後面也依然是空虛中的暗夜。」）消解了反抗主體的「希望」──「盾」後面的那個人，第二個悖論（我老了，但寄希望於「身外的青春」，然而，他們的「青春」也消逝了）消解了身外的「希望」──「身外的青春」，兩重絕望之後，「我」作出了孤注一擲的絕望的抉擇──「肉薄」，裴多菲把希望喻作娼妓的「『希望』之歌」，開始絕望地奏響。這時，伴隨絕地的轉換，「絕望之為虛妄，正如希望相同」第一次出現，其所要表達的應偏重在「希望」一邊──即「絕望之為虛妄」，然而，只要樹起希望，第二個悖論又出現了，又回到那孤注一擲的「肉薄」，接著而來的第三個悖論──「但暗夜又在那裏呢？……而我的面前又竟至於並且沒有真的暗夜。」對「暗夜」的一筆勾銷，把這一點僅存的意義也消解了。但最後還是：

　　　　絕望之為虛妄，正如希望相同！

　　這不是簡單的重複，作為對第三個悖論的解答，被賦予了新的意義。作為最後的指向，它已經超越了圍繞「希望」和「絕望」之爭的一切糾纏不休的難題，甚至超越了「暗夜」的並不存在和希望的被徹底勾消，因為一切已化為行動，指向行動。《希望》把長期糾纏於內心中的希望和絕望之爭作了一次追根究底的審視，逐一翻檢出圍繞希望的幾個悖論，並最終確立了以行動超

299

越矛盾的姿態。

發源於希望與絕望的諸多矛盾，最後歸結為一個現實生存的難題——生與死的抉擇，這就是《過客》、《死火》和《墓碣文》中生與死的追問。無法解開的兩難處境，是自我危機的扭結所在，似乎有新的生命的催促，使他必須對此作出最終的解決，而如果不把它推到極端，也就難以最終解決。因此，《野草》不惜把矛盾激化，並推到無可逃避的死角，在極端的兩難處境中拷問自我的真諦。《野草》中的**終極悖論**隨處可見：「影」徘徊於「黑暗」和「光明」之間，處於無論怎樣選擇其結局都是滅亡的兩難處境；「我」以希望之「盾」抗拒空虛中的「暗夜」的襲來，但盾後面依然是空虛中的「暗夜」；及至終於孤注一擲以「肉薄」與「暗夜」決戰，但最終發現其實「暗夜」並不存在；「我」終於啟口向兄弟道出一直埋藏在心中的道歉，但對方的全然忘卻讓「我」陷入永無被寬恕的境地；「死火」的結局是凍結和燃燒，但兩者都難逃滅亡；「墓中人」「抉心自食」，「欲知本味」，但卻落入「本味」永無由知的絕境……

綜上所述，《野草》中的矛盾可以圖示如下：

| 絕望──希望
（虛無──實有）
（黑暗──光明） | 求乞─佈施、擁抱─殺戮、看─被看、痛楚─舒服、悲哀─歡喜、仇恨─悲憫、寬恕─忘卻、說─不說、眷念─決絕、愛撫─復仇、養育─殲除、祝福─咒詛、沉默─開口、充實─空虛…… | 死──生 |

矛盾處境 ──────────→ 矛盾狀態 ──────────→ 終極悖論
現實抉擇

四、生與死的追問

魯迅此時期的作品，隱藏著一個不易察覺的「凝視」的意向：《在酒樓上》中，呂緯甫執意要一睹小兄弟的「骨殖」；《死火》中，「我」欣喜於終於獲得死去的「火」，因為這滿足了自小就有的「凝視」的欲望；《好的故事》中，留戀於美麗事物的「我」欲「凝視」它們的存在，卻忽而化為幻影……。「凝視」，顯示了對變動不居事物的興趣，以及試圖把捉無常的努力，蓋為耽思善感之人所同好吧，正如《死火》自述：

> 當我幼小的時候，本就愛看快艦激起的浪花，洪爐噴出的烈焰。不但愛看，還想看清。可惜它們都息息變幻，用無定形。雖然凝視又凝視，總不留下怎樣一定的跡象。

作為《野草》的關鍵字，「凝視」顯現了自我生命追問的強烈意向，《野草》的寫作過程，就是一個自我生命追問的過程。

從《影的告別》始，中經《求乞者》、《復仇》、《復仇（二）》、《希望》、《雪》，一直到《過客》，這一組文章可視為《野草》追問的第一個部分——作者把追問意向固執地指向了死亡：《影的告別》中，身心交瘁的「我」已厭煩了「徘徊於明暗之間」的狀態，需要在「光明」和「黑暗」之間來一次最終的抉擇，但他選擇的是「黑暗」和「虛無」；《求乞者》中的「我」選擇了「用無所為和沉默求乞」，因為「我至少將得到虛無」；兩篇《復仇》，是真正絕望的篇章，透露出強烈的綏惠略夫式的絕望；《希望》裏以「青春」逝去後的「肉薄」，作出了

孤注一擲的選擇；《雪》無意於美麗的「暖國的雨」和「江南的雪」，而盼望成為徹底的「死掉的雨」；到《過客》，這一意向終於化身為在荒野中向「墳」踉蹌而去的「過客」。值得注意的是，匆忙向「墳」奔去的「過客」，卻不經意間給出了一個新的問題：

老丈，走過那墳地之後呢？

從《死火》到《死後》的七篇，是第二組文章。皆以「我夢見」開頭的七篇，深入到夢境之中，開始了「上窮碧落下黃泉」的求索。「死火」，這一前無古人的意象，就是生與死的矛盾組合，「死火」已死，被「朋友」的「溫熱」喚醒，從「死」出發，又面臨兩個選擇：凍滅和燒完，雖然這兩種結局都不過是死亡，但「死火」選擇了「燒完」──近乎一種生存的死亡方式；值得注意的是，《過客》中向「墳」奔去的「過客」，已來到《墓碣文》中，面臨自己的屍體和墓碑，陽面的碑文，交代了死者的精神履歷與死因，陰面的碑文，則展現了驚心動魄的自我拷問：

……抉心自食，欲知本味。創痛酷烈，本味何能知？……
……創痛之後，徐徐食之。然其心已陳舊，本味又何由知？……
……答我。否則，離開！……

　　直抵死亡的追問卻最終發現，所謂真正的「自我」並不存在——「本味」永無由知！像惡夢驚醒般的，《頹敗線的顫動》中，老女人已經「頹敗」的身軀，在絕望後，第一次出現了「顫動」，這無疑是生的萌動。在天人共振中，以前所有的矛盾，在此彙集並得到重新的整合。空前繁複、旋轉、纏繞的語言，意味著《野草》已進入華彩樂章。《頹敗線的顫動》是《野草》的高潮，諸多矛盾在此彙集，形成《野草》矛盾漩渦中的一個最深最大的漩渦，面對它，你會不由自主地被裹挾進去。這是繼《墓碣文》後的第二個噩夢，在以死揭穿了自我的真相後，獲得新生的《野草》主體又在新生中對以前的種種矛盾和問題進行了總結式的回顧和整合，使之告一段落。

　　《死後》也是一個關於死的噩夢——「我夢見自己死道路上」，不過不再那麼峻急和緊張，恐怖中已加入了輕鬆詼諧的調子，筆調也由格言和抒情體轉向現實主義的細節寫實。在瑣細詼諧的記述中，一個雖死而知覺仍存的死者的尷尬處境被再現出來，這一死不再有《墓碣文》的恐怖和悲情，而是一次對死的搞笑式的遊歷，並適可而止地回到人間，在慶倖式的結尾中，我們可以感知，《野草》主體業已超越死亡的心態。

　　《死後》，真是「死後」，翻過《死後》的「山嶺」，赫然發現站立在山那邊的「這樣的戰士」，從而轉入第三組文章的生存主題。自《這樣的戰士》始的最後五篇文章，艱難的自我追尋過程終於落實在絕望的抗戰的「這樣的戰士」、「真的猛士」、被愛人呵護的「臘葉」和具有頑強生命力的「野薊」身上。終於像一個久病初愈的人，重新緊緊抓住了生存。

　　在直奉戰爭的炮火聲中，魯迅寫下了最後一篇《一覺》。

飛機在擲下炸彈，卻更真切地感到了生存——窗外的樹葉、桌上
的微塵、周邊的書籍、青年的雜誌、還有頭頂上扔炸彈的飛機的
哄鳴……，一切的一切，都與自己有關，他從來沒有這樣強烈的
感覺到人間的真實和生命的實在，並最終凝結成一個卑微但有著
頑強生命力的意象——「野薊」。

　　如果聯繫整個《野草》的意象的發展，可以發現，從開始
的「無地」、「黑暗」、「虛無」、「絕望」、「墳」、「墓
碣」和「荒原」，到最後的「臘葉」和「野薊」，魯迅終於把艱
難的自我追尋，凝定在堅強的生的意象上。漫長的夢到此終於
「忽然驚覺」，回到生的現實，這大概正是「一覺」之名的由來
吧。「煙篆不動的空氣中上升，如幾片小小夏雲，徐徐幻出難以
之明的形象。」這最後凝定的作者的現實姿態，和《野草》的第
一篇《秋夜》的結尾，竟如出一轍，遙相呼應。8

8　《秋夜》的結尾：
　　　猩紅的梔子花開時，棗樹又要做小粉紅花的夢，青蔥地彎成弧形了
　　……。我又聽到夜半的笑聲；我趕緊砍斷我的心緒，看那老在白紙罩上
　　的小青蟲，頭大尾小，向日葵子似的，只有半粒小麥那麼大，遍身的顏
　　色蒼翠得可愛，可憐。
　　　我打一個呵欠，點起一支紙煙，噴出煙來，對著燈默默地敬奠這些
　　蒼翠精緻的英雄們。
　　《野草》最後一篇《一覺》的結尾：
　　　在編校中夕陽居然西下，燈火給我接續的光。各樣的青春在眼前一一
　　馳去了，身外但有黃昏環繞。我疲勞著，捏著紙煙，在無名的思想中靜
　　靜地合了眼睛，看見很長的夢。忽而驚覺，身外也還是環繞著昏黃；煙
　　篆在不動的空氣中上升，如幾片小小夏雲，徐徐幻出難以指明的形象。
　　兩個結尾何其相似：夢的殘片尚在飄逝（《秋夜》：「猩紅的梔子花開
　　時……我又聽到夜半的笑聲」；《一覺》：「在無名的思想中靜靜地合
　　了眼睛，看見很長的夢」），對殘夢的毅然打斷（《秋夜》：「我趕緊
　　砍斷我的心緒」；《一覺》：「忽而驚覺」），最後都凝定為手捏紙煙
　　而暇想的坐姿。

　　隔了一年多後，魯迅把這些文章結集為《野草》，並寫下了《題辭》。像一個久病初愈重獲新生的人，發出了生的歡快的吶喊：

　　　　過去的生命已經死亡。我對於這死亡有大歡喜，因為我借此知道它曾經存活。死亡的生命已經朽腐。我對於這朽腐有大歡喜，因為我借此知道它還非空虛。

　　　　生命的泥委棄在地面上，不生喬木，只生野草，這是我的罪過。

　　　　野草，根本不深，花葉不美，然而吸取露，吸取水，吸取陳死人的血和肉，各各奪取它的生存。當生存時，還是將遭踐踏，將遭刪，直至於死亡而朽腐。

　　　　但我坦然，欣然。我將大笑，我將歌唱。

　　生與死的辨證，意味著魯迅經過生死的歷險，參透了生的真諦，並在這生死不明的時代，緊緊地抓住了即使並不顯赫的當下生存。既然死亡也不能解決自我的難題，則企圖通過矛盾的解決而發現的矛盾背後的真正自我，原來並不存在。生命具神性，生存在現實，人畢竟要首先獲得生存，才能領會生的意義，自我的實質即當下的生存！在《野草》中，魯迅通過直面死亡的方式穿透了死亡，以舊的自我的埋葬獲得了新的自我。並在這方生方死、方死方生的大時代自我作證。

　　《野草》中生命追問的過程，亦可圖示如下：

《影的告別》、《求乞者》、《復仇》、《復仇（其二）》、《雪》、《希望》、《過客》	《死火》、《失掉的好地域》、《墓碣文》、《頹敗線的顫動》、《立論》、《死後》	《這樣的戰士》、《聰明人和傻子和奴才》、《臘葉》、《淡淡的血痕中》、《一覺》、《題辭》
意象：「黑暗和虛空」、「無地」、「無所為和沉默」、「虛無」、「生命的飛揚」、「釘殺」、「空虛中暗夜」、「寂寞」、「遲暮」、「死掉的雨」、「墳」	**→意象**：「死火」、「本味」之不可知、「頹敗的身軀」的「全面」地「顫動」、「死後」	**→意象**：「這樣的戰士」、「臘葉」、「叛逆的勇士」、「野薊」、「野草」

$$\boxed{向死} \longrightarrow \boxed{死與生} \longrightarrow \boxed{新生}$$

五、《野草》「哲學」的形成

經由生命追問而達新生，如其說是通過走向死亡的方式找到了真正的自我，不如說是一次自我的超越，因為所欲尋求的矛盾之後的真正自我，並沒有找到。打開自己，但最終沒能按原樣縫合，新的自我不是通過復原而生的，而是如頓悟一般突然湧現，就像被巨大漩渦吸進去的人終又被突然的反作用力拋上水面。

一個還需觸及的問題是，魯迅得以完成自我超越的精神契機，到底在哪里？我以為，這一契機就在作為《野草》核心的《希望》一文中。

我們已經知道，《希望》一文直面《野草》矛盾的核心——希望與絕望，通過對矛盾雙方窮追不捨的「鞭打」，層層剝筍地催逼三層悖論的現形。「絕望之為虛妄，正如希望相同」的第一次出現，是在第二個悖論出現之後，作為對裴多菲「『希

望』之歌」的絕地轉換，這句話所要表達的，應偏重在「希望」
一邊——即「絕望之為虛妄」，因為，前面的兩個悖論，已得出
「希望之為虛妄」的結論。絕望之後的轉折，是一次重新起航。
然而，只要樹起希望，第二個悖論接著又馬上出現了，終於又
回到那孤注一擲的抉擇——「我只得由我來肉薄這空虛中的暗夜
了。」這次似乎更為絕望，因為，這甚至是為了「一擲我身中的
遲暮」。但接著而來的第三個悖論——突然發現「暗夜」並不真
正存在，把這一點僅存的意義也消解了。在這個險峰之上，那句
謎一般的雋語最後一次奏響：

　　絕望之為虛妄，正如希望相同！

　　這決不是再一次重申「絕望之為虛妄」，因為範式已經轉
換，至此，魯迅哲學才真正形成。在最終定型的這句話中，既沒
有站在「絕望」一邊，也沒有站到「希望」一邊，而是站到了
「虛妄」之上。這一「虛妄」，不再是「希望」之為「虛妄」的
「虛妄」（否定希望），也不是「絕望之為虛妄」的「虛妄」
（否定絕望），而是既否定了「希望」，也否定了「絕望」的
「虛妄」。在這一新的邏輯中，否定絕望，並不等於就肯定希
望，反之亦然，因而，它不再是「不明不暗」的固有狀態，而毋
寧說是否定了所有前提和目的後的虛待之「無」，是一次自我的
「清場」和「重新洗牌」。
　　這一內在邏輯，也可圖示出來：

（絕望──虛妄[1]──希望──虛妄[2]──絕望）──→虛妄──→反抗

虛妄[1]，是對絕望的否定從而指向希望，虛妄[2]，在同一邏輯中必然是通過對希望的否定重回絕望。似乎再一次的「虛妄」之後，緊接著就是希望，落入希望與絕望的迴圈。然而，最後的「虛妄」，絕不是又一次對絕望的否定，而應視作對前面整個的「希望——虛妄——絕望」迴圈邏輯的全盤否定。否定之後，什麼最終留了下來？不是希望，也不是絕望，而是行動本身！是反抗本身！這樣的反抗，不再需要任何前提，無論是希望還是絕望，它以自身為目的，以自身為意義，是一種為反抗而反抗的反抗。

魯迅的反抗成了這個樣子，是一個沉重的代價，但太多「黑暗和虛無」的體驗，使他不如此就難以為繼其反抗的人生。要真正反抗於中國，就必須懸置包括希望和絕望在內的一切矛盾，甚至勾銷「暗夜」的並不存在。對所有前提的懸置，自然危及到包括同情、感激和愛在內人類公認的價值。因此，在《過客》中，「過客」拒絕了有著紫色頭髮的小女孩送給他的裹傷口的布片，並且很突兀地說了一大段令人費解的話：

是的。但是我不能。我怕我會這樣：倘使我得到誰的佈施，我就要像兀鷹看見死屍一樣，在四近徘徊，祝願她的滅亡，給我親自看見；或者咒詛她以外的一切全都滅亡，連我自己，因為我就應該得到咒詛。但是我還沒有這樣的力量；即使有這力量，我也不願意她有這樣的境遇，因為她們大概總不願意有這樣的境遇。我想，這最穩當。

如果「過客」接受了小女孩的布片，他所秉有的愛心，勢必要還以一定的報答，而正是這一點是沒有指望的。報答之心的復蘇，會使已決斷的「過客」，重回猶疑恍惚的矛盾境地，從而

拖延了義無反顧的復仇。「過客」寧願自己的反抗行為與任何人無關，只是反抗，自我作主，自我承擔，自我負責，因為，「這最穩當」。這反抗，魯迅曾自嘲為「與黑暗搗亂」。[9]

魯迅確乎成了這樣一個不計成敗、義無反顧的反抗者，決絕的反抗，成了他存在的方式，這在首篇《秋夜》中，就由「棗樹」的倔強姿態昭示出來，在《死後》之後，凝定成手拿投槍向無論一切擲去的「這樣的戰士」。他最終給我們的是一個鐵鑄的「橫站」著的復仇鬥士的形象，很少提到愛，絕不諱言惡，不僅提倡「以牙還牙」，甚至懷疑「同情」、「感激」這些人類公認的溫暖價值在中國的意義，其最終遺言竟是煞風景的「一個都不寬恕！」人之將死，其言也善，可見這是最終的立場。博學的人們很容易發現他的局限，然而，如果我們深入體會其反抗的艱難，自然難以動輒求全責備。《希望》一篇的極盡曲折，就是明證。深入他的內心，我們會發現，其人本來具有更為健全的素質，但在中國的反抗本身，就已先驗地決定了他的反抗的樣子，也許，在中國，只能有這樣的反抗，反抗者也只配有這樣的命運。

七、「虛無」、「反抗」、肉身性與豐富的痛苦

以「虛妄」為基座的反抗，通過對一切前提的勾銷，展露了其虛無的指向，並終於使「唯一者」——「肉身」呈現出來。身外的一切既已拋棄，反抗的最後承擔者只能是當下的「肉身」，於是反抗者最終所收穫的，也只能是「豐富，和豐富的痛苦」。[10]

---

[9]　魯迅：《兩地書·二四》，《魯迅全集》第11卷，第79頁。
[10]　穆旦：《出發》，《穆旦詩全集》，中國文學出版社1996年版，第151頁。

《頹敗線的顫動》是《野草》第二部分夢境求索的終篇，在邏輯上是整個《野草》的高潮和轉折，在該篇的開頭，作者通過夢境驚心動魄地呈現了明燈下的一幕：

> 板桌上的燈罩是新拭的，照得屋子裏分外明亮。在光明中，在破榻上，在初不相識的披毛的強悍的肉塊底下，有瘦弱渺小的身軀，為饑餓，苦痛，驚異，羞辱，歡欣而顫動。弛緩，然而尚且豐腴皮膚光潤了；青白的兩臉頰泛出輕紅，如鉛上塗胭脂水。
>
> 燈火也因驚懼而縮小了，東方已經發白。
>
> 然而空中還彌漫地搖動著饑餓，苦痛，驚異，羞辱，歡欣的波濤……。

這幾乎是對現代中國啟蒙者的存在處境的精彩隱喻。

作為後進現代國，中國現代轉型的資源取向，在邏輯上有三種可能：一是外來（主要是西方），二是本土，三是「肉身」化的當下踐履。本土資源取向，表達了民族主義情懷和保守主義溫情，也具有被權力意識形態利用的價值，在二十世紀中國的現代進程中，它不時會成為潛隱或主導的訴求。但對於魯迅和五四一代文化啟蒙者，本土取向已然失去歷史有效性，現代轉型理念開始根本性轉向，從而把現代資源取向堅定地指向以西方為代表的外來資源，「別求新聲於異邦」。這一轉向，基於對本土傳統的重估、否定和批判，魯迅的國民性批判，是其最深的視點。

由於所欲取法的「西方」，正是近代民族國家體系中的利益侵犯者和中華文化危機的致命對手，因此，五四文化啟蒙者就

在動機與理性上陷入巨大的悖論中，他們的行動源自救亡圖存的近代情結，意欲喚醒的是普通民眾，但是，他們又恰恰被民眾視為文化中國的判敵者和掘墓人，這樣的悖論處境，使他們無法獲得基層民眾的支援——這是中國行動成功的關鍵，因此可以說，真正西方資源取向的啟蒙在中國無法獲得它的合法性及實現的基礎，也就註定了悲劇的命運。魯迅啟蒙人生的多次絕望，與此密切相關。

在「初不相識的披毛的強悍的肉塊底下」掙扎的「瘦弱渺小的身軀」，難道不是近代以來西學東漸、中西碰撞中的中國現代啟蒙者掙扎處境的形象隱喻？從受動者主體角度對「饑餓，苦痛，驚異，羞辱，歡欣而顫動」的複雜體驗的渲染，以及對「弛緩，然而尚且豐腴皮膚光潤了；青白的兩臉頰泛出輕紅，如鉛上塗了胭脂水」的外在描述，濃縮了多少中國啟蒙者的複雜現代體驗？因此一幕，「老女人」給小女孩帶來了生存的糧食，但也因此最終遭到兒女的拋棄，「老女人」的絕望和最終「頹敗」，正是中國現代啟蒙者宿命般的結局。

但真正的魯迅也就在這「頹敗線」上產生，因為，這「已經荒廢的，頹敗的身軀的全面都顫動了」，「顫動」，在「頹敗」之後，應是新生的萌動，前文所述的反抗哲學，通過「頹敗線」上的絕地反轉，終於得以形成。至此，《野草》達到了它的頂點，也真正進入了它的華彩樂章，此前幾乎所有的矛盾，在此進行了重播、彙集和重整，並把它們推向一個新的高度，重新化身為肉身無言的顫動。

在「老女人」雕像般的軀體顫動中，魯迅絕望反抗的「肉身」本質呈現出來。這裏所說的「肉身」，一是指，既然本土取

向與西方取向都不可能，則中國現代轉型最後真正依賴的，只能是否定性和實踐性的當下踐履。其否定，是由於不具有，所以拒絕一切先在的前提，如竹內好所謂「拒絕自己成為自己，同時也拒絕成為自己以外的任何東西」；[11]實踐性是指，由於無法提供先在的理性前提，這種踐履，只能是當下的經驗性的摸索，如魯迅所謂從沒有路的地方走出路來。但問題是，如果超越性理性資源的缺失，正是後進的根本原因，則這種訴諸經驗與實用理性的「肉身」化的轉型之路，本質上最終還是回歸了本土，所謂「轉型」，成為回轉，我們的現代轉型，只能是大地性的指向「前面」，或者時間性的指向「將來」。魯迅啟蒙的艱難及其內在危機，或正在其中。

「肉身」內涵之二是：中國啟蒙者最終只能以肉身承擔現代轉型的痛苦，啟蒙的最終收穫，不是目的的實現，而只能是充滿挫折與失敗的個體體驗——豐富的痛苦；作為「苦悶的象徵」，現代中國文學，正是此「肉身」的呈現。對於魯迅來說，所有現代參與的不幸，都化為了他個體的最深刻的痛苦，並化為了魯迅的文學，在啟蒙之途中，作為副產品，他以文學的形式表達了堪稱中國現代最深刻的生命體驗，留下了中國近現代文化轉型最深刻的個人心理傳記，這些，都成為了文學家魯迅的底色。魯迅文學，正是承擔中國現代轉型之艱難的痛苦「肉身」。

在這個意義上，《野草》，通過魯迅，成為中國現代轉型之複雜痛苦的經典「肉身」。作為深陷第二次絕望的斷念之作，

---

[11] 竹內好：《何謂近代——以日本與中國為例》，竹內好著，孫歌編，趙京華等譯《何謂近代——以日本與中國為例》，北京三聯書店2005年版，第206頁。

《野草》以「肉身」的方式，空前深刻地展現了這個中國二十世紀憂患心靈的自我懷疑和自我掙扎的殘酷過程，並以「虛無」為支點，透露了中國現代性的「肉身」本質。在《野草》中，由「虛無」呈現「肉身」的進路，大致有二。

一是於「虛無」中的掙扎，首先是以「肉身」的形式呈現出來，並以「肉身」的方式承擔。如前所述，《野草》的第一部份，通過「虛無」、「黑暗」、「無所有」等關鍵字，顯現了死亡的意向。這一虛無指向，最終通過肉身化的敘事呈現出來，正如前文已揭示的，兩篇《復仇》，通過「受虐」的意向，展現了肉身對虛無的承擔，而「受虐」意向的形成，正是因為，啟蒙者最後的唯一收穫，只能是豐富的痛苦。

「肉身」性進一步體現在，在「虛無」提煉成「虛妄」後，由此打造出的「反抗」，是以「肉身」為基質的反抗。《希望》一文，一再凸顯那別致的「肉薄」，並通過圍繞希望和絕望的終極悖論的層層設置和不斷突圍，使「絕望之為虛妄，正與希望相同」成為最後的絕響，如前所述，在圍繞希望與絕望的一切前提都「虛妄」之後，「反抗」，作為最後的唯一者，終於水落石出。反抗者別無依憑，只有自身──「過客」一無所有，甚至拒絕了小姑娘善意的「布片」，「這樣的戰士」只拿著野蠻人用的「投槍」，「老女人」在遺棄了一切對她的「遺棄」後，剩下的只是自我肉身的無言的顫抖：

　　她赤身露體地，石像似的站在荒野的中央，於一剎那間照見過往的一切：饑餓，苦痛，驚異，羞辱，歡欣，於是發抖；害苦，委屈，帶累，於是痙攣；殺，於是平

靜。……又於一刹那間將一切合併：眷念與決絕，愛撫
與復仇，養育與殲除，祝福與咒詛……。她於是舉兩手儘
量向天，口唇間漏出人與獸的，非人間所有，所以無詞的
言語。

這最後的「顫動」，幾乎濃縮了中國現代啟蒙者所有的複
雜體驗。終於，在絕望之後，《野草》重回矛盾遍佈的現實人
生，去延續現代中國的「肉身」踐履。

六、文體、語言及其它

語言照亮了曖昧的生存，在語言達不到的地方，存在處於
晦暗之中。走進《野草》的魯迅，已面臨生存的深淵，《野草》
的寫作表明，魯迅不甘在無言的痛苦中毀滅，試圖通過語言清理
自己的生存，《野草》，是對語言從未達到過的尖端存在的表
達，是一次語言的歷險，超越規範的文體和語言，又怎能以規範
去套？《野草》的文體，通常被視為散文詩，文學史家幾乎都把
它看成中國現代散文詩的里程碑之作，這樣的界定，似乎太注重
文體的劃分和文學史的意義。像魯迅的雜文一樣，在《野草》
中，存在諸多文體雜陳的現象，如《過客》之為戲劇、《我的失
戀》之為詩、《風箏》之近乎小小說……。面對《野草》的語
言，評論家和文學史家也常常大惑不解、莫衷一是，它竟然如
此蔑視和不顧嚴正的語法規範和日常的語言習慣，它公然違反
簡潔、通順、符合邏輯等語言要求，那一個接一個的「然而」、
「然而」，形成了一個個360度的否定，一個漩渦套著一個漩
渦；那由不斷否定的意象、實詞和轉折片語成的長句，扭曲、纏

繞、掙扎、轉換，構成了糾纏如毒蛇、虯勁如老松的語言力量，
在不斷地否定中把意義推向更高的虛空，又在虛空中把捉新的
可能……。除文體、語言外，還有《野草》的色彩和音樂……這
些，都等待我們以藝術之心去叩問其內蘊的「詩心」。《野草》
中否定性的思維方式、語言方式與東方思想傳統尤其是佛教與道
家思想的影響，則更有待於深層的挖掘。

第二節　《野草》與佛教

　　《野草》面世已八十多年了，但面對這一叢「野草」，總
是隱隱感到，有一種核心的東西存在著，卻難以抵達。就像一粒
跌落人間的隕石，儘管再小，卻來自一個更廣大的宇宙，《野
草》的背後，似乎也有一個廣大而未知的精神世界。《野草》的
資訊，只有在進入這個精神世界後，才有可能得到更好的破譯。

　　我想指出的是，這一隱藏在《野草》背後的精神世界，是
佛教。

　　魯迅與佛教的關係，作為「魯迅與×××」的研究模式，
早已成為研究對象，魯迅與佛教的事實性聯繫，就像魯迅研究的
其他領域一樣，也幾乎被窮盡。基本的事實是，魯迅接觸過佛
教，曾大量購閱佛典，但他並沒有皈依三寶，在氣質與個性上
看，他甚至與佛教相當隔。

　　我這裏強調佛教對魯迅的影響，就像剛開始提到的《野
草》背後似乎有一個廣大的精神世界一樣，確實是出於一種直
感，我感到，在外在的個性氣質、人生態度與佛教似乎格格不入
的魯迅身上，潛隱著一股來自佛教的氣息，這些，亦已成為人間

魯迅的底色。魯迅與佛教，二者若即若離，且皆幽深曲折，若僅限於事實性層面，或僅執著於佛教的義理作對照式闡釋，似難深入。

有意思的是，倒是有人在魯迅身上看到佛家氣質，魯迅逝世後，奧田杏花這樣描述他對晚年魯迅的印象：

> 要是與魯迅有一言之交，就會覺得他毫無人間的欲望：不論在金錢，在虛榮。若照佛法來說，他已是遁入了「般若」之境的人了。[12]

深得佛門三昧的魯迅弟子徐梵澄曾借用莊子「淵默而雷聲」語形容乃師，謂其：可說能外其生，有時竟如視自己已死，真也到了莊子所謂「屍居而龍見，雷聲而淵默」的地步。[13]並且說：

> 其冷靜，「淵默」，不能純粹是對辛亥革命後的許多事情的失望造成的，必亦是由於一長期的修養，即內中的省察存養而致。換言之，在自己下過絕大的功夫。顯然，這必是受了佛經或老、莊的影響[14]

---

[12] [日]奧田杏花：《我們最後的談話》，1936年11月15日上海《作家》月刊第2卷第2期。

[13] 徐梵澄：《星花舊影——對魯迅先生的一些回憶》，北京魯迅博物館編《魯迅回憶錄·散編下冊》，北京出版社1999年版，第1329頁。

[14] 徐梵澄：《星花舊影——對魯迅先生的一些回憶》，北京魯迅博物館編《魯迅回憶錄·散編下冊》，北京出版社1999年版，第1330頁。

誠哉知人之言，其人更多的精神資訊，蘊於「淵默」之中。但由「雷聲」而探其「淵默」，則又何其難也。

《野草》與佛教，亦複如是。

一、魯迅與佛教的因緣

魯迅與佛教，曾有一定因緣。為求平安，他自小就被父親領著拜當地長慶寺的主持和尚龍師傅為師，賜法號長庚；幼時出入迎神賽會和目連戲，「無常」和「女吊」等佛、道結合的民間宗教文化，也給他一定的薰陶。如果龍和尚是他的第一個師傅，則他的第三個師傅也與佛教有關，日本留學時，他隨章太炎學《說文解字》和楚辭，章氏其時已轉治佛學，倡以佛法救國，深諳唯識宗。也許正是受章氏影響，青年魯迅曾在日本時期的《破惡聲論》中為佛教辯護，稱「夫佛教崇高，凡有識者所同可」，而怒斥那些「毀伽藍為專務」的人。[15]民國初隱默於北京紹興會館，陷於「寂寞」的魯迅曾大量購讀佛經，從1913年始日記中出現購讀或借閱佛典的記錄，1914年尤甚，《日記》所記1914年書賬，佛教經論等竟占百分之八十有餘，確屬驚人。當然，買了不一定就讀了，從那一年日記看，魯迅經常給「二弟」（周作人）寄佛書，故不排除有些書是為周作人買的，日記中亦殊少讀經的記載，但十月四日則很不顯眼地記有「午後閱《華嚴經》竟」，[16]《華嚴經》是卷軼浩繁的大乘經典，可見魯迅還是看了不少經書的。好友許壽裳謂「用功很猛，別人趕

---

[15] 參見魯迅：《集外集拾遺補編‧破惡聲論》，《魯迅全集》第8卷，第29-31頁。
[16] 魯迅：《日記》，《魯迅全集》第14卷，第130頁。

不上」，[17]在此期間，他與教育部同事許季上過從甚密，許是精通梵文的佛教徒，二人經常相互交流佛典，魯迅於1914年還專門出了一大筆錢，由許季上經手，托金陵刻經處刻《百喻經》廣布流行。但魯迅與佛教的直接聯繫，似乎到止為此，1915年後魯迅所記書賬中，佛書開始漸漸減少，至1917年9月22日「午後往圖書分館借涅槃經」[18]記載後，他與佛教的事實性聯繫，除了文章有時觸及佛教的言論，線索幾乎消失，這大概與他此後不久加入《新青年》的舉動有關吧。

佛教對魯迅究竟有何影響？據許壽裳回憶，魯迅看過佛經後，曾對他感歎說：「釋迦牟尼真是大哲，我平常對人生有許多難以解決的問題，而他居然大部分早已明白啟示了。真是大哲！」[19]同時又說：「佛教和孔教一樣，都已經死亡，永不會復活了。」[20]許氏認為，「別人讀佛經，容易趨於消極，而他獨不然，始終是積極的。」「他對於佛經只當做人類思想發達的史料看。」[21]許氏之言當為不虛。魯迅以後的文章涉及對佛教的評價並不多，從留下的片言隻語看，在大、小乘之間，他似乎褒小乘而貶大乘，垂青於小乘的執於親躬和嚴於守戒，而對大乘的徒作空言和流於浮滑頗有微詞。[22]

---

17 許壽裳：《亡友魯迅印象記》，《魯迅回憶錄‧專著上冊》，北京出版社1999年版，第247頁。
18 魯迅：《日記》，《魯迅全集》第14卷，第285頁。
19 許壽裳：《亡友魯迅印象記》，《魯迅回憶錄‧專著上冊》，北京出版社1999年版，第247頁。
20 同上，第247頁。
21 同上，第247頁。
22 如《慶祝滬寧克復的那一邊》：「我對於佛教縣有一種偏見，以為艱苦的小乘教倒是佛教，待到飲酒食肉的闊人富翁，只要吃一餐素，便可以

　　魯迅沒有皈依佛教，其人個性氣質和人生態度，都與佛教有一定距離，但所謂受影響，卻並不取決於信仰與皈依與否。實際上，人們與周圍思想資訊之間的聯繫，或多或少、或此或彼、潛移默化、潤物無聲，其迎拒取捨、吐納更張的錯綜情形，雖局中人亦難分清，何況佛教義理廣博，層次繁多，所受其影響，並不是斤斤執著於某一教義本身所能說明。佛教要人們看事物取「中觀」，不可偏於兩邊，此亦應作如是觀。

　　佛教在聽聞、觀想和修行上分不同層次，由淺入深。所論《野草》中的佛教影響，也應由表及裏，下面亦依次述說《野草》所受的佛教影響。

二、《野草》中所現佛教的雪泥鴻爪

　　《野草》所受佛教的影響，如果僅從文本表面判斷，就可以把捉到一些線索。一是《野草》中佛教語彙的大量存在，如：

　　　　虛空、佈施、大歡喜、大樂、虛妄、悲憫、伽藍、火
　　　　宅、大火聚、三界、地獄、劍樹、曼陀羅、牛首阿旁、一
　　　　剎那⋯⋯

成為居士，算作信徒，雖然美其名曰大乘，流播也更廣遠，然而這教卻因為容易信奉，因而變為浮滑，或者竟等於零了。」《在鐘樓上》：「我說青天白日旗插遠去，信徒一定加多。但有如大乘佛教一般，待到居士也算佛子的時候，往往戒律蕩然，不知是佛教的弘通，還是佛教的敗壞？」《葉永蓁作小小十年小引》：「釋迦牟尼出世以後，割肉喂鷹，投身飼虎的是小乘，渺渺茫茫地說教的倒算時大乘，總是發達起來，我想，那機微就在此。」1927年秋講演《偉大的化石》：「偉人生前總多挫折，處處受人反對；但一到死後，就無不圓通廣大，受人歡迎。佛說一聲『唵』，眾子皆有所悟，而所悟無不異。」（據王任叔記述，收入《魯迅演講資料鉤沉》）。

其中，「大歡喜」一詞竟出現六次。那些本源於佛經，但已被現代漢語通用的辭彙，雖所在皆是，但此處似不適作例證。

甚至，《野草》語式和節奏似乎也受到佛經的影響。試舉幾例：

《淡淡的血痕中》：

> 日日斟出一杯微甘的苦酒，不太少，不太多，以能微醉為度，遞給人間，使飲者可以哭，可以歌，也如醒，也如醉，若有知，若無知，也欲死，也欲生。

《金剛般若菠蘿蜜經》：

> 佛告須菩提：諸菩薩摩訶薩，應如是降伏其心。所有一切眾生之類，若卵生、若胎生、若濕生、若化生、若有色、若無色、若有想、若無想、若非有想、非無想，我皆令入無餘涅盤而滅度之。

《墓碣文》：

> ……於浩歌狂熱之際中寒；於天上看見深淵。於一切眼中看見無所有；於無所希望中得救。……

「於……」的句式，於佛經頗為常見。如《大方廣入如來智德不思議經》：

於一法中了一切法。……於一毛道中現一切世界。於
一毛道中現於十方。……於一眾生身現無量眾生身。於
一切眾生身現一眾生身。於一生身現三世生身。……於一佛
身現一切眾生身。一切眾生身現一佛身。於眾生身現淨法
身。於淨法身現眾生身。

　　另外，《影的告別》中的「彷徨於無地」，與《八千頌》
所謂「住無所住」；《求乞者》超越「佈施」之心，與《金剛
經》所謂「不住色佈施」、「不住相佈施」；《希望》一文之
「絕望之為希望，正與虛妄相同」與《金剛經》所謂「凡所有
相，皆是虛妄」……都似有若即若離的關係。

　　當然，所列諸例畢竟數量有限，也許不能充分說明問題，
但相對於僅僅萬言的《野草》，也許算是比較集中的吧。佛經作
為《野草》的影響源還表現在，在語詞或句式方面，除了佛經，
我們在《野草》中很難再找到來自其他典籍文化的的集中影響。
魯迅嗜愛《莊子》言辭，莊子語彙，在他的文章中不難找到，但
《野草》中殊難見；當然，《野草‧復仇（其二）》以耶穌受難
為題材，算是涉及《聖經》，但也僅此一篇；除此之外，也殊難
找到來自儒家、墨家等典籍文化的集中影響。比較而言，佛教用
語對《野草》的影響，是比較集中和明顯的。

　　用語習慣，與內在影響直接相關，郭沫若曾由魯迅文章中
《莊子》語言的使用量來觀照莊子對魯迅的影響，[23]頗能說明問
題。魯迅日本時期長篇論文中大量《莊子》用語的存在，與他長

23　郭沫若：《莊子與魯迅》，中國社科院文研所魯迅研究室編《魯迅研究
　　學術論著論資料彙編（3）》，中國文聯出版公司1987年版，第594-604頁。

期嗜好《莊子》文辭密切相關，其實，如果深入日本時期論文的內在脈絡，當更能發現，在《莊子》用語的背後，還有作者所受莊子思想的深刻影響，「立人」方案對「人」之「精神」的置重，及其對「主觀之精神」的闡釋，與《莊子》思想實血脈相通，此處不贅。現在的問題是，佛經對《野草》的語詞和句式的影響，是否也連帶著進入到《野草》的內容呢？

三、「人生苦」、「厭離心」與「四聖諦」

苦、集、滅、道「四聖諦」，作為釋迦所親證的四種人生真理，是佛教的最基本教義。「集」為「苦」的根本，此二諦為流轉於世間的因果，知苦而斷集，斷集以離苦，為聲聞乘厭離世間的觀行。「滅」為「道」的收穫，此二諦為超出世間的因果，求證滅而修道，由修道以證滅，是為聲聞乘修證涅槃的行果。

人生有生老病死，還有愛別離苦，怨憎會苦，求不得苦，五陰熾盛苦，都是苦的果報。佛教四聖諦以「苦」為第一諦，可見佛教是以個人的感受性為出發點的，首先具有切近人生和個人的性質，較易引起共鳴，這正是佛教在世界各大宗教中與眾不同的特點。人生無不在「苦」中，世人有身在苦中不知苦，則與佛教無緣，但感受了「苦」而不想脫離，或想脫離苦而不知苦之因，則終不能真正得聲聞乘解脫之道。佛教以「厭離」之心為修行之本。深感人生苦，難以承受，遂欲解脫之而後快，這樣，大概就與佛教不遠了吧。「苦」感和「厭離」之心，誠然是進入佛教的前提和基礎。

進入《野草》之前的魯迅，恰糾纏於此一情境中。

　　魯迅曾評說托爾斯泰、易蔔生、尼采、叔本華、羅曼羅蘭、高爾基和克魯巴特金等人的肖像，謂諸人臉上皆現「悲哀和苦鬥的痕跡」，[24]其實，看魯迅的照片，亦不難發現那「苦鬥」的刻痕。其人一生確與悲苦有緣，幼年家道中落，過早領略世態的炎涼和人情的冷暖，也許幼年的挫折註定了他此生悲苦的命運，苦難愈加敏銳了他感受苦難的神經，挫折感，幾乎伴隨了他的前半生。日本求學時期，正當指點江山、激揚文字的青年魯迅，接連遇到幾次挫折，文學救國的第一個計畫——《新生》雜誌流產，作為補充的《域外小說集》上冊，只賣出二十本，深思遐囑的系列長篇論文也沒有得到任何回應，如「浩歌狂熱之際中寒」，魯迅陷入到其人生的第一次絕望。這一絕望沒有馬上恢復，中經辛亥革命的挫折，竟延續了近十年。北京S會館時期，其絕望似乎達到頂點，他寡居於寂寞的會館，日日以「抄古書、校古碑」打發生活。「而我的生命卻居然暗暗的消去了，這也就是我唯一的願望。」[25]此語幽寒如冰。魯迅於此時的猛讀佛經，除了許壽裳提到過的「當人類思想發達的史料」和文學趣味外，一定與他此時期的心理狀況相關，即魯迅也是帶著釋疑解惑的動機進入佛典的，他對釋迦牟尼的「真是大哲」的感歎，是從「人生有許多難以解決的問題」入手的，對於釋氏的啟悟，感歎再三，分明是發自內心。可以說，正是難以承受的人生之苦，使他走近了佛教。

　　如果十年隱默是魯迅的第一次絕望，那麼，以一九二三年

---

[24]　參見魯迅：《墳·論照相之類》，《魯迅全集》第1卷，第186頁；《三閒集·我的態度氣量和年紀》，《魯迅全集》第4卷，第111頁。
[25]　魯迅：《吶喊·自序》，《魯迅全集》第1卷，第418頁。

為標誌，魯迅又陷入第二次絕望。錢玄同的「激將法」，使魯迅暫時擺脫了「鐵屋子」理論的糾纏，得以重新出山，但這不過是一次勉為其難的出行，因為這是以邏輯上難以否定的希望的「可有」作為維繫的。事實上，S會館後的魯迅，其戰鬥的業績固然可觀，但絕望的陰影，一直隱藏在他出擊身姿的背後。「五四」的退潮和《新青年》的解體，使他又一次經歷了「同一戰陣的同夥還會各自走散」。[26] 人不能經歷兩次失望，噩夢成真，最後的根基也喪失了。1922年12月的一個深夜，魯迅把前期的小說結成了《吶喊》，並寫了一篇《自序》，通過對日本時期絕望經歷的回顧，表達了深深的寂寞和虛無感。此文表明，魯迅陷入了第二次絕望，1923年，魯迅又一次選擇了沉默，他又一次選擇了沉默，在《吶喊》和《彷徨》之間的這一次沉默，雖然短暫，卻顯得別有意味。第二次沉默，正是第二次絕望的標誌。

禍不單行，1923年7月，一直親密無間的周氏兄弟突然失和，而且這失和起因於難以啟齒的可怕誤解。周作人，作為一直跟隨他的二弟和思想上最能溝通的戰友，未嘗不是魯迅莫大的寄託，周作人的離去，幾乎抽掉了他最後的意義支撐。此後不久，魯迅搬出八道灣，接著，他又開始頻繁出去找房子，日記記載，1923年7月至10月，外出找房達二十多次，11月終於買定，接著又裝修房屋，在此期間，魯迅肺病復發，延續一月有餘。1923年的意外變故如雪上加霜，在他拼命的忙碌後，是一顆已經徹底絕望的心。

歷經人生苦的魯迅，此時正處於他人生最痛苦的深淵。日

---

[26] 魯迅：《南腔北調集・〈自選集〉自序》，《魯迅全集》第4卷，第456頁。

記中，並沒有S會館時期購讀佛經的記載，出山后的魯迅，此調
久已不彈，經過前次的猛讀佛經，他對佛經大概已有自己的判
斷，雖然他曾經一定是帶著解惑的動機進入佛經的，但此後的判
斷除感歎佛祖的大智慧外，應不過如許壽裳所言，並未作為信仰
而皈依，魯迅的氣質與釋家究竟有隔。然而，我還想強調的是，
走進《野草》前的魯迅，正處在他人生最痛苦的深淵，這時的
他，應與佛教的「苦諦」最為接近。如果魯迅與佛教註定會有什
麼因緣，這次應該最為接近吧。因此，面對學生許廣平的第一封
來信，他似乎對來信所言的「痛苦」深有同感，竟不顧掩飾，一
吐為快：

> 　　我想，苦痛是總與人生聯帶的，但也有離開的時候，
> 就是當睡熟之際。醒的時候要免去若干痛苦，中國的老法
> 子是「驕傲」與「玩世不恭」，我覺得我自己就有這毛
> 病，不大好。苦茶加糖，其苦之量如故，只是聊勝於無
> 糖，但這糖就不容易找到，我不知道在那裏，這一節只好
> 交白卷了。[27]

　　體驗人生苦是一回事，如何面對人生苦則是另一回事。深
味人生苦的魯迅，又是如何面對的呢？
　　我們已經說過，1923年的沉默，後來都寫在《野草》中。
《野草》，作為魯迅穿透第二次絕望的一次生命的行動，我們可
以從中逆向考察1923年沉默中的所思所想。

---

[27] 魯迅：《兩地書》，《魯迅全集》第11卷，第15頁。

在《野草》中，可以感到，身心交瘁的《野草》主體，已陷入難以自拔的自厭情結中。《野草》的第一篇《影的告別》（我把《秋夜》解讀為《野草》的「序」），就以悲情難抑的語調，宣告自己的即將離去；《希望》中，絕望於「身外的青春」的「我」，產生了「肉薄這空虛中的暗夜」的衝動；「過客」對不堪回首的過去，堅定地說不，再也不願回轉去……。在一定程度上說，自厭情結，正是《野草》寫作的一個主要動機。長期輾轉於矛盾夾縫的《野草》的主體，似乎已不滿於身心交瘁的狀態，想來一個徹底的了結，無論其結果是生還是死。

自厭感發展到一定程度，就表現為自虐的傾向，這在《野草》中也有不易察覺的表現。兩篇《復仇》，對先驅者和庸眾之間的隔膜，作了痛心疾首的揭示，但強烈的自虐意象，卻潛藏在這一主題之後。絕望後的憤怒，不是首先指向黑暗的敵手，而是所欲拯救的民眾，這一「向內轉」的譴責指向，已透漏了不祥音。《復仇》中對擁抱和殺戮的鮮血淋漓的展示、《復仇（之二）》對被釘十字架的耶穌的肉體痛苦及「痛得舒服」的矛盾感受的詳細描述，就帶有強烈的自虐意向。

自厭和自虐，在同時期的《彷徨》中，也有所表露。《在酒樓上》和《孤獨者》雖然不是寫於同一時間，卻帶有姊妹篇的性質，它們寫出了一個失敗者最後的日子，可能是作者對自我人生的一個悲觀預測。人生失意的呂緯甫，處於崩潰的前夜，他最後回鄉辦的兩件「無聊」的事，也「無聊」地沒有辦好，事事不如意和百無聊賴，使他處於強烈的自我厭棄狀態中。魏連殳在唯一的親人祖母──他生存的最後維繫──死後，開始了自己的死亡歷程，連殳沒有直接選擇肉體的自殺，而是選擇了「躬行我先

前所憎惡所反對的一切」的方式，最後在自我憎惡中隕顛。讓一個自我看著另一個自我緩慢死亡，亦無異於自虐。

深味人生「苦」，並生「厭離」之心，這兩者，已近於佛教之門了。「苦」是「果」，但若不能瞭解「苦」之「因」，則終難覓解脫之道。因此，「四諦」又立「集」諦，為第一諦「苦」之因，知苦而斷集，斷集以離苦，進入「集」，瞭解自我痛苦的根源，方能進一步聞解脫之道。

《野草》的寫作產生於對自我狀態的不滿，是為了解脫不堪重負的痛苦，作為穿越致命絕望的一次行動，《野草》對自我困境的原因作了深刻地探索，並試圖作最後的衝決。

《野草》中，作者把自己的困境歸於纏繞自身的太多的矛盾。人無往不在矛盾之中，但太執著，則會困於諸多矛盾的糾纏，難以自拔。不選擇是豐富的，但它終究不是存在本身。《野草》的主體已厭棄於長期矛盾中猶疑惶惑的狀態，希望做一次最終的抉擇。《影的告別》中，長期徘徊在「光明」和「黑暗」之間「影」，再也不願「徘徊於明暗之間」了，要作最後的「告別」──「不如在黑暗裏沉沒」；《希望》對長期困擾自己的核心矛盾──希望與絕望之爭，作了層層剝筍式的分析，試圖借此擺脫那致命的困擾；一意孤行的「過客」，為怕重回矛盾的糾纏，小題大做地拒絕了小女孩送給他裹傷的小布片；陷入終極悖論的「死火」，終於做出了自己的選擇……

矛盾，正是「我執」的結果，所以佛教叫人破對待，達到「無我相」、「無法相」、「無壽者相」。《野草》對困擾自身的矛盾有清醒的自覺，並做出了擺脫矛盾的努力，可見《野草》主體不僅有了「苦」感，而且對自身問題所在亦已了然於心。但

是，「苦」與「集」，只是此世間的果與因，要真正達到解脫，尚需進入「滅」與「道」二諦，此是出世間的果與因，循佛教理路，下一步則需聞「道」，習八正道，修善斷惡，解脫生死痛苦。解脫的意向，使《野草》趨向於「滅」，但《野草》是如何走向「滅」的呢？

四、「無我」、「緣起」與《野草》的解脫之道

滅、道二諦是出世間證悟的因果。道有多種，主要的指修習八正道，由此修善斷惡，離煩惱、了生死。「道」的根本是「無我」，「我」、「法」皆無「自性」，「人無我」，「法」亦「無我」。《金剛經》破「人無我」，從破「我相」、「人相」、「眾生相」和「壽者相」四相入手，「我相」即為一切相總稱。破「法無我」，佛教主要從緣起觀入手，即須知「諸行無常，諸法無我」，「緣起性空」，大千世界，萬事萬物，都是因緣和合而成，空無自性。妄見持有「我執」，行惡作業，不得解脫。故欲求解脫，首先就要破除「我執」。

矛盾，即由「我執」而起，因執著於「我」，便產生對待，金剛所破之「四相」，就是由「我執」而生的相對之見。由佛法觀《野草》，其「苦」即由「我執」而來，其解脫，首先就要擺脫矛盾纏身的狀態。按照直接皈依的理路來理解，如果魯迅已經證成「苦」、「集」，接下去就是走向佛陀，聽聞聖道。但我們知道，《野草》不是直接皈依三寶，以達涅槃，而是自我懷疑、自我掙扎、自我探尋、自我求證，走了一條自我見證之路。

《野草》首先不是回避和拋棄矛盾，而是採取了相反的路向，迎難而上，反而進入矛盾之中，把自身所有矛盾都擺出、打

開，鮮血淋漓地展現出來，而且，還把矛盾的雙方進一步激化，推向極端，至於無可退避之境。這近乎一種「休克療法」。

於是，我們看到，《野草》成了矛盾的漩渦。幾乎每一篇，都由矛盾構成，形成一個個的漩渦，整個《野草》，也以矛盾的相互展開、碰撞、糾纏、合併、分裂、再生、抵消……為動力，一個個漩渦彙成一個大的漩渦，讓人應接不暇、艱於呼吸。不僅《野草》的語辭經常是矛盾的組合，而且，矛盾已成為《野草》的基本「語法」。把矛盾的兩端推向相反的兩極，那些「終極悖論」的展開更是令人觸目驚心。《野草》的主體似乎把自己放到了手術臺上，拿著解剖刀親自打開了自己的身體，不管此後能否再次重合。

求解脫就需破我執，但激化矛盾的方式無疑在「我執」的路上愈走愈遠，《野草》主體為何如此執著於矛盾？既知矛盾是致「苦」之因，為何不與之一刀兩斷？如果這是走向解脫之路，這又是一條怎樣的路呢？

如果自身即是矛盾，則打開矛盾本身也帶有自殺的意象。但如果真是一意去死，則當下了斷最為快捷，犯不著像執刑一樣一點點去割自己的肉。決定去死但不當機立斷，當有其他動機的存在。實際上死的決心已下，但生的疑難未解，《野草》主體拿手術刀一片片解開自己的身體，似乎像是要發現其中的究竟，這樣，死亡的過程一旦被拉長，也就留下了新的生機。所以，到《過客》，從《影的告別》就開始的死亡意向終於成形為向「墳」奔去的「過客」，一個新的意向同時也悄悄出現——「過客」突兀地問出一個誰也想不到的問題：「走完那墳地之後呢？」問題發生了轉換，去死變成了一種穿透死亡的追問。至

此，方知解開矛盾，似乎還是為了試圖一探那矛盾之後的「真正自我」的面目。

　　絕望後仍尋找「自我」的努力，與佛教已知的「無我」背道而馳，但如果最終發現那「真正的自我」並不存在，則最終與佛法殊途而同歸。《野草》的追尋，到最後，並沒有找到那不可分析之點——真正的自我或實在。《希望》對纏繞自身的核心矛盾——希望與絕望，作了層層剝筍式的分解、剖析，讓構成這一矛盾的諸因素層層消解，試圖抵達那最後的基石，但最終抵達的卻是「虛妄」。《墓碣文》是《野草》追問的頂點，「過客」已來到自己的「墳地」，並面臨自己的「墓碣」，他終於窺見自己的死屍，但死者通過「墓碣文」告訴他，死也無法了知自我的本質，因而雖死而仍疑雲不斷：

　　　　……抉心自食，欲知本味。創痛酷烈，本味何能知？……
　　　　……痛定之後，徐徐食之。然其心已陳舊，本味又何由知？……
　　　　……答我。否則，離開！……

　　上窮碧落下黃泉，至此才知道，所謂真正的自我並不存在。
　　打開，是為了證明其中並無所有，這不正是佛教般若學所慣有的邏輯嗎？周覽諸經，可以發現，佛教為斷惑證智而說「無我」，往往採取的就是分解法，即把一個整體存在——「我執」妄念視為有自性的存在，層層分解下去，最後歸為空無自性，分解誠是佛法的重要鑰匙。《野草》迎向自身矛盾，並一一打開，

恰恰起到了分解的作用。《野草》分解矛盾，並窮追不捨，像穿過一層層的門戶，最終抵達所謂「自我」的並不存在。

現在可以說，《野草》的自我追問，證成了和佛法相同的結論，那就是「無我」。雖然同是基於「苦」和「厭離」之心，但《野草》並沒有皈依佛法，而是走了一條充滿艱辛的自我體驗、自我見證之路，恰是通過被佛教所欲破除的「我執」，證得同樣的「無我」真言。也許，《野草》之路正合佛法所要求的，修道當然首先依賴於聽聞正道，但最終還須經過自己的慧照和修行。

證得無我，應該就達到所謂心無黏附、常樂我清的涅槃境界吧，《希望》中確有對相似狀態的描述：「我的心分外地寂寞。然而我的心很平安；沒有愛憎，沒有哀樂，也沒有顏色和聲音。」然而，該文恰恰出發自對這一狀況的不滿。對於《野草》，證得無我還非最後之解脫，無我之後，最終還要回到生存的人間。

依四聖諦之理而修者為聲聞乘，佛教另一個重要解脫法門是緣覺乘，依十二因緣之理而起修。相傳釋迦牟尼在菩提樹下睹明星而證「緣起」。「緣起」，具足說就是「因緣和合生起」，和四聖諦同為原始佛教的基本觀念。「諸法因緣生，諸法因緣滅」，「緣起性空，性空緣起」，佛法慣以「緣起」證「性空」。

以白己的文學活動主動參與歷史，以自己嚴肅的一生與中國現代性如此深刻地糾纏在一起，這樣的人大概不多吧。魯迅始終清醒意識到自己是活在人間，並與人間的一切存在息息相關，廈門大學圖書館樓上深夜寂寞中與四周無量存在的感應與交流、[28] 大病間隙對周邊什物與遠方人們的感知與關切，[29] 都讓

---

[28] 魯迅：《三閒集·怎麼寫——夜記之一》，《魯迅全集》第4卷，第18-19頁。
[29] 魯迅：《且介亭雜文末編·「這也是生活」……》，《魯迅全集》第6卷，

人強烈感受到一個憂國憂民、多情多感之人與周圍存在的因緣與糾纏。《野草》矛盾的空前糾結以至積重難返，若以佛法觀之，都與緣起有關，他之欲悚身一搖、擺脫諸多糾纏，在佛教上也或多或少見出一點「緣起性空」的理路吧。「《好的故事》對夢中故鄉風物的呈現，頗見佛教因緣際會之理。佛教認為地、水、火、風是能造作一切的四大「種」，而水的作用則是「攝」（攝集），山陰道上交織一起的「美的人和美的事」，悉數投入水中，如鏡月水花，虛幻不實。「兩岸邊的烏桕，新禾，野花，雞，狗，叢樹和枯樹，茅屋，塔，伽藍，農夫和農婦，村女，曬著的衣服，和尚，蓑笠，天，雲，竹，……」一切有情與無情，因緣際會，隨著槳的搖動，相互擴大、碰觸、變幻，複又相互交集，進入你中有我，我中有你的永恆幻化，分分合合，緣生緣滅，形成流轉生動，和合自由的絕妙幻境。然大石下落，水波陡起，「好的故事」被撕成「碎影」，心造幻境歸於虛空。佛教講「真空妙有」，真空即妙有，心靈由色相的幻化中，超拔提升，在否定（空）之後，以一個更大的空性來消解包容一切色相，以至「事事無礙法界」。記憶故鄉、夢中故鄉、水中故鄉，在對故鄉的不斷消解中，既寫出又抹去，在真幻中方才得以接近真相，真正看到「好的故事」，感受到萬物之妙。體悟色相本質與人生得失後，不沉溺於虛無的悲感，而是從中超拔，進入自由自在，任運流通的境界。」我以為，《野草》中，魯迅固然沒有從緣起觀來理解自身矛盾的集成，但其解脫方式卻與佛教「緣起」觀在深層次上相通。佛教「緣起」雖為闡明「性空」而設，似乎否定

第601頁。

前者而肯定後者，然以佛教「中觀」、「漚和」或真、俗二諦的
理路觀之，則二者實為二而不二，不宜執於邊見，《中論・觀涅
槃品》第二十五品第二十頌謂：涅槃與世間，無有少分別；世間
與涅槃，亦無少分別。涅槃之實際，及與世間際，如是二際者，
無毫釐差別」，涅槃與世間的輪迴，最後竟毫無差別，也可以
說，最終達到的是此緣起而非彼緣起的立場。這種不舍世間的態
度，在《八千頌》亦多見：

> 不離色故，觀色無常。不離受想行識故，觀識無常。
> 隨如來生，如如來如，不離諸法。如是如，不異諸法。
> 菩薩成就二法，惡魔不能壞。何等二？一者觀一切法
> 空；二者不舍一切眾生。

　　因而佛教緣起在深層次上，又有『隨順因緣』之說。世界
無不在緣起之中，緣起性空，緣起是相，性空是實，但不是舍緣
起而就性空，而是不執著於緣起而處於緣起之中，同時廣結善
緣，避棄惡緣，這就達到了「隨順因緣」。
　　《野草》的寫作起於對矛盾纏身的厭棄，中經「上窮碧落
下黃泉」式的求索，在發現所謂「本味」「無所由知」之後，
《野草》主體終於又站在了現實的大地上。「這樣的戰士」處於
虛幻無實的戰陣中，周圍的一切似乎與自己有關，又似乎無關，
但他仍然舉起了「投槍」，戰士業已超越緣起的表像，堅定地立
於大地的真實之上；在最後一篇《一覺》中，窗外的樹葉、桌上
的微塵、周邊的書籍、青年的雜誌、還有頭頂上扔炸彈的飛機的
哄鳴……，一切的一切，都與自己有關，他從來沒有這樣強烈的

感覺到人間的真實和生命的實在。從佛教看來，可以說，《野草》主體由厭棄因緣，又回到因緣，回到普遍緣起的真實世界。

《野草》寫作結束一年之後，魯迅才寫下《題辭》，在這裏，他愈加發出了重生的歡欣而粗暴的叫喊：

> 過去的生命已經死亡。我對於這死亡有大歡喜，因為我借此知道它曾經存活。死亡的生命已經朽腐。我對於這朽腐有大歡喜，因為我借此知道它還非空虛。
>
> 生命的泥委棄在地面上，不生喬木，只生野草，這是我的罪過。
>
> 野草，根本不深，花葉不美，然而吸取露，吸取水，吸取陳死人的血和肉，各各奪取它的生存。當生存時，還是將遭踐踏，將遭刪，直至於死亡而朽腐。
>
> 但我坦然，欣然。我將大笑，我將歌唱。

穿透生死因緣的《野草》主體，又回到因緣遍佈的人生：

> 我以這一叢野草，在明與暗，生與死，過去與未來之際，獻於友與仇，人與獸，愛者與不愛者之前作證。
>
> 為我自己，為友與仇，人與獸，愛者與不愛者，我希望這野草的死亡與朽腐，火速到來。要不然，我先就未曾生存，這實在比死亡與不朽更其不幸。
>
> 去罷，野草，連著我的題辭！

時間上的「明與暗」、「生與死」、「過去與未來」，與

空間上的「友與仇」、「人與獸」、「愛者與不愛者」，構成了
一個廣大緣起的世界，兩相對立的矛盾對舉，正是緣起的最複雜
的結構形態。《中觀・觀涅槃品》第二十五品第九頌雲「「受諸
因緣故，輪轉生死中；不受諸因緣，是名為涅槃。」改變的不是
緣起的世界，而是面對這一世界的態度，不再厭棄，而是「坦
然，欣然」，因為，我已經「願意在無形無色的鮮血淋漓的粗暴
上接吻。」「我總記得我活在人間」。以前是認妄作真，執著不
舍，成為世間第一等苦人，現在是識得凡所有相皆是虛妄，正智
了了，心無黏附，得大歡喜。

　　證得無我與重歸緣起的世間，《野草》的解脫之途與佛教
可謂如出一轍。魯迅與佛教，在趣味和志向上大相徑庭，卻在人
生最關鍵處智慧相通，除了曠代智者的所見略同外，我想，曾經
在寂寞中苦心孤詣佛經的經驗，一定會給魯迅帶來無形而深刻的
影響的吧。不是執著於義理和儀規，而是潛移默化為自己的血
肉，於人生踐履中顯出，這正是佛教所曾力倡者，吾輩談佛教對
魯迅的影響，當在此處找到最深刻的顯現。

五、《野草》否定性語法與佛教論理之關係

　　《野草》與佛教之關係，於事實性的影響層面後，尚需探
入二者意識之本源處，筆者以為，從思維方式入手，探討《野
草》行文方式與佛教論理邏輯之關係，當能揭示二者關係之最深
層面，並能一窺《野草》世界的最深層資訊。

（一）

　　《野草》確乎展現了一個奇異的言說景觀，直觀《野

草》，首先會感到面對的是一個陌生的世界，有一種全新的感受，但又難以說出，這就是行文中突破常規的表達方式。文本表面，就可以直觀到諸多矛盾的並至：

> 光明與黑暗、求乞與佈施、擁抱與殺戮、滅亡與歡喜、看與被看、先驅者和庸眾（《復仇》、《復仇（二）》）、仇恨與悲憫、疼痛與舒服（《復仇（二）》）、希望與絕望、雨與雪、寬恕與忘卻、說與不說（《立論》）、狂熱與中寒、天上與深淵、無所希望與得救、眷念與決絕、愛撫與復仇、養育與殲除、祝福與咒詛（《頹敗線的顫動》）、「沉默」與「開口」、「充實」與「空虛」、「死亡」與「存活」、「朽腐」與「非空虛」、「明與暗」、「生與死」、「過去與未來」、「友與仇」、「人與獸」、「愛者與不愛者」（《題辭》）……

再就是那些令人叫絕的虛實結合的語詞與互為悖論的表達：

> 「無地」、「無物之陣」、「無血的大戮」、「死火」、「無詞的言語」、「不知道時候的時候」、「用無所為和沉默求乞」、「他們倆將要擁抱，將要殺戮」、「這使他痛得舒服」、「用那希望的盾，抗拒那空虛中的暗夜的襲來，雖然盾後面也依然是空虛中的暗夜」、「待我成塵時，你將見我的微笑」、「我夢見自己在做夢」、「待我知道自己已經死掉的時候，就已經死在那裏了」、「這大概是我死後第一次的哭」、「在無形無色的鮮血淋

漓的粗暴上接吻」……

《野草》，確乎成了矛盾的漩渦，生命中的各種矛盾環繞紛呈，連單個語詞的表述都是矛盾形態的，而且，諸多矛盾推向極處，形成無法解決的終極悖論，一個漩渦套著一個漩渦，讓人無法自拔。

這種相互否定的矛盾表達，也表現在行文邏輯中，最突出的是轉折詞的大量出現。

五百字左右的《影的告別》，接連用了五個「然而」。尤其是在短短幾句中，四個「然而」接連出現：

> 我不過一個影，要別你而沉沒在黑暗裏了。然而黑暗又會吞併我，然而光明又會使我消失。
> 然而我不願彷徨於明暗之間，我不如在黑暗裏沉默。
> 然而我終於彷徨於明暗之間……

「然而」，作為轉折詞，一般構成對上一分句的否定，但四個「然而」的接連使用，形成了連續的否定，就像在原地打圈，讓人莫衷一是，無所適從。

《復仇》中，「然而」四次，「但」一次；《復仇（其二）》「然而」四次；《希望》一文，轉折詞的使用達到頂點，「然而」出現了八次，「而」（轉折性的）出現了兩次，「但」出現五次，可以想見那一個否定連著一個否定的漩渦。

矛盾，其實質就是兩個對立項（相互否定）的並列表達，是一種否定性表達。《野草》中矛盾語詞和轉折語的大量、密集

的呈現，使否定成其為最主要的表達方式和行文語法，或可稱之為否定語法。

表達方式的背後是思維方式，二者息息相關。《野草》的否定，固然與作者此時期不堪回首和莫衷一是的心境有關，[30]但從思維傳統視之，則其無處不在的否定意識，則顯現出濃烈的東方思想色彩。我這裏說的東方思想色彩是指，比較而言，在宗教、哲學（包括邏輯）等形上思維領域，於思維方法與論理邏輯上，以古希臘、羅馬和希伯來為起源的西方傳統傾向於肯定，而東方包括中國、印度和日本的思想偏向於否定，換言之，前者傾向於以肯定的方式來闡釋自我與世界，後者傾向於以否定的方式來闡釋自我與世界。肯定性的思維方式傾向於規範性訴求，否定性思維方式則傾向於超越性訴求。固然，此只是大略言之。

在西方思想傳統中，從世界的本原，到巴門尼德的「是者」，再到蘇格拉底的「是什麼」和柏拉圖的「理念」，作為西方思想源頭的古希臘哲學一直以肯定的方式探討著世界。巴門

---

[30] 《〈吶喊〉自序》的自述表明，日本時期魯迅遭遇到絕望，這一次絕望一直延續到北京的會館時期，到《狂人日記》的寫作才暫時打破，這是魯迅啟蒙人生的第一次絕望。《新青年》的解體，使第二次出山的魯迅又一次陷入到絕望——第二次絕望，這在《〈吶喊〉自序》中同樣可以看到，這一次的絕望到一九二三年達到最深點。對此的論述詳見筆者的《一九二三年的魯迅》（《文學評論》2005年第1期）。《野草》的寫作，起源於1923年的沉默，此時魯迅矛盾纏身，積重難返，陷入到自厭與自虐的情結中。進入《野草》，魯迅試圖擺脫矛盾狀態，做出最終的抉擇，在《野草》中，他把自身的所有矛盾袒露出來，並推向極至，歸結為生與死的難題。出生入死的追問卻最終發現，所謂矛盾背後的真正自我，並不存在，自我就在現實的生存中。通過《野草》，魯迅終於確證了其後期的反抗式生存。

尼德把「是者」（to be）或「存在」（to on）作為自己的探究對象，認為只有兩條選擇存在：「一條是：所是的東西不能不是，這是確信的途徑，與真理同行；另一條是：不是的東西必定不是，我要告訴你，此路不通。」[31]他同時強調，「能夠被說和被想的與是者是同一個東西」，[32]也就是說，「非是者」不是思想和談論的對象，知識必須與對象保持一致。從古希臘對絕對實在的追問，到中世紀對上帝存在的證明，再到近代以來對人的認識原則和認識能力的探討與限定，西方思維傳統一直以肯定的方式探究思維與其對象的一致性，即使是對超越性存在的探詢，也是訴諸肯定的思維方式。否定性思維，在黑格爾以來的西方近代思想尤其是德國思想那裏，同樣可以找到例證，不過，可以看到，它們在基本精神和整體傾向上還是偏於肯定的，而且，在整個西方思想傳統中，它們或屬於例外，或局於一隅，或可能正是受到東方思想影響的結果。近代以來對形而上學的解構，也正是源於對知識對象之確定性的追問，西方思想之所以形成了一個不斷自我否定的思想傳統，其動力恰恰來自對肯定性的追求。

與此相對，東方思想對不可言說者的追問與描述，往往訴諸否定的方式，中國、印度的宗教與哲學，皆顯現這一特點。《老子》論「道」，玄之又玄，常常出之以否定性描述，如「無狀之狀，無物之象，是謂恍惚。」[33]「天下萬物生於有，有生於無。」[34]《莊子》之否定，則顯現於對超越性的訴求，而其超越

---

[31] 北京大學西方哲學史教研室編《西方哲學原著選讀》，上卷，第31頁，商務印書館1981年版。

[32] 同上。

[33] 《老子》第十四。

[34] 《老子》第四十。

性取向，不是表現為對超越性的確定性追問，而是表現為對層層規範和局限的不斷否定，或者說其超越性的靈魂就是絕對的否定。受老、莊影響，魏晉玄學或崇本貴無，或貴玄談有，津津於有無之辯。佛教東來，其言空取向與老、莊談無旨趣相契合，對中國以至整個東方世界的形上思維，產生了普遍性的影響，此影響即表現在形上思維領域對否定性思維的偏嗜。可以說，在中國思想傳統中，肯定性的思維多表現於現世秩序等形下層面，如儒、法兩家，而進入形上層面，則大多顯現以無為本的否定傾向，或可謂之為否定本體論傾向。

東、西思維這一顯著對照，在其代表性宗教佛教與基督教上尤顯突出。猶太教和基督教對世界的描述，首先從肯定出發的，《聖經》開篇《創世紀》即寫道，「上帝說：『要有光，於是有了光。』」與此形成對照的是，佛教首先談空，佛陀首立之四諦與緣起說，即意欲破解俗見所執著的空相，其唯一法門和理路，即是分解，即是否定。

（二）

否定是佛教尤其是大乘般若慣用的論理邏輯，所謂「遮詮法」，是佛教最主要的思維方法和論式。否定是佛教解脫的必要法門，通過理路上的「破邪顯正」，最終抵達涅槃。對佛教否定性思維和論式的研究，是一個頗為繁難的課題，筆者通過整理，試將佛教否定方式歸納於下，並顯現其內在邏輯理路。

佛教否定論式，較常見者有雙邊否定、空空邏輯、即非邏輯和著名的中觀派「四句論式」等。

雙邊否定是對於表示相對的兩邊的概念，都予以同時否

定。通常以「不×不×」或「非×非×」語式來表達，故又稱
「不不」或「非非」邏輯。在大乘佛經中，這樣的表達所在皆
是，如《小品般若波羅蜜經》卷第一：

> 舍利弗語須菩提：今菩薩雲何行，名為行般若波羅
> 蜜？須菩提言：若菩薩不行色，不行色生，不行色滅，不
> 行色壞，不行色空，不行受想行識，不行識生，不行識
> 滅，不行識壞，不行識空，是名行般若波羅蜜。不念行般
> 若波羅蜜，不念不行，不念行不行，亦不念非行非不行，
> 是名行般若波羅蜜。

如卷第三：

> 須菩提言：般若波羅蜜於色，不作大，不作小，不作
> 合，不作散。

如《般若波羅蜜多心經》：

> 是諸法空相，不生不滅，不垢不淨，不增不減。

如《摩可般若波羅蜜經》：

> 如虛空非色非無色，非可見非不可見，非有對非無
> 對，非合非散……如虛空非常非無常，非樂非苦，非我非無
> 我……如虛空非空非不空，非相非無相，非作非無作……

此雙邊否定論式亦散見於《八千頌》中，如：

般若波羅蜜於色不作大不作小，不作合不作散；於受想行識不作大不作小，不作合不作散。

若色不縛不解，不生不滅，是名色不著。若受想行識不縛不解，不生不滅，是名識不著。……一切法不縛不解，故不著。

大乘空宗的代表是中觀派，龍樹的三論尤其是《中論》，對其核心思想「空」或「中道」，作了詳盡的闡述，其思路，即是一套獨特的否定性邏輯。《觀因緣品第一》雲：

不生亦不滅　不常亦不斷
不一亦不異　不來亦不出
能說是因緣　善滅諸戲論
我稽首禮佛　諸說中第一

即是以「八不」來總破一切法，而此「八不」，「生、滅」、「常、斷」、「一、異」和「來、去」，兩相對舉，雙邊否定。

雙邊否定對相對的兩邊的概念，如有無、斷常、大小、合散等等，同時否定，從西方的形式邏輯看，似乎明顯違背了同一律和矛盾律。然而雙邊否定所要達到的，超越所否定的概念所聯同指涉的構造論的現象世界。在佛教看來，對立的雙邊，都不能作為有自性者看，以之建構現象世界，並執取之為實有。「非有

非無」型的雙邊否定，便是要顯示這些都是空無自性。

　　雙邊否定兩相對舉，似是否定了整個現象界或經驗界，以之皆無自性。更進一步否定下去，是連實在界或先驗界之自性也予以否定。龍樹防人執著於空本身，故說空亦是假名，空亦是空。此類思考，便是所謂「空空邏輯」，亦遍於般若思想中。如《金剛經》謂：

　　　　無法相，亦無非法相、……不應取法，不應取非法。

　　《八千頌》不直接用「空空」二字，但其「非心心」、「有無不可得」等，均顯示了「空空」思路，如：

　　　　菩薩行般若波羅蜜時，應如是學，不念是菩薩心。
　　　　所以者何？是心非心，心相本淨故。……有此非心心
　　　　不？……非心心可得若有若無不？
　　　　是（法）性亦不生，「不生」亦不生。
　　　　無生法不可得。
　　　　如來不住有為性，亦不住無為性。

　　空是對經驗世界自性的否定，空空是對先驗的空的自性的否定，更進一步，對於這空空，亦不可執取其自性。空空之後還要空，在不斷否定中遠離對自性的執著。此意趣佛法謂之「無住」，即不住於任何法而執取其自性，如《金剛經》謂：「菩薩於法應無所住。」「諸菩薩摩訶薩應如是生清淨心：不應住色生心，不應住聲香味觸法生心，應無所住而生其心。」「菩薩應離

一切相，發阿耨多羅三藐三菩提心。不應住色生心，不應住聲香味觸法生心，應生無所住心。」《八千頌》謂：「當知是菩薩畢竟住不退轉地，住無所住。」「如來無所住。無住心名為如來。」「是心不住，住於寂滅，無所依止。」

另外一種顯示無自性空之否定邏輯的，是所謂「即非」邏輯，其表達公式一般是：P即非P，是名P。《金剛經》不長，此類句式多見。如：

> 如來所說身相，即非身相。……凡所有相，皆是虛妄。若見諸相非相，則見如來。
>
> 所謂佛法者，即非佛法。
>
> 莊嚴佛土者，則非莊嚴，是名莊嚴。
>
> 佛說般若波羅蜜，則非般若波羅蜜。
>
> 諸微塵，如來說非微塵。如來說世界非世界，是名世界。……如來說三十二相，即是非相，是名三十二相。
>
> 所言一切法者，即非一切法，是故名一切法。
>
> 如來說三千大千世界，即非世界，是名世界。
>
> 所言法相者，如來說即非法相，是名法相。

表面看，「即非」顯然違背形式邏輯的矛盾律。但即非的思考，表面似是詭辭，其實內含般若空之智慧。即第一步P是一般的提舉；第二步非P是對以自性的立場來看P而得的P的否定；第三步顯示在無自性空的真理下的P。前後三步中的P，涵義都不同，處於不同的理解層次，顯示了認識層面的不斷升進，已然超越矛盾律。

　　還有一種否定是中觀派所特有的「四句式否定」，如《中論‧觀因緣品第一》即雲：

> 諸法不自生　亦不從他生
>
> 不共不無因　是故知無生

　　在這首偈頌的四句裏，第一句是對「自生」的否定，第二句是對「他生」的否定，這可以說是一個雙邊否定，第三句是對「共生」（「自生」加上「他生」）和「無因生」的否定，可以說，「自生」、「他生」和「自他共生」都是有因生，現在又接著否定「無因生」，因而「有因生」與「無因生」又構成了一個雙邊否定，如此一共否定了四種「生」的可能性。通過四重否定，最後揭櫫「無生」的主張。這首偈頌呈現了一種獨特的否定邏輯，便是哲學上的「四句（catuskoti）否定」。如果用P代表「自生」，Q代表「他生」，其邏輯進路可以展示於下：

1. -P──否定的命題
2. -Q──否定的命題（-P= Q或-Q= P）
3. -（P和Q）（不共）和-[-P、-Q和-（P和Q）]（不無因）
   ──否定的命題
4. -[-P、-Q、-（P和Q）和-[-P、-Q和-（P和Q）]]（無生）
   ──否定的命題

　　可以看到，四句邏輯既違背了經典形式邏輯的同一律和矛盾律，同時又不同於我們所熟知的辯證邏輯。與形式邏輯相悖之處較為明顯，可以不論，與辯證邏輯肯定-否定-否定之否定-更高的肯定的邏輯理路不同的是，四句邏輯全出之以否定的命

題。當然，我們可以認為第一個命題-P即是一個肯定命題Q，或第二個命題-Q即是一個肯定命題P，但它緊接著的否定卻不是否定之否定的-（-Q），而是對P和Q的同時否定，以及對P、Q和「P和Q」之否定的否定；最後的命題4，則是對前此一切否定的否定。此處否定的否定，不同於辯證法螺旋上升式的「否定之否定」，辯證法通過否定之否定最後達到的是更高的肯定，但四句邏輯最後達到的仍然是否定判斷——「無生」。其實，這仍然不是終點，熟悉中論義旨的人當能會意，徹底無自性的立場最終連「無生」本身也要加以否定，從而達成空空邏輯。《中論》諸偈中的四句論式並不依嚴格的格式運行，因而不盡完全相同，或有例外情況存在，但大致理路則是相近的。另如《中論·觀涅槃品》第二十五：「非有，非無，非亦有非亦無，非非有非非無。」即是典型的四句論式。

現在可以總結四句邏輯的特徵：一是全否定命題形式；二是無窮否定的邏輯進路；三是最終達成的以否定形式展現的超越立場。這其中，包含了大乘般若慣用之否定論式的雙邊否定和空空否定等。

（三）

《野草》所顯示的否定思維，與上述佛教否定論式，多有相似或重合之處，以下分別論述之。

1、《野草》中的雙邊否定：

我不過一個影，要別你而沉沒在黑暗裏了。然而黑暗又會吞併我，然而光明又會使我消失。（《影的告別》）

希望，希望，用這希望的盾，抗拒那空虛中的暗夜的襲來，雖然盾後面也依然是空虛中的暗夜。（《希望》）

「你的醒來，使我歡喜。我正在想著走出冰穀的方法；我願意攜帶你去，使你永不冰結，永得燃燒。」

「唉唉！那麼，我將燒完！」

「你的燒完，使我惋惜。我便將你留下，仍在這裏罷。」

「唉唉！那麼，我將凍滅了！」（《死火》）

……抉心自食，欲知本味。創痛酷烈，本味何能知？……

……痛定之後，徐徐食之。然其心已陳舊，本味又何由知？……（《墓碣文》）

「影」面對的是「光明」和「黑暗」這兩個否定力量，「希望之盾」的前後都是「空虛」，「死火」陷於「燒完」或「凍滅」的兩難境地，墓中人「抉心自食」，然陷入「本味」永不能知的終極悖論中。矛盾的並置，已使對立的雙方相互否定，但對雙方的同時否定，達到無可適從的狀態。此顯現了雙邊邏輯，並指向了空空邏輯的進路。

2、通過無窮否定最終抵達類似於「空空邏輯」的超越性立場的行文邏輯，在《野草》中所在皆是，並顯現了「四句邏輯」的旨趣。

《影的告別》、《復仇》、《希望》等篇章中接連出現的「然而」等轉折詞，通過層層否定的進路，表達了無以肯定、無所選擇的困境狀態，並指向了某種新的可能性。其實，小到具體

篇章，大到整部《野草》，都顯示了這樣一個由層層否定到超越
的進路。

《希望》就是這樣一個典型文本。《野草》矛盾的核心
——希望與絕望之爭，在這篇只有幾百字的短文中，得到了極盡
曲折的展示，圍繞希望和絕望這一核心矛盾，通過終極悖論的層
層設置、層層否定和不斷突圍，魯迅反抗絕望的哲學，藉以鍛造
而成。

元旦之夜的「我」，突然感到身心的老去，於是回顧從前，
追蹤生命老去的軌跡。在此，呈現了《希望》的第一個悖論：

> 希望，希望，用這希望的盾，抗拒那空虛中的暗夜的
> 襲來，雖然盾後面也依然是空虛中的暗夜。然而就是如
> 此，陸續地耗盡了我的青春。

接著，對「身外的青春」的寄託，試圖構成對第一個悖論
的否定和突圍。但是，勉為其難的寄託終是不可靠的，緊接著的
第二個悖論的出現，又否定了對第一個悖論的否定：

> 然而現在何以如此寂寞？難道連身外的青春也都逝
> 去，世上的青年也多衰老了麼？

無奈之下，「我」以孤注一擲的抉擇來作第二次的否定和
突圍：

> 我只得由我來肉薄這空虛中的暗夜了。

　　「我」放下了希望之盾，這時聽到裴多菲絕望的「希望之歌」，詩句的大段引用，散發出直接而濃烈的絕望氣息，似乎，「絕望」已到達山窮水盡的地步。

　　　但是，可慘的人生！桀驁英勇如Petofi，也終於對了
　　暗夜止步，回顧著茫茫的東方了。他說：
　　絕望之為虛妄，正如希望相同。

　　這真是懸崖勒馬！絕望借回到虛妄，與希望達成了暫時的抗衡。推向極致的絕望又得以回過頭來。

　　　倘使我還得偷生在不明不暗的這「虛妄」中，我就還
　　要尋求那逝去的悲涼漂渺的青春，但不妨在我的身外。因
　　為身外的青春倘一消滅，我身中的遲暮也即凋零了。
　　　然而現在沒有星和月光，沒有僵墜的蝴蝶以至笑的渺
　　茫，愛的翔舞。然而青年們很平安。

　　似乎又回到前面的第二個悖論。是啊，費盡周折後所達到的「絕望之為虛妄」，也不過是重回以前的狀態，即希望與絕望之間的「不明不暗」的狀態。但這一次的回環並不是簡單的重複，而是為了推向更高處的再一次出發。

　　　我只得由我來肉薄這空虛中的暗夜了，縱使尋不到身
　　外的青春，也總得自己來一擲我身中的遲暮。

以「肉薄」「暗夜」來「一擲身中的遲暮」，是在「我」
已「衰老」且「身外的青春」也已「逝去」後的最終無奈的選
擇，至此，通過層層剝筍所要最終抵達的立場似乎就要達到。就
在這個時候，意想不到的一句卻從天外飛來：

> 但暗夜又在那裏呢？現在沒有星，沒有月光以至笑的
> 渺茫和愛的翔舞；青年們很平安，而我的面前又竟至於並
> 且沒有真的暗夜。

這一節外生枝，使此前的文思秩序突然陷入混亂，進入新
的無所適從的未知狀態！這就是《希望》的第三個悖論。真是刀
鋒上的歷險，通過對作為反抗對象的「暗夜」的一筆勾銷，釜底
抽薪地消解了前此圍繞希望與絕望的一切糾纏，連反抗的對象都
不存在了，還談什麼希望與絕望？否定至此，真正是山窮水盡了。

> 絕望之為虛妄，正如希望相同！

那句謎一般的雋語再一次奏響，成為整個樂章的最後一
擊。這決不是再一次重申「絕望之為虛妄」，因為範式已經轉
換。在最終定型的這句話中，既沒有站在絕望一邊，也沒有站到
希望一邊，而是站到虛妄之上，這一虛妄，不再是「希望」之為
「虛妄」的「虛妄」（否定希望），也不是「絕望之為虛妄」的
「虛妄」（否定絕望），而是既否定了「希望」，也否定了「絕
望」的「虛妄」，在這一新的邏輯中，否定絕望，並不等於就肯
定希望，反之亦然，因而，它不再是「不明不暗」的固有狀態，

而毋寧說是否定了所有前提和目的後的虛待之「空」，是一次自我的「清場」和「重新洗牌」。

這一內在邏輯，也可圖示出來：

（絕望──虛妄[1]──希望──虛妄[2]──絕望）──➤ 虛妄 ──➤ 反抗

虛妄[1]，是對絕望的否定從而指向希望，虛妄[2]，在同一邏輯中必然是通過對希望的否定重回絕望。似乎再一次的「虛妄」之後，緊接著就是希望，落入希望與絕望的迴圈。然而，最後的「虛妄」，絕不是又一次對絕望的否定，而應視作對前面整個的「希望──虛妄──絕望」迴圈邏輯的全盤否定。這一飛躍，就來自對「暗夜」的一筆勾銷。

《希望》篇章極為充分地展現了《野草》的否定哲學，它層層設難、層層突圍，無窮否定、不斷超越。最後抵達的也是類似於佛教的否定式的空空之境──「虛妄」──對圍繞希望和絕望的一切判斷的全盤否定。如果套用中觀派的「四句論式」，《希望》一文完全可以改寫為：

> 諸法無希望，亦無有絕望，
> 希絕同時絕，始知有虛妄。

如「希望」是P，「絕望」是Q，則第一句是-P（「絕望」），第二句是-Q（「希望」），P和Q構成了一個雙邊否定，第三句是對「希望」和「絕望」的同時否定，即–（P和Q）和-[-P（「絕望」）、-Q（「希望」）和-（P和Q）]，最後的

「虛妄」，其內容無疑就是：-[-P、-Q、-（P和Q）和-[-P、-Q和-（P和Q）]]。

否定之後，什麼最終留了下來？是反抗本身！反抗不再需要任何前提和依據，無論是希望，還是絕望，它以自身為目標，以自身為意義，成為一種為反抗而反抗的反抗。至此，魯迅反抗絕望的哲學，才得以形成。

3、把《野草》作為一個整體來觀照，也顯現了同樣的否定邏輯。

從《影的告別》始，中經《求乞者》、《復仇》、《復仇（二）》、《希望》、《雪》，一直到《過客》，這一組文章可視為《野草》的第一個部分──作者把自己的追問固執地指向了死亡：《影的告別》中，身心交瘁的「我」已厭煩了「徘徊於明暗之間」的狀態，需要在「光明」和「黑暗」之間來一次最終的抉擇，但可悲的是，他選擇的是「黑暗」和「虛無」；《求乞者》中的「我」選擇了「用無所為和沉默求乞」，因為「我至少將得到虛無」；兩篇《復仇》，是真正絕望的篇章，透露出強烈的綏惠略夫式的絕望；《希望》裏以「青春」逝去後的「肉薄」，作出了孤注一擲的選擇；《雪》無意於美麗的「暖國的雨」和「江南的雪」，而盼望成為徹底的「死掉的雨」；到《過客》，這一意向終於化身為在荒野中向「墳」踉蹌而去的「過客」。值得注意的是，匆忙向「墳」奔去的「過客」，突然給出一個誰也想不到的問題：

老丈，走過那墳地之後呢？

　　這一突兀的提問，頓時否定、超越了第一部分求死的意向。從《死火》到《死後》的七篇，是第二組文章。七篇都是以「我夢見」開頭，上窮碧落下黃泉的追問，深入到夢境之中，開始了更深沉的求索。「死火」，這一前無古人的意象，就是生與死的矛盾組合，「死火」已死，被「朋友」的「溫熱」喚醒，從「死」出發，又面臨兩個選擇：凍滅和燒完，雖然這兩種結局都不過是死亡，但「死火」選擇了「燒完」──一種生存的死亡方式；值得注意的是，《過客》中向「墳」奔去的「過客」，已來到《墓碣文》中，面臨自己的屍體和墓碑，直抵死亡的追問卻最終發現，所謂真正的「自我」並不存在──「本味」永無由知！這無異是對從《野草》開始的本質追問的全盤否決。像惡夢驚醒般的，《頹敗線的顫動》中，老女人已經「頹敗」的身軀，在絕望後，第一次出現了生的顫動，在天人共振中，此前所有的矛盾，在此彙集並得到重新的整合，空前繁複、旋轉、纏繞的語言，意味著《野草》已進入華彩樂章，我覺得，《頹敗線的顫動》是《野草》的高潮，諸多矛盾在此彙集，形成《野草》矛盾漩渦中的一個最深最大的漩渦，像身陷巨大的漩渦突然被反作用力拋上岸一樣，《野草》主體以生的顫動突然超越了前此一切的矛盾糾纏。此後，《野草》轉入從《死後》到《一覺》的第三部分，超脫生死難題的生存，開始漸漸成為《野草》的最強音。

　　統而觀之，整部《野草》通過否定不斷追問的理路，可以概括為：

　　　　非生─非死─非非生亦非非死。

353

此與般若諸經的否定邏輯，確有異曲同工之妙。

4、《野草》所現具體否定方法與佛法思維之相似既已揭示，此時驀然回首，則其借由否定而達成的解脫之路，在整體上與佛法理路的相似性，頓時卓然可見。

《野草》之解脫，以佛法觀之，循了兩個基本路向，一為扒開叢叢矛盾追問真正自我，到最終發現所謂真正的自我並不存在，乃頓悟我執的空幻；一為試圖離棄諸多因緣的纏繞，最終又回到普遍緣起的世間。此兩者，前者近於聲聞乘，後者近於緣覺乘。但此處所欲揭示者，關鍵還不在於《野草》與佛教之解脫理路的相近，而更在此兩種解脫理路綜合顯現的否定邏輯，與佛教否定邏輯的根本相通處。

證得無我與重歸緣起的世間，皆經由否定而達解脫，現在，可以返觀兩種解脫路向與佛教否定邏輯的內在關係：由對矛盾纏身的自我的厭棄，試圖追索那真正自我的存在，經過出生入死的自我探索，在發現真正自我的虛妄性後，最終又重回佈滿矛盾的人間，其整個歷程，恰在理路上顯出了佛法所擅之「即非」論式。真正的解脫，不是離棄此一物質性世間而飛升至別一世間，而是當下轉換，即心成佛，不同的是面對世界的態度，於是此岸即彼岸，彼岸亦即此岸，即如宋代禪宗大師青原行思所謂看山仍然是山，看水仍然是水。

佛教之即非邏輯論式，可以表示為：P即非P，是名P，如套用於《野草》之解脫徑路，就是：

> 所謂自我，即非自我，是為自我。
> 所謂因緣，即非因緣，是為因緣。

　　費盡周折的解脫之路，於此一目了然，此當為二者思維模式在整體上最為接近者。

　　於無聲處聽取那隱隱的「雷聲」，至此可以說，《野草》與佛教，在論理邏輯和思維方式上，杳然相通。S會館寂寞中孤詣佛經的體驗，確乎融入了十年後《野草》的寫作。然更應指出的是，《野草》與佛教，二者之神會處，蓋源於東方人共同的文化蘊藏，在苦難與解脫的人生要害處，智者的慧根終於不謀而合。無跡可求的所謂《野草》的藝術魅力，亦當在此處尋找。

第六章　變化的語境與魯迅的當代意義

第一節　九十年代中國文化語境的變遷

在剛剛過去的二十世紀，魯迅之在中國，無疑是一個顯赫的存在，他在這個世紀只活了36年，但死後卻以不以其個人意志為轉移的方式持續發生更加深刻的影響。二十世紀末，隨著中國社會的複雜轉型，思想文化語境產生新的變局，在這一新語境中，對魯迅的評價開始發生微妙的變化，在新世紀初年曖昧不清時代語境中，魯迅的影響正在逐漸淡化，其所盼望的「速朽」，似乎終於遲遲來臨。

在二十年代中期的《野草》中，魯迅曾經對纏繞自身的「希望」，進行層層剝筍式的自我消解和突圍，最後的消解是：「但暗夜又在那裏呢？……而我的面前又竟至於並且沒有真的暗夜。」[1]可以說，「暗夜」的不存在，是反抗者魯迅自我消解的最致命一擊。魯迅希望自己「速朽」，因為他是與黑暗同在的，他的被遺忘，正是黑暗消失的反面證明。

然而需要追問的是，魯迅之在當下被遺忘，究竟是其提出的問題已經失效，或使命已經完成，還是就像他生前經常經歷的「寂寞」一樣，被遺忘正是魯迅的命運？

---

[1]　魯迅：《野草・希望》，《魯迅全集》第2卷，第178頁。

寂寞，來自一種誤解，一種真實價值的遮蔽？抑或來自於真實價值與現實世界的隔膜？其實是一個二而一的問題。這是一種雙重的寂寞，一是被過多的話語所包裹，闡釋之下被層層遮蔽，熱鬧之下是深深的寂寞，二是這些誤解的話語複又被視為真實的存在，在新語境下遭到出於種種動機的話語解構。雙重寂寞之下，難逃被遺忘的命運。

1936年其人辭世，魯迅的存在，就成為一種可以稱之為「魯迅傳統」的存在，它本質上是一種對魯迅的話語闡釋。二十世紀對「魯迅傳統」的解讀，大致形成了兩套話語系統：一是政治意識形態魯迅傳統，二是人文意識形態魯迅傳統。前者形成於30年代左翼文化界，經過四十年代延安文藝的系統闡釋，新中國成立後成為官方正統魯迅話語，八十年代前在大陸佔據絕對話語權力，它強調魯迅後期的現實革命立場，強調魯迅與中國共產黨領導下的無產階級革命的精神聯繫，將魯迅闡釋為由個人覺醒到集體主義革命的二十世紀中國知識份子的典範，將魯迅文學解讀為中國政治革命的現實主義再現；八十年代，隨著思想解放中官方政治意識形態內部的鬆動，現代思想啟蒙者的魯迅，作為一種還原性的認知，被人文知識份子推倒前臺，在思想解放是中斷的五四傳統的承續的想像中，魯迅，成為八十年代新的現代啟蒙和人文知識份子確立主體性的深度精神資源。在八十年代前期的人文學科領域，魯迅研究的影響力無與倫比，它已然超越學科的範圍，成為影響甚至帶動整個人文科學研究和社會思想文化語境的重要力量。可以說，80年代中國人文知識份子陣營及其意識形態的形成，基於一定的話語空間，它是在思想解放的語境下，官方改革派為了吸引人文知識份子參與新的改革意識形態的建設，從

而讓渡出來的一定話語空間，因而，八十年代的官方意識形態魯迅傳統與人文意識形態魯迅傳統之間，既存在內在的衝突和緊張，又具有體制內的同構關係。

九十年代，歷史似乎翻開了新的一頁，政治風波後文化熱驟然降溫，國家放棄意識形態和文化領域的紛爭，真正將工作中心轉移至經濟與市場領域，與九十年代之前政治意識形態與人文意識形態相互依存甚至分庭抗禮不同，九十年代，權力與資本成為決定九十年代以來中國社會發展的核心力量，一方面政治意識形態進一步強化其在思想文化領域的主導地位，另一方面，在不涉及意識形態的領域，國家全面推行經濟主導的市場策略。在知識、文化領域，國家一方面大力擴大非關意識形態爭議的應用性社會科學的發展，吸引大量知識份子投入體制內建設，同時，又通過中國特色的市場化策略促進大眾通俗文化的繁榮。九十年代以來中國社會的主流話語，一是官方政治意識形態話語，二是大眾通俗文化意識形態話語。前者在中國特色政治意識形態基礎上，暗含文化民族主義的資源訴求；後者基於官方監管的市場經濟，在政治許可範圍內，資本獲得更加自由的發展機會，市場資本主動迎合大眾的審美趣味，現代網路則給大眾通俗文化提供了更為便捷的載體，大眾通俗文化獲得畸形繁榮，一方面帶有全球化特徵的大眾文化如物質主義、消費主義、享樂主義等在中國得以迅速成型，同時，中國大眾文化一旦獲得自由發展就會呈現的本土要素，也漸漸復原並浮出水面，這主要表現在日常生活尤其是情感審美領域，如大眾化的「國學」熱、閱讀市場的歷史熱和小說分類化、影視市場的宮廷熱與古裝熱、審美情感的娛樂化和滑稽化、人際關係的「厚黑」化等等，形成一種「民間」權力話

語，消費主義、娛樂主義、民族主義，是九十年代市場資本引導下的大眾意識形態的主要價值取向。大眾通俗文化意識形態的崛起，深刻改變了九十年代以來中國文化的格局，它取代八十年代人文意識形態在文化格局中的位置，成為九十年代與政治意識形態對應與共生的重要文化力量，與八十年代人文意識形態與政治意識形態既存在體制內的同構關係又存在意識形態的對立不同，九十年代以來網路化的大眾通俗文化意識形態與政治意識形態之間，潛在對立來自於不同的體制運作，但前者的現實立場由於資本的參與，與後者具有更多的共謀性。九十年代初知識份子想像的試圖融入並能容身的獨立「民間」，結果並不存在，民間成為權利與資本的場所。

這些方面的迅速擴展，使八十年代曾經試圖自我擴展的人文意識形態的發展空間，受到越來越強的擠壓。在九十年代，八十年代想像性的知識份子同一性人文立場開始分裂，政治意識形態與人文意識形態的互動與對立，隨著前者的抽身離去，演變成人文意識形態內部的紛爭，人文思想界形成所謂文化保守主義、中國「後學」、「新左派」、「自由派」等等之間戰線不清的紛爭局面。一方面，人文思想界內部的紛爭糾纏激烈，另一方面，在人文思想界之外，這些熱鬧都不過是書生意氣和「茶杯裏的風波」，決定社會輿論導向的，是逐漸合謀的強大的政治意識形態和資本力量，這一巨大存在，不僅使人文空間愈益萎縮，也對人文意識形態本身產生強大的牽引力。因而，人文思想界在分裂之後，又被絕對權力抽空，在外在強力的擠壓下，或者喪失存在的空間，或者為了獲得現實的生存而暗中向權力與資本靠攏與借力，打著純粹思想旗號的人文思想，主動尋求與權力意識形態及

其主導下的社會輿論保持或多或少、或明或暗的一致，就成為並不稀奇的現象。大致看來，爭存於九十年代以來的中國人文意識形態，其話語策略一方面要徵引域外的流行資源，另一方面，又要暗合域內各種權力的需要。九十年代開始流行的中國後現代主義思潮，迎頭引進二十世紀後半葉西方流行的後現代主義文化思潮，以其理論話語的新穎時尚，在國內迅速擴展流行，其對現代規範的解構尤其是後殖民主義對西方霸權的批判，為八十年代現代性追求的挫折與多舛，找到了新的闡釋資源與情緒發洩口。在國內輿論方面，後現代主義尤其是後殖民主義的文化政治立場，在解構西方霸權的同時，指向的是中國本位的民族主義意識，成為九十年代權力話語所接納的新的西方理論資源。後現代主義其實也正是「新左派」的主要理論資源，中國現代性的本位意識則是其潛在文化政治立場。「新左派」的理論資源當然不再是傳統的馬克思主義，而是法蘭克福學派的西方馬克思主義與後現代主義的綜合，後現代批判一方面指向了市場資本主義及其自由主義思想的弊端，為馬克思主義的合法性提供新的批判資源，另一方面，後殖民主義取向又指向了反思西方霸權並重提中國本位的可能性。不過，「新左派」的複雜性在於，其馬克思主義指向不是建立在正統馬克思主義理論基礎之上，而是建立在新穎的後現代批判的基礎之上，其中國本位的價值指向不是建立在中華傳統文化本位之上，而是建立在現實的中國現代性的創新實踐之上，為中國現代性的獨特性和合法性提供支援，與文化保守主義的傳統取向不同，這可以說是一種現實立場的中國本位意識。九十年代以來的文化保守主義內基於本土傳統文化，外接海外新儒家資源，是一種典型意義的文化保守主義，在新的大國崛起的語境

下，以前顯得政治上不太正確的儒家意識形態和民族主義取向，獲得了新的現實意義，成為政治意識形態暗中接納的意識形態之一。對於爭存於九十年代以來中國的人文意識形態，新的、外來的理論資源，只不過保持了其固有的人文色彩和知識形態，而現實的話語權力及其利益訴求，則是核心關注所在，為此必須善於借「勢」，九十年代中國人文意識形態意欲借勢的對象，不外兩個，一是政治權力話語，二是資本權力話語，或與前者一致，進入體制內的利益格局，或與後者打得火熱，達成利益的雙贏，這是九十年代以來保持活躍的中國人文知識份子的生存策略，更為靈巧者，則是或此或彼，兩可兼得。

如果說文化保守主義、中國「後學」、「新左派」與「自由派」構成了九十年代日益邊緣化的人文意識形態場域，那麼，在它們各自分化甚至對立的立場後，又具有自己尚未意識到的某些潛在的一致性，正是這些潛在的一致性，與九十年代權威意識形態達成了和諧，因此，不是它們的外在文化立場，而是它們的潛在價值立場的一致性，才構成對九十年代文化格局的影響。如前所揭，文化保守主義、中國「後學」、「新左派」的話語論述，指向共同的中華本位的價值立場，正是這一終極立場參與了九十年代主流意識形態的合唱。九十年代興起的「自由派」，在政治文化立場上保持著較為激進的西化自由主義立場，但在反左翼激進文化的過程中對本土文化傳統採取同情和認同的溫和文化姿態，這一傾向自我認同的文化立場與九十年代文化保守主義、中國「後學」，甚至與針鋒相對的「新左派」並無二致。九十年代中國「自由派」的文化盲區在於，其價值訴求缺失文化批判的重要環節，陷入「明禮儀而疏於知人心」中國難題，這一文化盲

區的存在，使「自由派」與文化保守主義形成你我難分的局面。

在九十年代以來的中國文化思想場域中，隨著政治意識形態重心的變遷和人文意識形態內部的分化，以前分別通過政治意識形態和人文意識形態想像建構的「魯迅傳統」，也在迅速瓦解。首先，九十年代的政治意識形態漸漸放棄了對魯迅的資源運用，曾被奉為旗幟的魯迅，其「官方待遇」每況愈下，這從魯迅周年紀念的官方規格可見一斑。政治意識形態從魯迅資源闡釋領域的進一步退出，理應給人文意識形態提供更大的自由空間，然而，八十年代憑藉人文意識形態形成的魯迅闡釋的興旺局面，在九十年代後並沒有得以重現，一方面，九十年代以來人文意識形態的分化及其主流價值的變遷，形成解構魯迅的話語傾向，另一方面，本著繼承魯迅傳統的重新闡釋，不再有八十年代單純而激進的理想取向，摻雜了更多的現實動機，形成種種似是而非的魯迅闡釋。隨著八十年代追求現代化主題向九十年代反思現代性主題的轉換，魯迅由反傳統主義的現代啟蒙的思想資源，演變成反思現代性——批判西方主導的現代性，尋求中國本位的現代性——的思想資源，魯迅由反傳統主義的現代啟蒙思想者，漸漸成為反抗西方文化霸權的中國的甚至是東方的文化鬥士。在這一轉換中，魯迅國民性批判的重要思想被儘量遮蔽，而其對「現代性」（最好是西方現代）的批判被充分彰顯放大。反思現代性是西方後現代主義思潮題中應有之義，但這一西方思想傳統內部的自我反思和批判，被拿來作為我們批判西方霸權，確立文化主體性的理論資源，其文化政治立場，與政治意識形態的現實需求不謀而合。

魯迅在九十年代以來中國的境遇，更多的是遭遇新興話語

的解構，從而變得不合時宜，與反思現代性的闡釋局限於學術思想界不同，解構語境由人文意識形態和大眾意識形態共同構成。在人文意識形態內部，中國「後學」基於激進的解構本性和潛在的理論進化邏輯，將屬於現代範疇的精神思想遺產全盤否定，作為中國現代思想傳統的五四啟蒙主義思想，被視為落後遭到解構，八十年代闡釋中被視為五四現代啟蒙代表的魯迅，自然也成為質疑的對象。而中國「後學」中華本位的價值指向，更與人文意識形態內部的文化保守主義思潮以及大眾意識形態化的「國學熱」沆瀣一氣，構成讓魯迅變得不合時宜的話語氛圍。文化保守主義思潮的出現，可以追溯到八十年代中、後期的傳統文化熱，彼時的思潮尚局限於人文意識形態內部，是八十年代前期人文意識形態現代化追逐之疲憊後對本土傳統思想與審美資源的回顧與重新發現，與政治意識形態無涉，大眾化的意識形態更是尚未形成。九十年代初，本著海外新儒家的余緒，文化保守主義思潮在人文意識形態內部的激進與保守的文化論戰中形成局面，並隨著九十年代學術大眾化的潮流，形成方興未艾的學術界與大眾文化共謀的國學熱。國學熱一開始就得到了官方媒體的認可和支持，1993年8月16日和17日，《人民日報》分別發表兩篇關於國學熱的文章，前一篇用了整版的篇幅，後一篇題為《久違了，「國學」》，官方的闡釋將「優秀傳統文化」融入「愛國主義」意識形態，在新世紀大國崛起的語境中，傳統文化的獨特性與優越性，成為彌足珍貴的意識形態資源。對於市場資本來說，大眾化的國學熱，更是有利可圖的對象。在各種利好局面下，新世紀的國學熱蔚然興盛。新世紀國學熱如其說是學術動向，不如說是一種大眾文化意識形態，它起於對「國學大師」的莫名期盼，在被

戴帽者自知名號的虛妄半就半推後，大眾意識形態將對大師的熱情轉向「百家講壇」包裝出來的學術「超男」與「超女」，（百家講壇在2001年剛剛播出的時候，走的是文化精品的路線，請一些資深專家、學者做講座，可惜收視率不高，自從央視開始收視率考核，換了製片人，走通俗的、偏重歷史演義的路線，終於一下火爆。）百家講壇和余丹成為國學熱的亮麗風景，充分顯示了新世紀國學熱的通俗流行文化的本質。不甘寂寞的學術界則應時而動，學者們也開始紛紛換上對襟中式服裝，儼然以大師自居，並與餘丹爭寵。國學、大眾與商業走到一起，各種總裁國學班、少兒國學班、讀經熱、漢服熱如雨後春筍般湧現。文化保守主義思潮和國學熱將當下的傳統取向直接對接現代轉型之前的傳統，以五四為代表的現代啟蒙主義，成為旁逸斜出、無事生非的文化異類，生前屢次反對讀經、甚至說出「我以為要少——或者竟不——看中國書」的魯迅，自然成為大煞風景、急於拋棄的對象。隨著大眾通俗文化的繁榮，通俗文學逐漸佔領文學閱讀的市場，先是張愛玲熱、後是金庸熱，最後是網路文學熱，魯迅在閱讀市場中逐漸成為冷門，可以預見，在娛樂化的指標下，電腦遊戲終將戰勝所有的文學閱讀。在九十年代的中國人文意識形態中，自由主義人文思潮在價值取向上更多地呈現出八十年代人文意識形態的延續，但其思想資源的本土取向，則發生了重要的變化，以前統一性的五四資源想像，被分化為不同甚至分裂的層面，以前被遮蔽的以胡適為代表的一批自由主義知識份子，在九十年代被重新發掘，現代自由主義思想作為被主流歷史壓抑的思想一脈，得到了更多的關注。但可惜的是，在九十年代自由主義的思想解讀中，魯迅被作為激進政治文化的文人代表放到對立面，甚至不

幸成為自由主義人文思潮興起首先祭旗的對象，胡適和魯迅，被放到非此即彼的單項選擇中。有意思的是，在對魯迅歷史形象的定位上，九十年代自由主義人文思潮與政治意識形態形成了一致，換言之，自由主義人文思潮將政治意識形態的魯迅闡釋，作為不加分析的歷史前提，展開自己的歷史批判，過分放大了魯迅與胡適的現實政治立場的不同，而漠視了二者五四文化立場的一致性。

　　值得一提的，還有九十年代以來社會文化語境和人文意識形態對學術圈內的魯迅研究的影響。與九十年代之前魯迅研究在現代文學學科甚至整個人文學科研究領域絕對主導的地位不同，九十年代以來，隨著現代文學研究領域更多文學現象與作家的被重新發現，魯迅所占的比重客觀上在減少，這是正常現象。值得注意的，是魯迅研究界自身的狀況。九十年代以來，政治意識形態不再干涉魯迅研究的學術動向，從政治意識形態出發的魯迅研究不再是研究者的不可承受之重。政治意識形態的放鬆使魯迅資源向學術圈與大眾媒體兩個方向分流。九十年代以來的魯迅研究界在隊伍不斷收縮的過程中越來越顯示學院化的研究品質，研究成果的發表數量甚至質量，在現代文學研究中仍保持龍頭位置。但是，新語境下的魯迅研究也產生著自身的危機。隨著學術的進一步學院化與體制化，龐大的灰色學術大軍帶來的，是大量功利化的以專案和職稱為目的的研究，其最常見的研究模式是，帶著八十年代理論熱、方法熱的習慣殘留，在對研究對象並無準確把握甚至毫無心得的情況下，就將魯迅作為某種新思潮新理論新方法的「實驗田」，以致有些本著弘揚魯迅的研究，本身就不自覺地構成對魯迅自身價值的解構。如果說這類研究是無思想的學術

操作，那麼，九十年代以來具有思潮傾向的魯迅研究，則來自社
會思想文化語境。一是反思現代性思潮對魯迅研究的影響。如前
訴述，隨著八十年代追求現代化主題向九十年代反思現代性主題
的轉換，魯迅由反傳統主義的現代啟蒙的思想資源，演變成反思
現代性的思想資源，魯迅早期的文言論文對十九世紀西方物質文
明的批判，成為闡釋者關注並發揮的對象[2]。在反思現代性的闡
釋下，魯迅國民性批判的小說代表作《阿Q正傳》，竟然成為解
構近代以來中國國民性理論——來自傳教士話語——的核心文
本。[3]在反思現代性的闡釋思潮中，日本思想家竹內好的魯迅研

---

[2]　其實，魯迅早期文言論文的批判矛頭並非直接針對西方文明本身，而是
　　針對中國言新人士只看到西方十九世紀物質文明的偏頗，而忽視了物質
　　文明背後的「科學」，以及「科學」背後的「神思」，（參見《科學史
　　教篇》與《文化偏至論》）在魯迅看來，這種短視，正來自于「本體自
　　發之偏枯」，「夫中國在昔，本尚物質而疾天才矣」（魯迅：《墳・文
　　化偏至論》，《魯迅全集》第1卷，第57頁），「勞勞獨軀殼之事是圖」
　　（魯迅：《墳・摩羅詩力說》，《魯迅全集》第1卷，第100頁），更有
　　甚者，來自於倡言改革者的「假是空名，遂其私欲」（魯迅：《墳・文
　　化偏至論》，《魯迅全集》第1卷，第46頁）。必須將五篇論文放在一
　　起，才能看到魯迅批判的真正所指。
[3]　劉禾在《語際書寫》（上海三聯書店1999年10月版）中認為：「《阿Q正
　　傳》呈現的敘述人主體位置出入意料地顛覆了有關中國國民性的理論，
　　那個尤其是史密斯的一網打盡的理論。」「魯迅的小說不僅創造了阿
　　Q，也創造了一個有能力分析批評阿Q的中國敘事人。由於他在敘述中注
　　入這樣的主體意識，作品深刻地超越了史密斯的支那人氣質理論，在中
　　國現代文學中大幅改寫了傳教士話語。」（P.97）在其闡釋下，一方面，
　　魯迅的國民性批判來自于西方傳教士對中國的偏見，非常果斷地把從梁
　　啟超到孫中山等人用來建構中國現代民族國家理論的國民性話語歸結為
　　「不得不屈從於歐洲人本來用來維繫自己種族優勢的話語——國民性理
　　論」（P.69）另一方面，《阿Q正傳》又成為顛覆國民性理論的核心文
　　本，讓魯迅自己打了自己耳光。對《阿Q正傳》的解讀一定要緊扣魯迅
　　自己的中國問題意識，筆者仍然相信，《阿Q正傳》是魯迅國民性批判
　　的小說代表作。

究，成為被廣為引用的闡釋資源。竹內好四十年代當作絕筆寫的小冊子《魯迅》[4]，本著一個日本思想者的真誠反思，以現代中國和魯迅思想為參照，對日本「轉向」的近代化歷史提出批判，通過對魯迅個人內心掙扎的富有魅力的描述，試圖抽繹出魯迅與現代之間的反抗性關係，從而將魯迅與現代中國視為後進現代國家理想的「回心」型近代化路向的楷模。竹內好的魯迅論，基於對日本近代化道路的反思，將魯迅作為異域參照的資源，其存在的問題是，竹內的闡釋聚焦於自己的日本問題意識，魯迅所面對的中國時代難題及其內在問題意識，是其先天的盲區。竹內基於日本問題意識對魯迅的未免避重就輕的闡釋，卻成為九十年代以來中國魯迅研究界的一個近乎文學意識形態的存在，甚至達到言必稱「竹內」的地步。反思現代性闡釋下的魯迅，為中國獨特的現代性及其現實合法性提供了資源，其更為激進的政治指向，甚至直接重回八十年代前政治意識形態的闡釋思路，在他們那裏，八十年代的闡釋被視為淺薄並被輕易否定，而八十年代前政治化的闡釋重新獲得某種新的深刻性，完成中國人文知識份子魯迅闡釋的話語圓圈。反思現代性在學術界的另一種闡釋路向，是對中國現代文學起點的重新討論，上世紀八十年代中、後期現代文學研究界「二十世紀中國文學」概念的提出，還是基於以五四為現代化開端的標誌的基本立場，只不過試圖將現代的發生追溯到晚清維新思潮，顯示二十世紀的完整性，但在九十年代開始的晚清學術熱中，隨著「沒有晚清，何來『五四』」這一具有廣告效應

---

[4]　竹內好的《魯迅》目前在大陸有兩個版本，一是李心峰譯《魯迅》，浙江文藝出版社1986年版，二是由李冬木譯收在中譯本竹內好文集《近代的超克》之第一部的《魯迅》，北京三聯書店2005年版。

的表述的不脛而走，這一口號幾乎成為現代文學界的一種新的學術意識形態。如果這一表述指的是為五四現代性尋找晚清的源頭，其實無可厚非，但是，其真正想說的是「被（五四）壓抑的現代性」，將晚清解讀成比五四更豐富、更具有開創性的現代開端，相反，五四卻成為中國現代性本來良好開端的「窄化的收煞」，在其視野中，所謂「被壓抑」的現代性，實質上就是晚清商業市場形成後小說領域的某些具有市場取向的變化，[5]跟進者則進一步將中國現代文學的起點歸於晚清的某一篇小說的出現。且不說魯迅是否就能代表並非一元的五四，但在這一文學意識形態下的文學史敘述中，魯迅又一次作為五四現代性的代表遭遇或明或暗的「壓抑」。對魯迅研究的另一種可能性的影響來自大眾通俗文化意識形態，隨著九十年代以來學術大眾化的媒體取向，魯迅研究也未免蠢蠢欲動，如果說魯迅上百家講壇並未獲得預料中的成功（說明將魯迅大眾通俗化確屬不易），那麼，學術圈內部的大眾通俗化研究卻獲得意外的熱烈反響。新世紀初年，兩位學者不約而同對魯迅最為晦澀幽深的《野草》進行了純粹「形而下」的解讀——將《野草》視為魯迅二十年代中期性愛潛意識的集中表現，竟然被視為魯迅研究新的生長點，造成了一個不大不小的研究熱點。由此亦可見大眾通俗文化意識形態下魯迅研究的落寞。

5　見王德威：《被壓抑的現代性：沒有晚清，何來「五四」》一文，收入氏著：《想像中國的方法：歷史·小說·敘事》，北京：三聯書店1998年版；同文又以《被壓抑的現代性：晚清小說的重新評價》為題收入王曉明編《批評空間的開創：二十世紀中國文學研究》，東方出版中心1998年版。後又作為導論收入氏著：《被壓抑的現代性——晚清小說新論》，北京大學出版社2005年版。

第二節　魯迅的當下意義

　　可以看到，其人雖逝，作為話語的魯迅仍然隨著世紀中國的複雜變動與世沉浮，在九十年代以來變化的社會文化語境中，其形象開始變得陌生、模糊，甚至不合時宜。追問「二十一世紀，還需要魯迅嗎？」首先需要正本清源，刪繁就簡，回到這樣一個原點性問題：魯迅存在的基本歷史定位及其思想遺產的價值核心究竟是什麼？其次才是：魯迅資源在當下還有沒有價值？

　　研究一個人的思想，最直捷的辦法就是進入他自己的時代背景，及其思想動機和問題意識，可以首先從三個問題入手：他生活於怎樣的時代？他那個時代所面臨的共同時代問題是什麼？他是如何應對這些問題的？可以確認的是，魯迅是二十世紀初走上歷史舞臺的中國現代知識份子，他生活的時代，是李鴻章所謂「三千年未有之大變局」的中國現代轉型，中華文明遭遇西方文明的挑戰，被動地進入改變之途，這個時代，魯迅稱之為「可以由此得生，而也可以由此得死」的「大時代」。[6]魯迅出道的二十世紀初，救亡圖存，是共同面對的時代難題，作為一個具有傳統使命感的中國現代知識份子，他首先面對的就是這樣一個時代共同問題，並要做出自己的回答。青年魯迅的第一次發言，是世紀初年留學日本時期，1905年，魯迅棄醫從文，確立了文學——精神——救亡的文學救亡道路，1907、1908年，魯迅一連發表五篇文言論文，基於對西方現代文明的全面梳理，對當時流行的救亡思路如「黃金黑鐵」的洋務派、「國會立憲」的維新派以及種

---

[6]　魯迅：《而已集・〈塵影〉題辭》，《魯迅全集》第3卷，第547頁。

種流行的維新言論提出批判，提出「首在立人」、「尊個性而張精神」的主張，並大力推介「摩羅」「詩力」，寄希望於「介紹新文化之士人」，以此為「第二維新之聲」。彼時，孫中山、章太炎為代表的革命派正在東京與維新保皇派論戰，可以說，在革命派成功之前，青年魯迅就在考察並否定洋務派的器物層面的救亡方案和維新派的制度層面的救亡方案的同時，提出了與方興未艾的革命派民族主義革命方案不同的新的救亡方案，這一救亡方案抓住了中國現代轉型的兩個契機，一個是「精神」，一個是「詩」，其內在理路是，中國現代轉型的真正基礎，是國人精神的現代轉型，而訴諸精神的文學，是改變國人精神現狀的最有力的工具。周氏兄弟又通過《域外小說集》的翻譯，展現其對改變精神的新文學的想像。晚清以林紓為代表的翻譯小說，基於中國固有閱讀習慣選取外國小說，注重故事的傳奇性及內容的分類化，所取大多是十八世紀以來英、法、美主流國家的文學，而周氏兄弟另闢蹊徑，引進在當時非常邊緣的十九世紀俄國及東、北歐弱小民族的文學，這一取向除了呼應當時剛剛興起的民族主義革命思潮，更為潛在的動機，則屬於其文學——精神——救亡的新思路。這些小說所展現的，是一種全新的精神世界，尤其是魯迅所擇取、翻譯的小說，其主人公的內心世界，真誠、執著、深廣，甚至達到分裂與發狂的境地，正是分裂，顯示著精神的存在。周氏兄弟對異域小說的引進，所可注意者有五：一是輕故事而重內心，二是輕長篇而重短篇，三是輕主流國而重東、北歐，五是輕十八世紀而重十九世紀，這一指向，是對十九世紀西方文學所內涵的迥異精神世界和人性世界的發現，故序文直言：「性解思維，實寓於此」，「籀讀其心聲，以相度神思之所在」，並

不無自信：「異域文術新宗，自此始入華土」。[7]在魯迅那裏，作為救亡根本的「立人」——現代轉型的精神基礎的建立，其精神資源已經無法在世紀末業已衰微的宗教、道德、倫理、政治等「有形事物」中來尋找，而十九世紀崛起並得以在精神界獨立的西方文學，其內在精神深度及其富於感染力的特性，被魯迅視為改變中國人淪於「私欲」、「勞勞獨軀殼是圖，而精神日就於荒落」[8]的國民精神現狀的最好途徑，文學，取代了原來的宗教和道德，成為精神的策源地。然而，文學——精神——救亡的「立人」方案被掩蓋於風起雲湧的革命呼聲，導致青年魯迅深深的寂寞和自我懷疑，並形成近十年的沉默。十年後，其「精神」與「詩」的救亡理路，在五四思想革命與文學革命中得到了呼應，在錢玄同的勸說下，魯迅第二次出山，通過小說等新文學的創作，彙入五四潮流，至此，十年前的救亡思路與十年後的現實運動終於合流。魯迅在五四時期再也沒有系統闡釋過自己的救亡主張，作為過來人，他主要是通過精神深異的文學創作，彙入五四新文學的潮流，顯現文學內在的精神力量，可以說，通過文學創作，魯迅將十年前的精神脈絡，注入了五四，魯迅一加入五四新文學，就能在創作上顯示別人達不到的新異與深度，為五四新文學帶來了不可或缺的實績，其原因正在此。

　　自五四開始的魯迅文學創作，怎樣延續了十年前的文學救亡理路？經過「立人」方案的挫折和十年隱默中對中國亂象背後的人性洞察，十年後，魯迅將文學救亡的「立人」方案，落實在

---

[7]　魯迅：《譯文序跋集·〈域外小說集〉序言》，《魯迅全集》第10卷，第155頁。

[8]　魯迅：《墳·摩羅詩力說》，《魯迅全集》第1卷，第100頁。

國民性批判這一首要的環節上，國民性批判，是魯迅五四後文學創作最核心的創作動機和思想命題，實際上也成為他終其一生也未完成的文學救亡方案的現實踐履。魯迅五四時期的小說，通過小說虛構的自由，對國民性展開整體性的象徵批判，《狂人日記》、《阿Q正傳》是其國民性批判的小說代表作，五四時期的隨感，則是更為廣泛、直接的社會批評和文明批評。以1923年的沉默為標誌，五四後魯迅經歷了第二次絕望，借由《彷徨》與《野草》的寫作——《野草》是其衝決絕望的文學行動，他終於走了出來，走出絕望的魯迅，開始擺脫前期纏繞自身、積重難返的矛盾，跨入更為堅實的現實生存，並越來越多地將寫作重點轉向雜文。對於魯迅，國民性不再是抽象的存在，而就是「大時代」中亂象紛呈的現實，面對急劇變遷的現實，小說的虛構和象徵，已經失去它的即時性和即物性，因而，直面現實的雜文，成為其最後的文學選擇，不是是否文學，而是是否具有現實批判的有效性，成為魯迅後期文學轉換的內在動機。在其後期傾力以赴的雜文裏，國民性批判與現實批判，融為一體，具有了更強的現實效應，而其現實批判的深度，仍然來自國民性批判的洞察眼光；晚年的《故事新編》，更像是雜文化的小說，其古今雜糅、虛實交織的特色，將小說的虛構和遊戲，與雜文的現實感與批判力，匪夷所思地融合在一起，完成了國民性批判最為創造性的文學表現。

綜上所述，我們現在可以回答前面提出的三個問題，作為二十世紀中國知識份子，魯迅生存於艱難現代轉型的二十世紀中國，他面臨的時代共同問題是救亡圖存和現代轉型，面對這一時代共同難題，其所關注的，是現代轉型的精神基礎問題，故提出「首在立人」、「尊個性而張精神」，並試圖通過引進嶄新的文

藝，為現代精神的形成提供深度資源。魯迅「立人」方案的現實
踐履，後來成為終其一生也未完成的批判國民性的工作，可以
說，其所有的文學創作，都是圍繞這一核心命題。

　　基於這樣的基本判斷，可以看到，九十年代以來新的社會
語境下的魯迅闡釋，雖然更為自由，但是，或者偏離了魯迅存在
的基本歷史定位，或者無視魯迅的真實存在及其現實價值。面對
這一現象，我們需要追問的是：魯迅的時代真的已經過去了嗎？
其所批判的國民性問題，真的已經失效了嗎？

　　二十世紀，並沒有隨著二十一世紀的到來而結束，中國仍
然處在近代以來艱難的現代轉型之中，魯迅曾經面對的共同時代
問題，仍然是我們的問題，而且，隨著中國現代轉型的進一步深
入，其所揭示的現代轉型的精神基礎問題，越來越成為關鍵。現
代轉型由易到難、由淺入深，從器物到制度再到精神文化層面，
由晚清至五四，中國曾經經歷這樣的轉型理念變遷與深化的認識
過程。中國的現代轉型取得令人矚目的成就，但仍存在很多問
題，阻礙著正在進行的中國改革事業。表面來看，阻礙改革事業
的如權力腐敗、社會公平等問題，來自法律、制度與規則的不健
全，但是，如果落實到文化層面，其深層原因則是源於國人缺少
對超越性、普遍性存在的理性共識和自我反思的能力，問題不僅
在於有沒有秩序和規則，而且在於難以真正相信並遵守超越於自
身的秩序與規則，在我們的固有文化意識中，人，總是可以改變
和利用秩序和規則的。這一「人本」——「天人合一」與自我本
位——的文化取向，在人文與審美層面，自然有它的優越之處，
但在現代社會的轉型過程中，卻是極為不利的民族文化心理傳
統。如果說現代市場社會得以維繫的兩大元素是利益訴求與秩序

規範，可以說，中國一直不缺少的是利益訴求，但缺少的是規範
化的秩序，尤其是對秩序的承認和尊重。如果現代社會充斥著的
都是沒有規則意識的利益中心的個人，最後就會形成無原則的巧
取豪奪，如果每個人都不能超越自身利益思考問題，最後導致的
是矛盾積壓並且積重難返。中國近代以來的現代轉型，目前在物
質財富的創造方面取得了舉世矚目的成就，但是，在已有的帶來
高度效率的紅利因素消耗之後，如何進一步保持高效的發展，是
面臨在中國面前的一個問題，這也就需要進一步通過深化改革，
釋放更為持久的效率因素。在這一層面，我們需要做的，一方面
要進一步健全制度建設，完善法律法規，加強對權力的監督和秩
序的規範，另一方面，缺少理性共識和反思精神的現世的、人
的、利欲中心的文化心理，更是我們每一個人亟待自我反思並加
以改變的最深厚文化傳統。這一自我文化反思與改造的工作，自
然極為艱難，但現在所能做的，是對不利於現代轉型的傳統遺留
保持充分的警惕，不要急於產生文化自滿情緒與自我中心意識。
文化本位意識和自豪感，當然是一個民族立於世界民族之林所需
要的，但是，如果將傳統文化不加分析地作為大國崛起甚至固步
自封的意識形態，則不僅局限了我們的現代視野，也會進一步束
縛我們的現代進程。

　　魯迅的國民性批判，是我們反思傳統的一個最重要的現代
精神資源。魯迅是對中國文化弊端洞察得最深的思想者，他以對
國人「營營於治生，活身是圖，不恤汙下」[9]、「勞勞獨軀殼是
圖，而精神日就於荒落」[10]的精神狀況的洞察和批判，將近代以

---

[9]　魯迅：《墳・文化偏至論》，《魯迅全集》第1卷，第69頁。
[10]　魯迅：《墳・摩羅詩力說》，《魯迅全集》第1卷，第100頁。

來中國的自我文化反思，推到了人性的深度，並因過深的洞察，產生了絕望，在反抗這絕望中戰鬥了一生。在魯迅那裏，傳統，從來不是優劣不分的，他所批判的，是阻礙中國現代轉型的文化心理遺留，相反，對於傳統中的優秀部分，一直是珍視並加以發揚的，他收藏、博覽中國古籍，整理、研究中國小說史，被稱為反傳統主義者的他，著中式服裝、愛繡像繪畫，私藏並賞玩中式信箋，一生寫作都是絕佳的毛筆行楷，他深愛傳統又批判傳統。可以說，魯迅的存在，是有著幾千年歷史的偉大的中華文明的一個解毒劑，而魯迅的偉大本身，也正是中華文明具有文化反省意識、能夠自我更新、具有強大生命力的證明。

　　二十世紀初，魯迅寫道：「意者欲揚宗邦之真大，首在審己，亦必知人，比較既周，緣生自覺。」[11]二十一世紀，我們仍處在尚未結束的現代轉型之中，以批判國民性為內核的魯迅思想與文學，仍然是我們有待進一步發掘的現代精神資源。

---

[11]　魯迅：《墳·文化偏至論》，《魯迅全集》第1卷，第65頁。

後　記

　　本書的出版，要感謝香港大學黎活仁教授及臺灣秀威出版公司總編輯蔡登山先生。黎先生是享譽海內外的著名學者，熱心於兩岸三地學術界的合作，蔡先生身兼影視、學術兩界，現領銜秀威出版公司，亦長期支持兩岸學術交流。2013年，黎先生聯絡全球學人編輯出版目前世上唯一的《國際魯迅研究》集刊和《國際村上春樹研究》集刊，由秀威出版，強強聯手，惠及學林，對於魯迅研究，更是功德無量。集刊的創辦，內容創意上值得一贊，學術規範的示範意義更值得一提，組稿採用專家組匿名評審，並附具體意見，採用稿嚴格校對環節，黎先生必親自校對原文出處，事無巨細，不厭其煩，其認真精神不僅令人敬佩，也令人生畏。黎先生的熱心與精力都是驚人的，參與集刊的近百名學者，幾乎每天都能收到他發來的郵件，既有關稿件的校對，也不斷傳來在海外收集到的相關學術資料，甚至無私提供他對相關問題的研究設想。在黎先生的引力下，已然形成一個初具規模的學術公共空間。

　　在此一過程中，我與黎先生相識，因文結緣，承蒙多有褒獎。黎先生有頗深國族情結，投身輯刊，意在聯合兩岸三地學者，促進交流，消除隔閡。拳拳之心，令人感佩。一日，黎先生來電，說秀威蔡先生樂意為兩岸學者出版著作，你的魯迅研究可交由秀威出版。這自然是求之不得的好事，於是答應下來。蔡先生不久來電郵發出邀請，遂欣然加入。

　　自九十年代以來，我的研究興趣一直離不開魯迅，魯迅於我，並非文學研究意義上的某一專門作家研究，我的關心，始終在這一研究對象所凝聚的中、西現代轉型的豐富資訊，而對於魯迅本身，也只有將他放在中、西現代轉型的宏闊背景下，才能恰切判斷其存在的意義和價值。魯迅一生致力的，就是「三千年未有之大變局」的中國現代轉型的精神轉型，並留下豐富的思想遺產，只要中國還是處在現代轉型之中，魯迅思想就仍具有深刻的現實意義。

　　我以為，如果以魯迅思想作為研究對象，值得關注的層面大致有：早期「個人」觀念，終其一生的國民性批判，全新的文學觀念、想像及其獨特文學實踐所展現的文學存在的可能性，兩次突圍絕望中形成的對自我、生命與存在的深刻體驗，後期有關文學與革命、政治關係的思考等。我的研究，基本上也是圍繞這些方面展開的。

　　本書是在以前研究的基礎上，按照上述結構板塊對魯迅思想進行重新整理，試圖彰顯魯迅思想的基本構成及其深度所在。抱歉的是，對於魯迅後期思想，筆者還未展開專門研究，只能暫付闕如。

　　對於我來說，在台灣出版魯迅研究心得，為魯迅研究與介紹做一點力所能及的事，自然是榮幸的。所以，要特別感謝黎先生與蔡先生的熱心支持！

文學視界71　PG1233

魯迅
──現代轉型的精神維度

作　　者/汪衛東
責任編輯/林千惠
圖文排版/楊家齊
封面設計/蔡瑋筠

發 行 人/宋政坤
法律顧問/毛國樑　律師
出版發行/秀威資訊科技股份有限公司
　　　　　114台北市內湖區瑞光路76巷65號1樓
　　　　　電話：+886-2-2796-3638　傳真：+886-2-2796-1377
　　　　　http://www.showwe.com.tw
劃撥帳號/19563868　戶名：秀威資訊科技股份有限公司
　　　　　讀者服務信箱：service@showwe.com.tw
展 售 門 市/國家書店（松江門市）
　　　　　104台北市中山區松江路209號1樓
　　　　　電話：+886-2-2518-0207　傳真：+886-2-2518-0778
網路訂購/秀威網路書店：http://www.bodbooks.com.tw
　　　　　國家網路書店：http://www.govbooks.com.tw

2015年1月　BOD一版
定價：450元
版權所有　翻印必究
本書如有缺頁、破損或裝訂錯誤，請寄回更換

國家圖書館出版品預行編目

魯迅：現代轉型的精神維度 / 汪衛東著. -- 一版. -- 臺北
市：秀威資訊科技, 2015.1
　　面；　公分
BOD版
ISBN 978-986-326-300-5 (平裝)

1. 周樹人　2. 傳記　3. 學術思想　4. 文學評論

782.884　　　　　　　　　　　103021413

讀者回函卡

感謝您購買本書，為提升服務品質，請填妥以下資料，將讀者回函卡直接寄
回或傳真本公司，收到您的寶貴意見後，我們會收藏記錄及檢討，謝謝！
如您需要了解本公司最新出版書目、購書優惠或企劃活動，歡迎您上網查詢
或下載相關資料：http:// www.showwe.com.tw

您購買的書名：_____

出生日期：_____年_____月_____日

學歷：□高中 (含) 以下　　□大專　　□研究所 (含) 以上

職業：□製造業　□金融業　□資訊業　□軍警　□傳播業　□自由業
　　　□服務業　□公務員　□教職　　□學生　□家管　□其它____

購書地點：□網路書店　□實體書店　□書展　□郵購　□贈閱　□其他

您從何得知本書的消息？

　□網路書店　□實體書店　□網路搜尋　□電子報　□書訊　□雜誌
　□傳播媒體　□親友推薦　□網站推薦　□部落格　□其他_____

您對本書的評價：(請填代號　1.非常滿意　2.滿意　3.尚可　4.再改進)

　封面設計____　版面編排____　內容____　文／譯筆____　價格____

讀完書後您覺得：

　□很有收穫　□有收穫　□收穫不多　□沒收穫

對我們的建議：_____

_____

_____

_____

11466
台北市內湖區瑞光路 76 巷 65 號 1 樓

秀威資訊科技股份有限公司　　　收

BOD 數位出版事業部

....

（請沿線對折寄回，謝謝！）

姓　　名：＿＿＿＿＿＿＿＿＿　年齡：＿＿＿＿　性別：□女　□男

郵遞區號：□□□□□

地　　址：＿＿＿＿＿＿＿＿＿＿＿＿＿＿＿＿＿＿＿＿

聯絡電話：(日) ＿＿＿＿＿＿＿＿＿　(夜) ＿＿＿＿＿＿＿＿＿＿

E-mail：＿＿＿＿＿＿＿＿＿＿＿＿＿＿＿＿＿＿＿＿